정부조직 개편에 대한 정치 과정적 접근

영국과 프랑스를 중심으로

박대식 편

박대식 박재정 김용현
류현숙 정주신 민병기

도서출판 대영문화사

이 책은 2008년도 정부 재원(교육인적자원부 학술연구조성사업비)으로
한국학술진흥재단의 지원을 받아 연구되었음(KRF-2008-323-B00046).

머리말

정부조직 개편은 자주 이루어진다. 대통령 취임 시 새로운 정부를 구성하기 위해 정부조직에 대한 개편이 단행된다. 대통령 재임 중에도 필요에 따라 정부조직 개편은 시행된다. 정부조직 개편은 우리에게 익숙한 현상이다.

이러한 정부조직 개편은 환경 변화에 따라 정부조직을 조정하는 작업으로 이해할 수 있다. 환경 변화에 따라 조직을 신설하기도 하고 폐지하기도 한다. 따라서 정부조직 개편에 대한 기존의 연구들은 환경 변화에 따라 조직 개편을 모색하는 차원, 즉 기능적이고 관리적인 차원에서 대부분 이루어져 왔다.

하지만 실제로 정부조직 개편은 정치적 과정을 통해 이루어지는 것이 현실이다. 정부조직 개편은 다수 정치인들의 참여 하에 결정되며, 그들의 의지와 이해를 반영하여 최종적인 결과를 만들어내기도 한다. 따라서 정부조직 개편을 정치 과정적 차원에서 연구하는 일은 현실 이해를 위해 중요한 의미를 지닌다.

이렇듯 중요함에도 불구하고 정부조직 개편에 대한 정치 과정적 연구는 소홀히 여겨져 왔다. 정부조직 개편에 대한 정치 과정적 연구가 행정학과 정치학이라는 두 가지 학문 분야에 속하는 복합적인 주제이기 때문이다. 따라서 각 학문 분야는 이 주제를 상대방 학문 분야에 속한 주제로 간주하여 큰 관심을 보이지 않았을 것으로 여겨진다.

이러한 문제 의식에 입각하여 정부조직 개편에 대한 정치 과정적 연구를 수행하게 되었고, 영국과 프랑스를 연구 대상으로 선택했다. 영국과 프랑스는 의원내각제와 이원집정부제를 대표하는 국가로서 정치 체제에서 차이를 보인다. 이러한 차이점을 고려하여 연구 대상으로 삼았다.

영국과 프랑스에 대한 연구 방식은 통일하지 않았다. 각국 정치 체제의 특수성을 고려하여 통일된 방식을 적용하기가 쉽지 않았기 때문이다. 따라서 영국의 경우는 집권 정당의 이념과 수상의 특성이 작용하여 정부조직 개편에 어떠한 영향을 주는지 살펴보았다. 프랑스의 경우는 선거 후 정당의 계파 간 공직 안배의 필요성과 대통령과 수상 간의 관계가 정부조직 개편에 어떠한 영향을 주게 되는지 고찰했다.

이 책의 목차와 목차별 집필자를 소개하면 다음과 같다.

제1장 서론 ………………………………………………………… 박대식
제2장 영국의 정부조직 개편을 위한 접근법 ……………………… 박대식
제3장 영국의 국가, 정부구조와 정책 과정 ……………………… 류현숙
제4장 영국의 정부조직 개편에 대한 정치 과정적 분석 … 박대식·정주신
제5장 프랑스의 정부조직 개편을 위한 접근법 ………………… 박재정
제6장 프랑스의 제5공화국 정치 체제와 정책 과정 …… 박재정·민병기
제7장 프랑스의 정부조직 개편에 대한 정치 과정적 분석 ……… 김용현
제8장 결론 ………………………………………………………… 박대식

이 책을 출간하는 데에 감사드려야 할 분들이 많다. 우선 정주신 박사와 이미연 석사과정생은 각국의 기초 자료를 수집하고 해석함으로써 이 책의 출판을 가능하도록 했다. 또한 교수와 박사들의 끊임없는 조언과 열띤 토론은 이 책을 체계화하는 데에 큰 도움이 되었다. 교수와 박사들에게 진심으로 고마운 마음을 전한다. 특히 행정 업무를 담당하며 수고한 고경한 학생에게도 감사한다.

아울러 사회과학계의 어려운 사정에도 불구하고 이 책을 기꺼이 출판해 주신 대영문화사의 임춘환 사장님께도 크게 감사드린다. 나아가 이 책을 위해 연구비 지원을 해 주신 한국학술진흥재단 관계자, 그리고 충남대학교 사회과학연구소 관계자께 깊이 감사드린다. 특히 한국학술진흥재단의 재정적인 지원 없이 이 책의 출간은 가능하지 않았을 것이다.

앞으로 이 책에 정리된 내용들이 각국의 정부조직 개편 과정을 비교분석하는 데에 도움이 되고, 나아가 한국의 정부조직 개편을 위한 이론과 개선방안을 모색하는 데에도 기여하기를 기원한다.

2011년 6월
저자들을 대표하여 박대식 씀

차 례

머리말 / 3

제 1 장 서 론 ······ **15**

제 2 장 영국의 정부조직 개편을 위한 접근법 ······ **17**

제 1 절 정부조직 개편 접근법 ······ 17

제 2 절 영국 정부조직 개편 사례연구 ······ 19

제 3 절 영국 정부조직 개편에 대한 정치 과정적 접근 ······ 21

제 3 장 영국의 국가, 정부구조와 정책 과정 ······ **22**

제 1 절 국가의 형성과 변화 ······ 22

제 2 절 영국의 헌법과 국가기관 ······ 25

1. 영국 의회 / 28
2. 입법부에 대한 행정부의 우위 / 38

제 3 절 행정부의 정책결정 과정 ······ 44

1. 거시적 정책결정 과정 / 44
2. 미시적 정책결정 과정 / 45

제 4 장 영국의 정부조직 개편에 대한 정치 과정적 분석 ………… 47

제 1 절 분석틀 ………… 47

제 2 절 보수당 정부(1957～1964년) ………… 49

1. 개편 내용 / 49
2. 환경 변화 / 50
3. 정치 과정 / 51
4. 환경 변화, 정치 과정과 조직 개편 / 51
5. 개편 분석 / 55

제 3 절 노동당 정부(1964～1970년) ………… 58

1. 개편 내용 / 56
2. 환경 변화 / 57
3. 정치 과정 / 59
4. 환경 변화, 정치 과정과 조직 개편 / 59
5. 개편 분석 / 67

제 4 절 보수당 정부(1970～1974년) ………… 68

1. 개편 내용 / 68
2. 환경 변화 / 69
3. 정치 과정 / 70
4. 환경 변화, 정치 과정과 조직 개편 / 71
5. 개편 분석 / 73

제 5 절 노동당 정부(1974～1979년) ………… 74

1. 개편 내용 / 74
2. 환경 변화 / 74
3. 정치 과정 / 76
4. 환경 변화, 정치 과정과 조직 개편 / 76
5. 개편 분석 / 78

제 6 절 보수당 정부(1979～1990년) ………… 79

1. 개편 내용 / 79
2. 환경 변화 / 79
3. 정치 과정 / 81

4. 환경 변화, 정치 과정과 조직 개편 / 81
5. 개편 분석 / 83

제 7 절 보수당 정부(1990～1997년) 84
1. 개편 내용 / 84
2. 환경 변화 / 84
3. 정치 과정 / 85
4. 환경 변화, 정치 과정과 조직 개편 / 86
5. 개편 분석 / 87

제 8 절 노동당 정부(1997～2007년) 88
1. 개편 내용 / 88
2. 환경 변화 / 88
3. 정치 과정 / 90
4. 환경 변화, 정치 과정과 조직 개편 / 90
5. 개편 분석 / 92

제 9 절 노동당 정부(2007～2009년) 93
1. 개편 내용 / 93
2. 환경 변화 / 93
3. 정치 과정 / 94
4. 환경 변화, 정치 과정과 조직 개편 / 95
5. 개편 분석 / 96

제10절 소결론 96

제 5 장 프랑스의 정부조직 개편을 위한 접근법 98

제 6 장 프랑스의 제5공화국 정치 체제와 정책 과정 101

제 1 절 서 론 101

제 2 절 프랑스 제5공화국의 정치: 지속성과 변화 102
1. 프랑스의 공화주의적 전통 / 102
2. 제5공화국 하의 이원적 권력구조 / 107
3. 제5공화국에서의 주요 헌법 개정 / 114

제 3 절 제5공화국의 동거정부 ······ 116
1. 동거정부의 개념과 정당성 논쟁 / 116
2. 제5공화국에서 동거정부의 경험과 특징 / 120
3. 동거정부에 관한 평가와 전망 / 124

제 4 절 프랑스의 정당 체계와 선거정치: 정치적 안정성 ······ 125
1. 제5공화국 역대 선거와 정당 체계의 변화 / 125
2. 프랑스 정당 체계 변화의 원인 / 134
3. 제5공화국의 정치 안정성 / 143

제 5 절 정책결정과 입법 과정에서 행정부와 입법부의 관계 ······ 146
1. 프랑스의 정책결정과 입법 과정 / 146
2. 행정부와 의회 관계 / 150
3. 이익집단의 정책결정 과정 관여 / 154

제 6 절 소결론: 이원정부제 권력구조의 진화 — 이론과 현실 ······ 157

제 7 장 프랑스의 정부조직 개편에 대한 정치 과정적 접근 ······ 159

제 1 절 이론적 배경 ······ 159

제 2 절 정부조직 개편의 시기 ······ 162

제 3 절 서열화된 프랑스식 내각 ······ 166
1. 국가장관 / 166
2. 장관 / 167
3. 위임장관과 청장 / 168

제 4 절 정부조직 개편의 두 가지 유형 ······ 169

제 5 절 정부조직 개편의 주요 행위자: 대통령과 수상 ······ 174
1. 대통령 / 174
2. 수상 / 183
3. 정당의 계파 또는 파벌의 수장 / 191

제 6 절 프랑스 정부조직 개편의 양상 ······ 195
1. 정부조직의 개편의 공통분모: 이합집산하는 부처 / 195
2. 신설되는 부처와 사라지는 부처 / 201

제 7 절 소결론 …… 200

제 8 장 결 론 …… 204

부 록 …… 207

부록 1: 영국 정부조직 개편표 / 209

부록 2: 프랑스 정부조직 개편표 / 217

참고 문헌 / 233

찾아보기 / 242

<표 목차>

<표 3-1> 2009년 하원의 구성 ··· 33
<표 3-2> 법안의 분류 ··· 35
<표 3-3> 역대 수상과 재임 기간(1940~2009년) ··· 39
<표 3-4> 중앙행정기관 ··· 43
<표 4-1> 정부조직 개편 개요(1957~1964년) ··· 56
<표 4-2> 정부조직 개편 개요(1964~1970년) ··· 68
<표 4-3> 정부조직 개편 개요(1970~1974년) ··· 73
<표 4-4> 정부조직 개편 개요(1974~1979년) ··· 78
<표 4-5> 정부조직 개편 개요(1979~1990년) ··· 83
<표 4-6> 정부조직 개편 개요(1990~1997년) ··· 87
<표 4-7> 정부조직 개편 개요(1997~2007년) ··· 92
<표 4-8> 정부조직 개편 개요(2007~2009년) ··· 96
<표 4-9> 정부조직 개편 종합 ··· 97
<표 6-1> 프랑스 제5공화국 헌법의 특성과 모형 ··· 104
<표 6-2> 제5공화국의 동거정부 요약 ··· 123
<표 6-3> 프랑스의 선거제도 ··· 126
<표 6-4> 선거별 평균 기권율 ··· 127
<표 6-5> 프랑스 대통령선거 결과(1965~2007년) ··· 128
<표 6-6> 프랑스 주요 정당의 계보(1901~2007년) ··· 130
<표 6-7> 제5공화국에서의 하원 선거 결과(1958~2007년) ··· 132
<표 6-8> 제5공화국 정당 체계의 변화 ··· 133
<표 6-9> 정당별 수입구조(2000년) ··· 137
<표 6-10> 1968부터 2005까지 산업활동인구 ··· 138
<표 6-11> 1978년 프랑스 선거에서 유권자들의 태도 ··· 140
<표 6-12> 2002년 프랑스 선거에서 유권자들의 태도 ··· 140
<표 6-13> 제5공화국의 정치 안정성 ··· 145
<표 6-14> 유럽 문제에 관한 정책 조정 과정 ··· 147
<표 7-1> 역대 수상 지명 시기 ··· 163
<표 7-2> 역대 조직 개편에 따른 부처 조직의 변화(1981~2009년) ··· 164
<표 7-3> 프랑스의 내각 시작 일자, 대통령, 수상과 집권(연합) 정당 ··· 165
<표 7-4> 1986년 꽃송이 유형 프랑스의 정부조직 구조 ··· 172

<표 7-5> 1993년 갈퀴형 프랑스의 정부조직 구조 ………………………… 173
<표 7-6> 역대 수상의 교체 사유 ……………………………………………… 175
<표 7-7> 역대 수상의 결정 유형 ……………………………………………… 177
<표 7-8> 프랑스 제5공화국의 정치 권력 …………………………………… 180
<표 7-9> 시기별로 본 대통령의 역할과 결정 요인 ………………………… 183
<표 7-10> 역대 수상의 자본 형태 …………………………………………… 188
<표 7-11> 수상의 개인적 이력과 정부조직 개편 유형 …………………… 191
<표 7-12> 역대 각료의 입각 당시 정치적 이력 …………………………… 192
<표 7-13> 1995년 쥐페 정부의 각료의 정치적 후원자와 봉토(선거구) ……… 193
<표 7-14> 주요 정부부처의 조직 개편 양상 ……………………………… 197

<그림 목차>

[그림 3-1] 영국 국가기관의 구성 ……………………………………………… 29
[그림 3-2] 핵심 행정기관의 상호작용 ………………………………………… 45
[그림 3-3] 장관과 공무원의 관계 ……………………………………………… 46
[그림 4-1] 정부조직 개편 분석틀 ……………………………………………… 48
[그림 6-1] 제5공화국 헌법 형성의 배경 ……………………………………… 106
[그림 6-2] 반대통령제 레짐의 유형화 ………………………………………… 110
[그림 6-3] 프랑스 실업률 추이 ………………………………………………… 139
[그림 6-4] 프랑스인의 가치 변화 ……………………………………………… 141
[그림 6-5] 1986과 1997년 선거에서 프랑스 정당의 이념과 정책 이동 ……… 143
[그림 6-6] 프랑스 입법 과정에서의 단계 …………………………………… 150
[그림 6-7] 입법 제안 주체별 법안 통과 현황 ……………………………… 152
[그림 7-1] 프랑스 정부조직 개편 과정 ……………………………………… 161
[그림 7-2] 이원적 선거와 프랑스 정부 구성 ……………………………… 179
[그림 7-3] 절대화된 대통령중심제 …………………………………………… 181
[그림 7-4] 중립화된 대통령중심제 …………………………………………… 182
[그림 7-5] 합리화된 대통령중심제 …………………………………………… 183

<부록 목차>

<부록 1> 영국 정부조직 개편표

<표 1-1> 정부조직 개편표(1957년 1월~1964년 10월) ········ 209
<표 1-2> 정부조직 개편표(1964년 10월~1970년 6월) ········ 210
<표 1-3> 정부조직 개편표(1970년 6월~1974년 3월) ········ 211
<표 1-4> 정부조직 개편표(1974년 3월~1979년 5월) ········ 212
<표 1-5> 정부조직 개편표(1979년 5월~1990년 11월) ········ 213
<표 1-6> 정부조직 개편표(1990년 11월~1997년 5월) ········ 214
<표 1-7> 정부조직 개편표(1997년 5월~2007년 6월) ········ 215
<표 1-8> 정부조직 개편표(2007년 6월~2009년 6월) ········ 216

<부록 2> 프랑스 정부조직 개편표

<표 2-1> 정부조직 개편표(1981: Pierre Mauroy) ········ 217
<표 2-2> 정부조직 개편표(1981: Pierre Mauroy II) ········ 218
<표 2-3> 정부조직 개편표(1984: L. Fabius) ········ 219
<표 2-4> 정부조직 개편표(1986: J. Chirac) ········ 220
<표 2-5> 정부조직 개편표(1988: M. Rocard) ········ 221
<표 2-6> 정부조직 개편표(1991: E. Cresson) ········ 222
<표 2-7> 정부조직 개편표(1993: P. Bérégovoy) ········ 223
<표 2-8> 정부조직 개편표(1994: E. Balladur) ········ 224
<표 2-9> 정부조직 개편표(1995: A. Juppé) ········ 225
<표 2-10> 정부조직 개편표(1995: A. Juppé II) ········ 226
<표 2-11> 정부조직 개편표(1997년: L. Jospin) ········ 227
<표 2-12> 정부조직 개편표(1997년: L. Jospin II) ········ 228
<표 2-13> 정부조직 개편표(2002: J. P. Raffarin) ········ 229
<표 2-14> 정부조직 개편표(2006: D. de Villepin) ········ 230
<표 2-15> 정부조직 개편표(2007: F. Fillon) ········ 231
<표 2-16> 정부조직 개편표(2007: F. Fillon II) ········ 232

Chapter 01 서 론

민주화 이후 한국 정부는 조직 개편에서 통합 개편과 분할 개편을 반복하는 추세를 보이기 시작했다. 김영삼 정부는 통합 개편을, 대조적으로 김대중 정부와 노무현 정부는 분할 개편을, 뒤이어 이명박 정부는 다시 통합 개편을 단행했다. 이러한 조직 개편 결정은 대통령과 의회가 극심하게 대립하고 갈등을 벌이는 가운데 진행되었다. 여기에서 정부조직 개편은 왜 통합 개편과 분할 개편을 반복하는 것인가라는 질문을 제기해 볼 수 있다.

이 질문에 대한 응답을 얻기 위해서는 정부조직 개편에 대한 영향 요인을 발견하는 것이 필요하다. 왜냐하면 영향 요인이 규명되어야만 통합 개편과 분할 개편에 대한 설명이 가능해질 것이기 때문이다. 정부조직 개편에 대한 영향 요인은 다양하여 환경의 변화, 정당의 이념 또는 정파적 이익이 될 수도 있을 것이다.

기존의 연구는 대부분 환경의 변화와 관련하여 정부조직 개편을 설명해 왔다. 하지만 환경의 변화는 정부조직 개편의 필요성을 제기하는 촉발 요인에 불과하다. 실제로 정부조직 개편에 관한 결정은 정치 과정에서 참여자들이 이루어내기 때문이다. 따라서 정부조직 개편을 정치 과정의 차원에서 고찰해야 할 필요성이 제기된다.

이 연구에서 정부조직 개편을 정치 과정의 차원에서 접근하게 되었다. 이를 위해 영국과 프랑스를 연구 대상으로 선정했다. 영국과 프랑스는 서로 다른 정치 체제를 지니고 있다. 영국은 의원내각제 국가로서 수상이 정부조직 개편의 권한을 행사하고 있으며 양당제가 정착되어 있다. 반면 프랑스는 이원집정부제 국가로서 대통령이 수상의 제안에 따라 정부조직 개편의 권한을 행사하고 있으며 다당제가 지배하고 있다. 이러한 정치 체제의 차이는 서로 다른 정치 과정을 통해 색다른 정부조직 개편의 결과를 야기할 것으로 기대된다.

이 책의 구성은 다음과 같다. 제2장에서 영국의 정부조직 개편을 위한 접근법을 모색했다. 제3장에서 영국의 정치 체제와 정책 과정을 파악했다. 특히 수상의 비중과 역할에 관해 살펴보았다. 제4장에서 영국의 정부조직 개편 사례를 1957년부터 2009년까지 존재했던 여덟 개 정권을 대상으로 정치 과정 차원에서 분석했다. 구체적으로 집권 정당의 이념과 수상의 특성이 영향 요인으로 작용하여 정부조직 개편을 통합 개편 또는 분할 개편으로 나타나게 하는 데에 어떻게 기여했는지 규명했다.

제5장에서는 프랑스의 정부조직 개편을 위한 접근법을 모색했다. 제6장에서는 프랑스 제5공화국의 정치 체제와 정책 과정을 파악했다. 특히 대통령과 수상의 관계와 역할에 관해 살펴보았다. 제7장에서는 프랑스의 정부조직 개편 현상을 정치 과정적 차원에서 분석했다. 구체적으로 선거 후 정당의 계파 간 공직 안배, 대통령과 수상 간의 관계, 환경의 변화 등이 정부조직 개편에 어떻게 영향을 주게 되는지 설명했다. 제8장 결론에서는 영국과 프랑스의 정부조직 개편 결정 과정과 결과를 비교하여 유사성과 차이성을 논의했다.

Chapter 02 영국의 정부조직 개편을 위한 접근법

제1절 정부조직 개편 접근법

정부조직 개편에 대한 설명에 도움을 줄 수 있는 조직 변화에 대한 접근법으로 환경의존적 접근법, 제도모방적 접근법, 정치 과정적 접근법을 들 수 있다. 우선 환경의존적 접근법(environmental dependency approach)은 조직환경과 관련하여 조직의 목표, 구조 및 운영상의 변화를 논의하고 있다.

예로서 사회체제모형(social system model)에 따르면 조직은 변화하는 환경 속에서 생존하기 위해 환경 변화에 적응하기 위해 적응, 목표 달성, 통합 및 유지와 같은 네 가지 기능을 수행한다. 즉 자원을 확보하고, 목표를 수정하여 집행하고, 하부조직을 통합하고, 구성원의 문화와 가치를 관리한다. 구체적으로 조직은 환경에 적응하기 위해 조직구조를 개편하고, 지속적인 운영을 위해 자원을 동원한다. 그리고 조직의 목표를 새로이 설정하고 집행하기도 한다. 또한 조직 구성원들을 지휘하고 관리하고 통합한다. 나아가 조직의 목표와 실적을 정당화하기 위해 여론 조성을 위한 기제를 개발한다 (Parsons, 1960).

조직군생태학이론(population ecology theory)은 조직의 자체적인 적응 가능성을 부정하면서 다윈적 논리에 따라 환경이 적절한 조직군을 선택하게 됨을 보여 준다. 조직은 자신의 변화를 제한하는 매몰비용, 정보 부족, 법적 규제, 재원 부족 등을 포함하는 제약 요인들로 인해 관성을 지니게 됨으로써 변화가 곤란하므로, 오히려 환경이 경쟁력 있는 조직군을 선정하게 된다(Hannan and Freeman, 1977).

자원의존이론(resource-dependence theory)은 환경의 선택보다는 조직의 적응을 강조한다. 이 이론에 따르면, 조직은 관리자의 역할을 통해 환경에 적응하기도 하고 환경을 변화시키기도 한다. 즉 관리자는 조직에 필요한 주요 자원들을 환경으로부터 획득하기도 하고, 환경을 자신에게 유리하게 만들기 위해서 수요를 창출하거나 정부 지원을 이끌어내기도 한다(Pfeffer and Salancik, 1978: 1-22, 39-61, 188-202).

이상에서와 같이 환경의존적 접근에서는 기술적 환경(technical environment) 속에서 능률성을 극대화하기 위해 조직이 변화하거나 선택되는 과정을 다루고 있다. 반면 제도모방적 접근법(institutional imitation approach)에서는 조직이 제도적 환경(institutional environment) 속에서 사회로부터 정당성을 확보하여 생존하기 위해 조직이 변모하는 현상에 비중을 두고 있다. 제도적 환경이란 사회에서 전반적으로 통용되고 있는 전문직업, 업무 분화 방식, 기술 체계 등의 요소들로 구성되는데, 조직은 환경으로부터 이러한 요소들을 도입함으로써 환경을 닮기 위해 노력한다. 결과적으로 환경 내의 여타 조직을 모방해 가는 동형이질(isomorphism) 현상이 만연하게 되며, 사회에서는 능률적 조직 이외에 비능률적 조직들도 병존한다(Meyer and Rowan, 1977; DiMaggio and Powell, 1983).

이렇듯 환경의존적 접근법과 제도모방적 접근법은 조직을 둘러싸고 있는 환경과 관련하여 조직의 변화를 설명하고 있는 데 반해, 정치 과정적 접근법(political process approach)은 조직의 구성과 운영을 이해 당사자들의 참여와 영향 하에서 고찰하고 있다. 예로서 워윅(Donald P. Warwick)은 미국 국무성 조직 개편의 실패 사례를 정치적 저항과 관련시켜 설명한다. 그에 따르면 1965년 국무성 내 계층을 대폭 축소했지만 수년 후에 계층은 상당 부분 다시 늘어나게 되었는데, 계층의 숫자가 복원된 것은 의회 의원들과 관료들의 저항에 기인한다(Warwick, 1975: 37-58, 155-179). 자이드

먼(Harold Seidman)과 길머(Robert Gilmour)는 미국 역사를 통해 정부조직 개편 현상을 고찰하고 있다. 그에 따르면 정부조직은 경제성과 능률성의 원칙에 따라 개편되는 것이 아니라, 대통령, 의회, 법원 등과 같은 정치 세력들의 영향 하에 이루어진다(Seidman and Gilmour, 1986: 3-36). 노트(Jack H. Knott)와 밀러(Gary J. Miller)는 합리적 선택 신제도주의 시각에서 미국 행정조직의 변천 과정을 설명하고 있다. 그는 19세기 미국의 행정개혁 운동기에 시정관리관제도, 독립규제위원회 등을 포함한 각종 제도의 개편이 이를 둘러싼 참여자들 간의 대립과 갈등 속에서 변모되어 가는 과정을 분석하고 있다(Knott and Miller, 1987: 1-100). 모어(Terry Moe)는 미국 사회규제조직 개편 과정을 제도선택 신제도주의 입장에서 분석하고 있다. 그에 따르면 소비자상품안전위원회, 근로자안정청, 환경청 등과 같은 조직들은 대통령, 의회, 이익집단들이 서로 대립하고 타협하는 과정을 통해 개편된다(Moe, 1989).

이상에서와 같이 환경의존적, 제도모방적, 정치 과정적 접근법은 조직 개편의 동기와 개편 방식을 각기 달리 파악하고 있다. 환경의존적 접근법은 조직이 변화하는 환경 속에서 생존하기 위해 환경 변화에 순응하는 방향으로 조직의 구조를 개편하고 있음을 보여 준다. 제도모방적 접근법은 조직이 변화하는 환경 속에서 생존하기 위해 사회로부터 정당성을 확보하기 위한 목적으로 여타 조직을 모방하게 됨을 나타낸다. 정치 과정적 접근법은 조직의 개편이 조직 개편 과정에 참여하는 참여자들의 이해 관계에 따라 대립과 타협의 과정을 거쳐 이루어지고 있음을 강조한다.

제 2 절 영국 정부조직 개편 사례연구

영국의 대부분 정부조직 개편 사례연구들은 환경 변화와 관련하여 이루어져 왔다. 우선 그린리프(William H. Greenleaf)는 전쟁과 관련하여 정부조직 개편을 논의했다. 그에 따르면 제1차 및 제2차 세계대전은 시장이 해결할 수 없는 많은 문제를 제기했고, 이러한 문제를 해결하기 위해 영국 정부가 개입했다. 즉 탄약 부족, 식량 공급, 군대 수송 및 군수 지원 등의 문제에 대처하여 이에 관련된 정부 부처를 신설했다(Greenleaf, 1983: 59-61).

또한 미들마스(Keith Middlemas)는 사회계급의 압력과 연관하여 정부조직 개편을 설명하고 있다. 그에 따르면 제1차 세계대전 이래 노동자계급과 자본가계급을 대변하는 기구들은 정치적으로 매우 중요하다고 여겨졌다. 따라서 이 기구들은 영국 정부 내 부처기관으로 흡수되었고, 흡수된 후 두 가지 계급을 대변하는 방향으로 활동함으로써 사회적 안정에 기여했다(Middlemas, 1979).

나아가 슈워츠(Bill Schwarz)는 외국과의 경제적 경쟁이 정부조직 개편을 야기함을 지적하고 있다. 그에 따르면 제1차 세계대전 직전에 유럽 국가들 간에 경제적 경쟁이 격화되어 감에 따라 영국 경제의 침체가 가속화되었다. 영국 정부는 자신의 경제 침체에 위협을 느끼게 되었고, 이를 극복하기 위해 정부가 자유방임경제에 개입하면서 관련된 정부조직 개편을 단행했다(Schwarz, 1985: 81-82).

아울러 홀(Stuart Hall)과 슈워츠(Bill Schwarz)는 사회경제적 변화와 관련하여 정부조직 개편을 고찰하고 있다. 그들에 따르면 산업화는 분업화와 도시화를 야기하고 도시화로 인해 도시 위생을 포함하여 많은 사회문제가 발생하게 된다. 결국 이러한 사회경제적 변화는 영국 정부를 위기에 빠뜨렸고, 이러한 위기를 수습하기 위해 기존의 자유방임적 전통을 벗어나 관련 부처를 설립했다(Hall and Schwarz, 1985: 9).

반면 영국의 일부 정부조직 개편 사례연구들은 정부조직 개편 결정 과정에 초점을 두어 이루어졌다. 예를 들어 던리비(Patrick Dunleavy)는 관청형성 모형을 통해 관료들이 자신의 주도로 정부조직을 개편함을 보여 준다. 그의 모형에 따르면 정부조직 개편 시 정부조직의 인력과 예산의 규모가 조직별로 차이를 두어 결정됨으로써 정부조직이 규모면에서 다양하게 나타나게 된다(Dunleavy, 1991: 174-209).

또한 모어(Terry Moe)와 콜드웰(Machael Caldwell)은 제도선택 신제도

주의 입장에서 영국 정부조직 개편 결정 과정을 논의하고 있다. 그들에 따르면 영국의 정부조직 개편은 수상이 자신의 주도에 의해 집권 정당과 협력하면서 그리고 이에 대해 반대 정당이 순응하면서 이루어진다. 그들은 주인−대리인모형에 입각하고 있는데, 대리인에 해당하는 관료가 주인에 해당하는 수상 및 정당에 순응한다고 주장하고 있어서, 대리인이 주인에게 순응하지 않는다고 보는 던리비의 입장과 대조를 이룬다(Moe and Caldwell, 1994).

제 3 절 영국 정부조직 개편에 대한 정치 과정적 접근

이상에서와 같이 영국 정부조직 개편 사례연구들은 대부분 환경 변화에 초점을 두고 있다. 전쟁, 사회계급의 압력, 외국과의 경제적 경쟁, 사회경제적 변화 등이 환경 변화의 예로 나타나고 있다. 이러한 환경 변화 요인들에 따라 정부조직 개편이 영향을 받는다.

반면 일부 사례연구들은 영국 정부조직 개편을 위한 정치 과정에 관심을 기울이고 있다. 관료 또는 수상과 집권정당이 정치 과정의 주요 참여자로 등장한다. 이러한 참여자들에 의해 정부조직 개편이 주도된다.

이렇듯 영국의 정부조직 개편 사례연구들은 환경의존적 접근법과 정치 과정적 접근법에 의해 이루어져 왔다. 두 가지 접근법은 상호 보완 관계에 있기 때문에 모두 정부조직 개편을 설명하는 데에 필요하다. 환경 변화에 따라 조직 개편의 필요성이 제기되면 정치 과정 참여자들에게 전달되어 그들의 판단에 따라 조직 개편에 관한 선택이 이루어지기 때문이다.

그런데 기존의 사례연구들이 환경 변화에 초점을 두고 대부분 이루어져 왔다. 따라서 정치 과정에 대한 설명이 간과되어 온 것이 사실이다. 따라서 이 책에서는 정치 과정에 초점을 두어 정부조직 개편에 관한 사례를 설명한다.

Chapter 03 영국의 국가, 정부구조와 정책 과정

제 1 절 국가의 형성과 변화

'United Kingdom of Great Britain and Northern Ireland'라는 다소 긴 국호를 가지고 있는 영국은 서로 다른 왕국들이 하나로 합병된 '단일 주권 국가(Unitary Sovereign State)'다. 먼저 1284년 웨일스가 잉글랜드로 합병된다. 하지만 잉글랜드와 웨일스 사이의 실질적인 합병은 1536년에 이르러서야 이루어지며, 이때부터 웨일스 사람들에게 잉글랜드 사람들과 동등한 법률적 지위와 잉글랜드 의회(Westminster Parliament) 내에 웨일스를 대표하는 지역구 의석 및 웨일스까지 확대된 잉글랜드식 지방정부 체계가 주어졌다. 1536년 웨일스 합병 후, 잉글랜드 의회는 웨일스 문제를 다루는 연차 토론회를 매년 개최하고 '웨일스 대위원회(Welsh Grand Committee)'를 두어 웨일스에 한정된 법안을 심의하도록 했지만, 위원회의 강한 반(反)보수당 정서로 인해 입법과 관련된 역할은 거의 수행하지 못하고, 단지 웨일스와 관련된 문제들을 토의하는 정무적 기능만을 수행했다. 영국 행정부의 웨일스에 대한 배려로 1951년 웨일스 문제 담당장관직이 신설되었으며, 1964년 내각장관을 수장으로 하는 웨일스부(Welsh Office)가 설립되었다. 1746년에서 1967년 사이, 영국 법률 속의 잉글랜드라는 표현은 웨일스 사람들을 포함하는 용어로 쓰였다. 하지만 웨일스 사람들에게 잉글랜드 중심의 합병은 마치 우리의 일본제국주의에 의한 식민 지배의 경험처럼 그렇게 탐탁한 것만은 아니었다. 1967년 웨일스의 공공 언어인 웰쉬(Welsh)가 영어와 동등하게 사용되면서, 즉 '1967년과 1993년의 웰쉬 언어법(Welsh Language Act 1967 and 1993)'에 근거를 두고 사용되면서, 적어도 언어적 측면에서는 이 탐탁하지 않음이 일정 정도 해소되는 효과가 있었다. 그리고 이 언어적 효과는 웨일스인에게 웨일스인으로서 자긍심을 불어넣었으며, 웨일스 민족주의의 부흥을 가져왔다. 비록 웨일스 민족주의자들이 분리독립을 강하게 주장하지는 않지만, 웨일스 민족주의는 분권화(devolution)의 실질적 추진 동력으로 작용하고 있다.

1603년 스코틀랜드의 제임스 6세(James VI) 국왕이 잉글랜드의 제임스 1세(James I) 국왕으로 즉위하는 사건이 발생한다. 하지만 이 사건은 단순히 왕위의 계승, 즉 개인적 차원의 통합으로 이어졌으며, 나라 대 나라의 통합은 그로부터 약 100여 년이 흐른 '1707년 연합법(Acts of Union 1707)'에 의해 공식적으로 한 나라인 소위 '대영제국(United Kingdom of Great Britain)'이 탄생한다. 스코틀랜드는 통합 전 잉글랜드와는 상이한 (로마법에 기반을 둔) 사법제도, 교육제도, 교회제도(즉 스코틀랜드 장로교) 등을 갖고 있었기 때문에 한 나라로 통합된 이후에도 대부분의 스코틀랜드 내부적인 일들은 스코틀랜드인들의 손에 맡겨져 있었다. 또한 웨일스와 달리 스코틀랜드 대위원회(Scottish Grand Committee)와 스코틀랜드 특별상임위원회(Scottish Special Standing Committee)는 스코틀랜드에 독점적인 영향을 미치는 법안 심사에서 적극적인 역할을 했다. 행정부에는 1885년부터 스코틀랜드 담당장관이 임명되었으며, 1926년에는 내각장관으로 격상되어 임명되고 있다. 1926년 이래, 스코틀랜드 담당장관은 전시내각을 제외하고는 언제나 내각장관이어야 하는 것이 관례르 자리잡았다.

플랜태저넷(Plantagenet) 왕가 기간 동안(1154~1485년), 아일랜드(Ireland)는 잉글랜드 국왕의 전권통치(overlordship) 아래에 있었다. 하지만 이 기간 동안 아일랜드 국민들이 순순히 영국의 전권통치를 받아들였던 것은 아니었다. '불온한' 아일랜드 국민들을 진압하려는 잉글랜드의 시도는 번번이 실패로 돌아갔으며, 천주교도들인 기존 거주민들에 대한 차별과 종교개혁 이래 정착한 개신교도 거주민 문제는 폭동과 진압이라는 악순환을 낳았고, 크롬웰(Oliver Cromwell)과 윌리엄 3세(William III) 시절에는 상당히 격화된 양상으로 계속되었다. 1783년 잉글랜드 의회는 더 이상 아일랜드 문제로 끌려다니지 않기 위해, 아일랜드에 대한 관할권을 포기하려고 했다. 하지만 영국이 아일랜드를 포기하는 대신, 1801년 아일랜드와 통합(Acts of Union 1801)하는 모습으로 역사는 귀결되나, 이 통합 역시 아일랜드 민족주의 분리독립운동을 막지는 못했다. 결국 1886년 당시 수상이었던 자유당의 글래드스턴(William E. Gladstone)이 '아일랜드 자치법안(Irish Home Rule Bill)'을 의회에 상정하나 하원에서 거부당하고 자유당은 분당(자유통합당: Liberal Unionist)되고 말았다. 글래드스턴은 1893년 아일랜드 자치법안을 다시 의회에 상정하나 이번에는 상원에서 거부당한다. 이후 아일랜드 자치법(the Government of Ireland Act 1914)은 1914년 의회를 통과하나 얼스터(Ulster) 지역의 개신교도들의 극심한 반대와 제1차 세계대전의 발발로 인해 실행에 옮겨지지 못하고, 1920년 아일랜드를 북아일랜드와 남아일랜드로 분리하여 두 개의 아일랜드 의회를 수립하는 법안(the Government of Ireland Act 1920)을 실행에 옮기는 데 성공한다. 1922년 남아일랜드는 아일랜드 자유국가(Irish Free State; 현재 아일랜드 공화국, Republic of Ireland)를 수립하고 영국으로부터 자치권을 얻어낸다. 이후 영국은 'the United Kingdom of Great Britain and Northern Ireland'를 뜻하게 된다.

이렇게 약 천 년의 기간 (즉 1154년 플랜태저넷 왕가로부터 아일랜드가 분리 독립한 1922년까지) 형성된 영국은 다른 나라와는 다른 방식으로 '단일주권국'이라는 자신의 정체를 다듬어온 셈이다. 마치 우리 역사의 삼국통일의 상황이 약 천 년의 세월로 늘어난 듯한 인상을 주는 영국의 역사는 영국이라는 나라에 '점진성', '전통의 고수'와 같은 이미지를 덧씌운다. 하지만 아일랜드와 영국의 관계, 북아일랜드와 영국의 관계, 잉글랜드와 스코틀랜드 사이의 해묵은 민족 감정, 잉글랜드 내부 관계에서도 장미전쟁, 그리고 뒤이은 폭동과 내전들을 고려하면 이 '점진성'의 이미지는 피로 얼룩진 이미지인 것 또한 사실이다. 핸슨(A. H. Hanson)과 왈리스(M. Walles)가 지적하듯이, 종종 영국사를 특징짓는 이 '점진성'의 이미지는 너무 지나치게 강조된 것이며, 몇 개의 법안으로 정리 또는 타협되는 데 필요했을 불합치와 불협화음의 시간을 너무 과소 평가하고 있는 것인지도 모른다. 또한 21세기에 들어와서도 계속 사용되고 있는 '평의원(House of Commons)'이라는 기묘한 이름이 상징하듯이, '전통의 고수'는 '분권화(devolution)'와 맞물려 급변하는 현실에 '급진적'으로 대처할 수 없는 영국을 상징하고 있는지도 모른다(Hanson and Walles, 1990: 3). 다시 말하면 '분권화'를 통해 영국 정부가 의도하는 바는, 천 년이라는 기간을 통해 형성된 영국이라는 나라의 '동질성'[1]을 훼손하지 않는 범위 내에서 각각의 민족주의 정파를 만족시켜야 하는 상황을 '분권화'라는 연방제도, 분리 독립도 아닌 제3의 길로 표출하고 있다는 뜻이다. 각 정파의 요구가 무시할 수 없는 수준의 것들이기는 하지만, 근본적인 '변혁'의 수준에까지 다다른 것은 아니기에, '타협'을 통한 해결 방안이 서로 집권을 원하는 양당제의 영국 상황에서 오래도록 유지될 수 있었다는 분석은 설득력을 얻는다(Hanson and Walles, 1990: ch 1). '점진성', '전통의 고수'와 같은 구성된 이미지를 국민성으로 환원시키지 않는 핸슨과 왈리스의 분석은 '타협'의 틀이 되는 '헌법적 장치'의 이해를 필요로 한다.

제 2 절 영국의 헌법과 국가기관

사람들에게 영국의 헌법을 이야기하면, 아마도 대부분의 사람들은 '영국도 헌법을 가지고 있나?'라고 반문할지 모른다. '영국은 헌법을 가지고 있

---

1) 핸슨과 왈리스는 동질성을 다음과 같이 정리하고 있다: '명시적이기보다는 암묵적 합의'의 형태를 띠며, 합의는 다시 '확립된 헌법적 형식들을 통해 정치적 토론을 행하고 이슈화된 문제들에 대해 표결을 통한 다수결의 결정을 받아들이는 것을' 뜻한다(Hanson and Walles, 1990: 11).

지 않다'는 토크빌(A. C. H. M. Clérel de Tocqueville)의 유명한 지적을 떠올리지 않더라도, 불문법, 보통법(common law) 체계를 가지고 있는 영국에서 헌법이라는 말은 다소 생소하게 들릴 수 있는 것도 사실이다. 하지만 현실에서 한 국가가 통치 체계가 없는 채로 존립한다는 것은 불가능하기에, 그리고 그 통치 체계에 대한 일정한 사회적 약속이 없는 상태로 한 국가가 존립하는 것 역시 불가능하기에 영국 헌법에 대한 토크빌의 표현을 곧이곧대로 받아들이는 것은 어리석은 일이다. 여기에서는 영국 헌법의 특징들,[2] 그 중에서도 '의회 주권(Parliamentary Sovereignty)'과 '입법부에 대한 행정부의 우위 형태'를 중심으로 살펴보고자 한다.

영국의 법학자 다이시(A. V. Dicey)는 '법에 의한 지배(the rule of law)'를 영국 헌법의 핵심적 특징으로 꼽는다(Dicey, 1959: ch 4). '법에 의한 지배'라는 법학의 역사에서 가장 유명한 격언에 대한 다이시의 견해[3]는 그 각론에서 지금의 현실과 큰 간극을 보여 주나, 법에 의한 지배를 '권력의 사용은 반드시 정당한 근거를 가져야 하며, 법률은 그 내용에서나 그 절차에서나 정의(justice)의 최소한의 기준을 따라야 한다'는 의미로 파악한다면 1215년 대헌장(Magna Carta 1215), 1689년 권리장전(Bill of Rights 1689), 1701년 왕위계승법(Act of Settlement 1701), 1707년 연합법(Act of Union with Scotland 1707), 1972년 유럽공동체법(European Communities Act 1972) 등의 입법 역사를 가지고 있는 영국의 '헌법적' 법률의 특징을 잘 보여 준다고 할 수 있다. 1215년 대헌장에서부터 이어지는, 국가 권력(군주권)을 제한하는 일련의 법률들(Acts of Parliament)은 사실 지주와 상인 계급에 의한 군주권의 제한이 점진적으로 성공했음을 보여 준다고

---

2) 스미스(S. de Smith)와 브래지어(R. Brazier)는 영국 헌법의 핵심적 특징으로 다음의 13가지 사항들을 들고 있다: ① 불문법, ② 지속적인 발전, ③ 의회 주권, ④ 법과 관습, ⑤ 유연성, ⑥ 단일국가, ⑦ 정치적 행위의 자유, ⑧ 군주권의 제한, ⑨ 양원제, ⑩ 의원내각제, ⑪ 입법부에 대한 행정부의 우위 형태, ⑫ 공평한 공무, ⑬ 사법부의 독립, ⑭ 입헌주의(de Smith and Brazier, 1998: 14-17).

3) 다이시는 국가 행위의 확실성과 예측 가능성을 위해 국가에 부여된 재량권을 제한해야 할 필요성, 보통 법원을 통한 부적절한 국가 행위의 감시, 만민의 법 앞에서의 평등을 법에 의한 지배의 특질로 파악한다. 따라서 그는 보통법 체계에서 분리된 행정법 영역을 부정한다.

말할 수도 있으나, 반대로 이야기하면 떠오르는 신흥 권력인 지주와 상인 계급을 군주가 성공적으로 제압하지 못했음을 반증하는 자료들이기도 하다. 유럽과는 달리 군주와 신흥 계급 사이의 세력 균형이 일정 기간 지속될 수 있었기에[4] '1688년의 정치적 타협'이 이루어질 수 있었으며, 이 타협의 성과로 '의회 주권의 확립, 독립된 사법부의 수립, 법에 의한 지배의 강화'와 같은 당시의 대다수 인민들에게는 별로 상관이 없던, 하지만 훗날의 인민들에겐 정치에 참여할 수 있는 발판이 될 결과물들을 얻어낼 수 있었다(Hanson and Walles, 1990: 8-9).

물론 이러한 언급은 영국인들이 정치적 타협을 통해 얻어낸 어떤 규범적인 틀(normative framework)을 과소 평가하는 것일 수도 있다. 영국의 입법례들이 그 내용적인 면에서 인간의 기본권에 바탕을 둔 18세기 유럽 대륙의 입법례와는 사뭇 다르다는 점을 인정한다 할지라도, 세력들 간의 정치적 타협이 어떤 다른 과정이 아닌 '입법'이라는 과정을 통해 이루어졌다는 사실만큼은 과소 평가되어서는 안 된다. 18세기 영국의 대법관이었던 캠던(Lord Camden)은 이를 '전횡적인 권력의 영향에 반대하는 일반적인 (regular) 법률의 절대적 우월권'의 확립이라는 차원으로 이해한다(Entick v Carrington (1765) 19 St Tr 1030). 헌법을 절차적 규범성의 확립 과정으로 조명한 캠던의 견해는 20세기 들어와서도 받아들여진다. 일례로 1964년 최고심의 한 판결은 '헌법이란 보통법 전통을 따르는 법원에 의해 발전된 일반적인 법률적 결과물이며, 개인적 권리는 어떤 권리장전에 의해서라기보다는 보통법의 발전을 통해 보장된다'고 판시한다(Ridge v Baldwin [1964]

4) 장미전쟁을 거치면서 자멸해 버린 전통적 남작(baron) 계급의 몰락은 군주와 신흥 귀족 및 상인들에게 미처 대비하지 못했던 권력의 공백기를 경험하게 했다. 당시 영국의 군주는 절대 왕정을 펼칠 수 있을 정도로 힘을 축적한 상태가 아니었으며, 지주와 상인 계급 또한 국가 권력을 획득할 정도의 힘을 축적하지 못했었다. '군대'와 관련된 당시의 입법들은 이를 상징적으로 보여 준다. 제임스 2세(James II)의 군대 사용에 대한 분노에서 출발한 1660년의 봉건적 징병제 폐지, 1661년 노르만 정복 이전 부족 군대(Fyrd)에 기반을 둔 의용군(militia)의 법률에 의한 규제, 1689년 권리장전은 평화 시 의회의 동의 없는 상비군제 폐지, 그리고 군대의 유지에 필수적인 하극상법(Mutiny Act)의 존속 기간을 1년으로 제한하여 매년 의회를 통해 갱신토록 만들었다. 군대에 대한 이러한 제한은 1881년 군대법(Army Act)이 제정되기 전까지 계속되었다.

AC 40).

보통법 체계에서 법은 '의회 입법(parliamentary legislation)'과 '판사 입법(judge-made law)'을 통해 발전한다. '선례 구속성의 원리(stare decisis)'라 불리는, 구속력 있는 판례를 통해 발전하는 '판사 입법'의 연원은 13세기까지 추적이 가능하나, 16세기에 이르러 본격적으로 사용되기 시작한다(Harris, 1997: 188-189). 한 사건에 대한 (상급)법원의 판단은 그와 유사한 사건에서 동일하게 적용된다는 작동 원리를 통해 만들어지는 판사 입법은 그 정의상 다소 보수적인 색채를 띨 수밖에 없다.[5] 나아가 '의회 주권'과의 관계성 속에서 '판사 입법'은 그 이차적 성격을 떨쳐버릴 수 없다. 물론 '1972년 유럽공동체법'의 발효로 인해, 앞으로의 모든 입법은 유럽연합과 그 법원에 의해 수립된 원칙에 위배되지 않아야 하나, 그렇다고 이 사실이 '판사 입법'의 우위성을 주장하는 예로 사용될 수는 없다. 그렇다면 '의회 입법'은 어떠한 방식으로 진행되며, 그 성격은 어떻게 규정되는가? 이 물음에 답하기 위해서는 먼저 영국 의회의 구성 및 그 작동 방식에 대해 알아볼 필요가 있다.

1 영국 의회

1) 개관

'1689년 권리장전(the Bill of Right 1689)'은 '의회는 자주 열려야만 한다'고 규정하고 있으며, '1694년 의회 회합법(the Meeting of Parliament Act 1694)'은 의회(Westminster Parliament)의 한 회기와 그 다음 회기 간의 공백이 3년을 넘어서는 안 된다고 규정하고 있다. 하지만 현실에서는 군대의 유지 및 세입·세출에 관련된 사항이 한시적(12개월) 의회 입법(Act

5) 하급심은 상급심의 선례를 따라야 하나, 최고심인 귀족원 또한 자신의 선례에 구속되는지는 언제나 논쟁거리였다. 1966년, 귀족원장(Lord Chancellor)은 이에 대해 귀족원은 이제부터 자신들의 선례를 따르지 않을 권리 또한 가지고 있다고 선언한다(Harris, 1997: 190).

[그림 3-1] 영국 국가기관의 구성

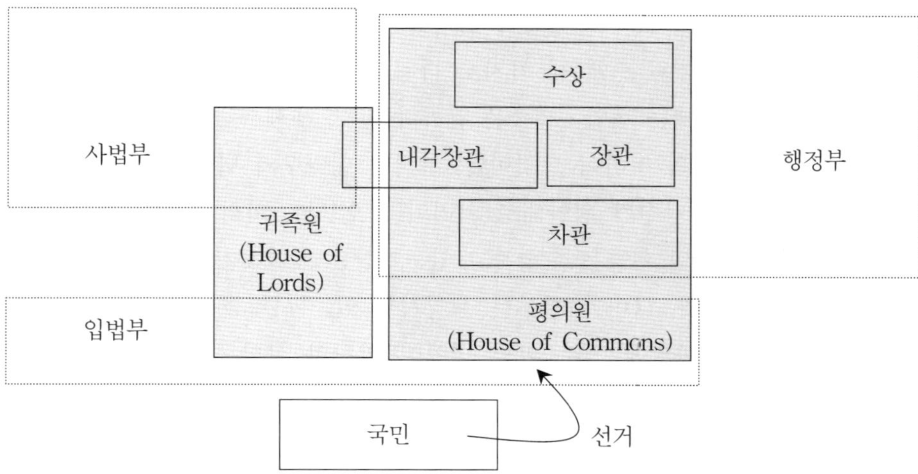

of Parliament)을 통해서만 효력을 발휘하기에 의회는 매년 소집된다. 또한, 영국의 의회는 잘 알려져 있듯이 '귀족원(House of Lords)'인 상원과 국민의 직접선거에 의해 선출된 '평의원(House of Commons)'인 하원으로 구성되어 있다(그림 3-1 참조). 중세 이래 상·하원은 서로 독립적으로 모이고 토의하고 투표해 왔다. 양원 합동회의에 대해서는 어떠한 규정도 없으며, 다만 특정 목적을 가지고 만들어지는 양원 합동 특별위원회(joint select committee)를 둘 수 있을 뿐이다.

구성된 의회의 존속 기간은 1694년 의회 회합법에 의해 3년을 넘지 않아야 하는 선에서 출발하여, '1715년 7년법(the Septennial Act 1715)'에 의해 7년으로 늘어났으나, 다시 '1911년 의회법(the Parliament Act 1911)'에 의해 5년으로 줄어들어 오늘날까지 이어지고 있다. 덧붙여 1911년 의회법은 상원의 동의 없이 의회의 존속 기간을 연장하는 것을 금지하고 있다. 하지만 통상적인 법 제정 절차에 따라 존속 기간을 연장하는 것까지 금지하고 있는 것은 아니다. 실제로 1910년 총선에 의해 구성된 의회는 제1차 세계대전 중 한시법으로 1918년까지 그 존속 기간을 연장했으며, 1935년에 구성된 의회도 제2차 세계대전을 맞아 1945년 6월까지 그 존속 기간을 연장했다. 하지만 헌법학자들은 전시가 아닌 상황에서 의회의 존속 기간을 연장하려는 시도는 심각한 헌법적 위기를 불러일으킬 것이라고 여긴다.

의회의 기능은 크게 세 가지로 나눠볼 수 있는데, 그 첫 번째는 법률의 제정이고, 둘째는 세입·세출을 감독하는 것, 셋째는 중앙정부 권력의 견제와 국가 정책의 비판이 그것이다. 하지만 대다수의 법률이 정부의 입법 추진을 통해 상당수가 원안대로 처리되는 오늘날, 의회가 법률을 '만든다'라는 의미 이상의 기능을 수행하고 있는가라는 대답하기 어려운 질문을 생각해 볼 수 있다. 나아가 정부를 책임지고 있는 사람들이 의회 내 다수당의 실권자들인 까닭에 정부 발의 법안이 의회의 심의를 통과하지 못한다면, 이는 신임의 문제로 직결된다. 역설적으로 정부에 대한 의회의 통제가 강화되는 상황은 집권당 당수의 내부 통제력이 약화되고 있다는 사실을 보여줄 뿐인 것이다.

2) 상원/귀족원(House of Lords)

(1) 상원의 구성

상원/귀족원에 참여할 수 있는 자격 요건은 다음과 같다.

① 성직 귀족(Lords Spiritual): 영국 성공회의 캔터베리 대주교, 요크 대주교, 런던 주교, 더햄 주교, 윈체스터 주교 외에 임명된 순서에 따른 21명의 교구 주교들, 총 26명의 고위급 성직자들이 성직 귀족으로서의 자격을 갖는다. 성직 귀족은 실제 귀족은 아니지만, 의회 귀족(Lords of Parliament)의 자격을 갖는다.

② 선거에 의한 세습 귀족(elected hereditary peers): 세습 귀족의 기원은 1707년 이전으로 거슬러 올라가며, 1707~1800년 사이에 기원을 둔 영국(Greate Britain) 세습 귀족과 1801년 이후에 기원을 둔 영국(United Kingdom) 세습 귀족, 이 밖에 통합법 이전에 기원을 둔 스코틀랜드 귀족들 등, 대략 800명의 귀족이 이러한 세습 귀족의 자격을 보유하고 있다. 1999년 귀족원법(House of Lords Act 1999)은 세습 귀족에게 자동으로 주어지던 상원 의원 자격을 그들이 지지하는 정당 또는 단체에 의해 행해지

는 선거를 통해 의원 자격을 얻도록 바꾸었다. 2009년 당시 정당 또는 단체에 의해 선출된 75명, 15명의 상원 자체 선거를 통해 선출된, 이를테면 귀족원 부의장과 같은 의원, 그리고 (여)왕에 의해 지명된 2명의 귀족 등, 총 92명의 세습 귀족이 상원 의원 자격을 갖고 있었다.

③ 종신 귀족(Life Peers): 1958년 종신귀족법(Life Peerages Act 1958)에 의해 만들어진 귀족으로, 수상의 추천에 의해 (여)왕이 임명하며, 귀족으로서 그들의 지위는 세습되지 않는다. 2009년 당시 이들은 약 750명 정도로 구성된 상원에서 절대적 다수(대략 630명)를 차지했다.

④ 사법 귀족(Law Lords): 1876년부터 임명되는 종신 귀족들인데, 1958년 종신귀족법이 통과되기 82년 전부터 존재해 왔다. 최대 12명의 상급법원 판사(Lords of Appeal in Ordinary)가 상원/귀족원에 참여하고 있다. 총리의 제청에 의해 (여)왕이 임명한다.

(2) 상원의 기능

주요 기능으로 공적인 이해 관계가 걸린 문제들에 대한 예비 청문회 개최, 하원 발의 법안의 사소한 수정, 논란의 여지가 상대적으로 적은 공적 법안(Public Bill)의 발의, 하위입법(Subordinate Legislation)의 검토, 행정부의 감시 및 사적 법안(Private Bill)의 검토 등 여섯 가지를 들 수 있다. 상원의 권한과 기능은 하원에 비해 제한되며 하원에 대한 보완적 기능을 수행한다고 할 수 있다. 입법의 경우 상원은 하원을 통과한 법률안을 1년 동안 계류시킬 수 있는 권한밖에 없다. 상원은 재정 법안(Finance Bill)에 대해 어떠한 권한도 갖지 않으며, 하원이 발의한 법안에 대해 상원의 의사를 주장할 수도 없다. 그러나 상원의 법률 전문가에 의한 전문적 법안 심의는 하원의 법률안 심사를 법제적 측면에서 크게 보완하고 있다.

영국 법원의 최고심을 담당하는 것도 상원의 대표적인 기능이었다. 그러나 영국 최고 법원으로서 상원의 기능은 2005년 헌법개혁법(Constitutional Reform Act)에 의해 2009년 10월부터 대법원(Supreme Court of the United Kingdom)에 이전되었다. 그리고 이 법에 의해 상원 의장을 법무 장관(Lord Chancellor)이 맡아 왔던 전통이 개혁되었다. 법무 장관은 회의 진행 시 하원 의장과는 달리 중립의 의무를 지지 않았다. 또한 그가 차지하고 있던 헌법적 위치 역시 가장 독특했다. 법무 장관은 그 자신이 입법부의 한 축을 이루는 상원 의장이면서, 사법부의 일원(최고심의 판사)이기도 하며, 행정부의 각료이기도 했다. 즉, 권력 분립의 원칙이 지켜지지 않는 법무 장관직이었다. 2006년 7월 4일 상원 역사상 처음으로 선거에 의한 의장(Lord Speaker)이 추대되었고, 이에 따라 법무 장관은 오롯이 행정부의 일원으로 돌아갈 수 있게 되었다.

3) 하원/평의원(House of Commons)

(1) 하원의 구성

하원은 주민의 직접선거에 의해 선출되는 646명(2009년 기준)의 의원들로 구성되어 있다. 선거구 분포는 잉글랜드가 대다수를 차지하고 있고 스코틀랜드, 웨일스, 북아일랜드 순이다. 하원은 영국 사회를 대표하고 있지만, 실제 선출된 의원들의 구성은 줄무늬 신사복으로 상징되는 중산층 백인 남성이 주류 집단을 형성한다.

하원 의장(Speaker)은 의원들의 비밀 투표에 의해 선출되며, 그 아래 3명의 부의장 – 세입세출위원장(Chairman of Ways and Means), 세입세출1부위원장(First Deputy Chairman of Ways and Means), 세입세출2부위원장(Second Deputy Chairman of Ways and Means) – 을 두고 있다. 특히 세입세출위원장은 의장을 대신해 예산과 같은 세입 세출을 다루는 회의들을 주관한다. 하원 의장은 상원 의장과 달리 정치적 중립의 의무를 진다. 회의 시, 의장은 표결에 참가하지 않으나, 가부 동수인 경우에는 해당 사안에 대해 자신의 의견을 표명하지 않는다는 전제 아래 캐스팅 보트(casting vote)를 행사한다. 의장은 의사규칙(Standing Orders of the House)이 규정하는 재량권을 가지며, 하원 내의 질서 유지 및 그 위반자들에 대한 ('호명(naming)'으로 알려진) 처벌권을 가진다. 하원의 다수당은 정부를 구성할 권리를 가지며, 야당의 당수(the Leader of the Opposition) 또한 1937년 정부각료법(Ministers of the Crown Act 1937)에 의해 정부 각료에 준하는 급여가 지급된다.

〈표 3-1〉 2009년 하원의 구성

선거구	지역구 수	정당	의석 수*	여성 의원 수**
잉글랜드	529	노동당	349(54%)	94(26.9%)
웨일스	40	보수당	192(29.7%)	17(8.85%)
스코틀랜드	59	자유민주당	63(9.7%)	9(14.28%)
북아일랜드	18	기타	42 (공석 2 포함)	-
계	646	계	646	125(19.34%)

출처: www.parliament.uk
* 전체 의석 대비 백분율 ** 정당 의석 대비 백분율

(2) 하원의 기능

하원은 행정부의 활동을 대정부 질문 시간(Question Time)을 통해 면밀히 살펴보고, 모든 법안과 중요 관심 사항을 토론 및 승인하며, 세금 인상과 같은 정부의 세금 부과를 추인하는 등의 3대 주요 기능을 수행한다. 먼저 하원의 대정부 질문은 월요일부터 목요일까지 매일 약 1시간 정도 진행된다. 각 정부 부처들은 '구두 질문 순서(Order of Oral Questions)'에 따라 의원들의 질문에 답해야 한다. 질문은 해당 부처에 관한 것이어야만 하며, 질문자는 적어도 3일 전에 질문을 제출해야만(tabling) 한다. 또한, 질문자는 답변을 서면으로 제출받을 수도 있으며, 이 경우 질문과 답변은 한사드(Hansard)[6]에 기록된다. 매주 수요일 정오에는 수상에게 약 30분 동안 질

6) 한사드는 의회에서 이루어진 토론을 공식적으로 문서화한 보고서의 비공식적인 이름이다. 즉 의회의 속기록을 의미하는 한사드는 1909년부터 시작되었으며, 그 이후 양원에서의 모든 연설은 이 한사드에 기록·인쇄되고 있다. 한사드 소사이어티(Hansard Society)는 영국 의회의 회의록을 발간하는 한사드 의회 속기록(Hansard Parliamentary Record)의 이름을 따서 지어졌다. 이 단체는 의회 민주주의를 촉진하기 위해 1944년 설립되었는데 사령관 킹 홀(Stephen King-Hall)이 설립, 의장직을 맡았다. 첫 번째 가입자는 처칠(Winston Churchill)과 애틀리(Clement Attlee)였다. 현재 공동 회장은 하원 의장인 버코우(John Bercow)와 상원 의장인 헤이먼(Baroness Hayman)이고, 부회장은 노동당, 보수당, 자유민주당의 대표가 맡는다. 영국의 독립적이고 비당파적인 연구와 교육단체로서, 의회·헌법사무·참여 관련 최근 이슈에 대한 논쟁의 장을 제공하고, 적절하고 엄격한 연구를 통해 권고 사항을 제시하여 의회 입법 과정을 개선하는 등의 역할을 한다. 또 교사 및 정책 전문가가 정치적 이슈·과정을 이해하도록 하는 교육을 실시하고 있으며,

문할 수 있는 순서가 마련되어 있다.

아마도 하원의 가장 중요한 기능 중 하나는 토론일 것이다. 토론은 정부의 정책, 새로 제안된 법안 및 당면 현안을 주제로 행해지며, 해당 주제에 대한 의원들의 결정을 좀 더 풍요롭게 해주는 기능을 수행한다. 상당수의 토론은 투표에 의해 결정되기도 하며, 때로는 해당 주제에 대해 단순 의견 개진을 위한 토론이 행해지기도 한다. 모든 토론은 한사드에 기록된다. 덧붙여 650명 정도의 인원이 한꺼번에 동일 주제의 토론에 참가한다는 것은 비현실적일뿐더러 비생산적이기에, 하원은 토론을 각 위원회로 배정하여 진행한다.[7] 상・하원 의회위원회는 그 형식에 따라 크게 네 가지로 나눠볼 수 있으며, 이는 다음과 같다.

① 특별위원회(Select Committees): 하원은 정부 부처들에 각각 상응하는 수만큼의 특별위원회를 두고 있으며, 각 특별위원회는 담당 정부 부처를 크게 '지출', '정책', 그리고 '행정'이라는 세 가지 측면에서 심사한다. 몇몇 위원회는 부처 간의 경계를 벗어난 주제를 다루기도 하며 (공적 회계위원회[Public Accounts]와 같은), 또 몇몇은 하원 및 의원 자신들을 심사하기도 한다. 상원의 특별위원회는 하원과 달리 각각의 정부 부처들에 일대일로 상응하지는 않는다. 이와는 달리 상원 의원 각각의 전문 분야를 활용하는 방식으로 '유럽', '과학 기술', '헌법', '경제 문제'에 대한 네 개의 특별위원회를 두고 있다.

② 상하원 합동위원회(Joint Committees): 그 운영 방식은 특별위원회와 마찬가지이며, 단지 그 구성이 상하원 합동으로 되어 있는 점만 다르다. 합동위원회는 특정 주제들을 집중하여 심사하며, 그 중에 대표적인 것으로 '인권(human rights)' 위원회와 '위임 입법(delegated legislation)' 위원회 등을 들 수 있다.

③ 일반위원회[공공 법안 위원회를 포함](General Committees [including Public Bill Committees]): 하원에만 있는 위원회로, 주로 공공법안과 관련

전 세계의 학생들에게 영국의 정치 체제를 연구할 수 있도록 그리고 다양한 정치 단체에서 인턴십할 수 있도록 하는 기회를 제공한다(http://www.hansardsociety.org.uk/).

7) 이는 상원 또한 마찬가지다.

된 토의를 진행한다. 각각의 위원회는 하원의 정당 의석 수를 반영하는 방식으로 꾸려지며, 심사하는 법안에 따라 이름이 결정된다. 상원의 공공법안 심사는 '상원 전체위원회(committee of the Whole House)'에서 행해진다.

④ 대위원회(Grand Committees): 하원은 3개의 대위원회를 두고 있으며, 각각 웨일스, 스코틀랜드, 북아일랜드에 관련된 문제들을 심의한다. 상원의 대위원회는 상원 전체 위원회에서 다루어지지 않은 공공법안을 심의한다. 심사 절차는 상원 전체위원회와 동일하나 법안 처리는 표결 절차가 없는 관계로 만장일치로 이루어진다.

4) 입법 과정

〈표 3-2〉 법안의 분류

<table>
<tr><td>정부 발의 법안
(Government Bill)</td><td rowspan="3">법안
(Bill)</td><td>공공법안(Public Bill): 그 영향이 사회 전체에 미친다.</td></tr>
<tr><td rowspan="2">개인 발의 법안
(Private Members' Bill): 여기서 개인은 상하원의 의원일 수도 있고 일반 시민이나 사회단체일 수도 있다.</td><td>특정법안(Private Bill): 특정 개인이나 법인을 대상으로 하며, 그 영향력은 특정된 대상들에게만 미친다.</td></tr>
<tr><td>혼합법안(Hybrid Bill): 공공법안과 특정법안의 특징이 혼합되어 있는 법안. 크게 보면 공공법안이라 불릴 수 있다. 예를 들면 민영화된 철도에 대한 규제 법안은 규제 대상이 민영철도회사이지만 그 법이 끼치는 영향은 사회 전체를 대상으로 한다.</td></tr>
</table>

법안(bill)은 누가 발의했는가에 따라, 그리고 그 법안이 영향을 미치는 대상의 범위에 따라 <표 3-2>와 같이 나뉜다. 의회에서 처리되는 대부분의 법안은 정부가 발의한 공공법안이다. 많은 수의 개인 발의 법안은 심의 과정에서 탈락하고 극소수만 법(Act of Parliament)으로 살아남는다. 그렇다고 할지라도 개인 발의 법안이 마냥 비효율적인 것만은 아니다. 많은 수의 개인 발의 법안은 그 기획 단계에서부터 정부와 대중의 관심을 끌기 위해 준비되기 때문이다. 여기서는 정부 발의 공공법안을 중심으로 한 법안이 어떻게 법이 되는지를 살펴본다.

① 준비 단계: 법안은 정부 각 부처의 요구에 따라 '내각사무처(Cabinet

Office)' 내의 '의회 담당 법무실(Parliamentary Counsel Office: PCO)'의 변호사들에 의해 초안이 작성된다. 법안이 초안되기 이전, 자문적(consultative) 성격의 녹서(Green Paper)와 정책적 성격의 백서(White Paper)의 출간 단계를 거치기도 하나, 어떤 법안은 입법예고 없이 진행되기도 한다. 이 단계를 거친 법안을 '초고 법안(Draft Bill)'이라 부른다. 한편, 의회 내에서도 법안을 받아들이기 이전 준비 단계가 필요하다. 의원들은 공평한 법안 심사를 위해 각자의 특수 이해 관계를 '의원 이해관계 등록부'에 등록한다. '이해관계 등록부'는 하원 문서로 정기적으로 출판된다.

② 제1독회: 정부는 완성된 '초고 법안'을 전략적 결정에 의해 상원 또는 하원으로 제출한다. 상원으로 제출되는 법안의 대부분은 정체적 충돌을 일으키지 않는 법안들이다. 하지만 재정 법안은 언제나 하원을 통해 제출되어야 한다. 하지만 양원에 제출된 법안은 준비 단계에서 완성된 '초고 법안'이 아닌, 제목과 법안 번호만 쓰여 있는 견본이며, 제출된 법안의 제목이 양원에서 읽혀지면 제1독회를 통과한 것으로 간주된다. 제1독회가 끝난 뒤 법안의 인쇄가 이루어진다.

③ 제2독회: 제1독회가 끝난 후, 인쇄된 법안은 제2독회 단계로 들어가며, 법안에 대한 기본적 토의가 이루어진다. 이 단계에서는 어떠한 조항 변경도 허용되지 않으며, 법안에 대한 보류 및 수정 판정이 내려진다. 제2독회를 통과한 법안 중 재정적 분석(money resolution)이 필요한 법안은 그에 대한 심의가 추가된다.

④ 위원회 단계: 제2독회가 끝난 법안은 공공법안위원회로 보내지며, 이 단계에서 많은 수의 법안이 양원의 의사일정에 따라 '토론 종결(guillotine)' 판정을 받고 폐기된다. 이 단계에서는, 법안에 대한 자구 수정이 일어나기도 한다.

⑤ 보고(report) 단계: 위원회 심사가 종료되면 법안은 다시 하원 본회의에 그 심사 결과가 보고된다. 법안은 각 조항별이 아닌 법안 전체로 심사되며, 이 단계에서는 다른 위원회 소속 의원들 또한 의견을 개진할 수 있다.

⑥ 제3독회: 하원에서의 마지막 단계이며, 어떠한 수정도 가해지지 않는다. 토론은 법안을 개괄하는 입장에서 진행된다.

⑦ 상원 단계: 제3독회를 통과한 법안은 상원으로 보내지며, 상원은 하원에서 행한 것과 유사한 방식으로 법안을 심사한다. 이 단계에서 발생한 변경 사항들은 하원에 통보되며, 만일 하원이 상원에서 가해진 수정을 받아들이지 않는다면 그 이유를 상원에 통보해야 한다. 만일 법안이 양원 사이에서 교착 상태에 빠지는 경우, 하원은 1949년에 개정된 1911년 의회법(Parliament Act 1911)에 의거, 상원의 동의 없이 법안을 통과시킬 수 있다.

⑧ 국왕의 승인: 위의 단계를 거친 법안은 (여)왕의 재가(Royal Assent)와 함께 '의회제정법(Act of Parliament)'으로 발효된다. 이 절차는 형식적인 것으로, 국왕이 법적으로는 법률안에 대해 승인을 거부할 수도 있으나, 헌법상 관례에 의해 그러하지 아니하다. 국왕의 법률안 거부권은 1707년에 마지막으로 행사되었다.

5) 의회 주권과 유럽연합

다이시(Dicey, 1959: 70)는 '의회 주권(Parliamentary Sovereignty)' 개념을 영국 헌법에서 가장 핵심적인 근본 원리로 지목한다. 정통적인 견해에 따르면, 영국 의회는 영국법에 따라, 제한되지 않은 입법권을 행사하며, 어떠한 영국 법원도 그 법률의 정당성을 의심할 수 없다고 한다. 논리적으로 의회 주권은 어떠한 정부도 전임 정부의 법률에 구속되지 않으며, 따라서 어떠한 정부도 후임 정부를 구속하는 입법을 할 수 없다는 결론을 낳는다('신법 우선의 원칙'). 그리고 의회법이 보통법과 충돌하는 경우, '의회법은 보통법에 우선한다'는 원칙 또한 추론 가능하다.

그러나 영국 의회의 제한되지 않은 이러한 입법권은, 영국이 유럽공동체에 가입함과 동시에 제한을 받게 된다. 1972년 유럽공동체법(European Communities Act 1972)은 일반 입법임과 동시에 공동체 법의 '직접적 적용' 조항을 포함하는, 즉 향후 입법을 제한하게 될 요소 또한 포함하고 있다. 영국이 유럽연합의 회원국인 한, 의회 무제한적인 입법권은 일정 정도 제약을 받게 되었고, '국제법은 국내법에 우선한다'는 또 하나의 원칙을 만들어낸다(R v Secretary of State for Transport, ex parte Factortame

Ltd (No. 2) [1991] AC 603).

2 입법부에 대한 행정부의 우위

의원 내각제 국가에서 정부는 어떻게 파악되어야 하나? '웨스트민스터 모형(Westminster model)'이라 불리는 정통적 견해에 따르면, 정부는 국민의 '대표자(representative)'이며, 국민에 대해 '책임을 져야 하는(responsible)' 것으로 그려지고 있다. 선거를 통해 선출된 대표자들이 의회를 구성하고, 구성된 의회의 다수당이 정부를 구성하기에, 정부는 국민과 의회의 대표자이며, 따라서 의회에 대해 그리고 국민에 대해 그 행위를 책임져야만 한다는 것이다. '의회를 통해 모든 공권력(all public power)이 해명되어야 하는'(Craig, 1994: 4), 다이시주의적(Diceyian) 정부 이해는 정부의 행위가 '유권자의 의지에 반(反)하지 않으리라'고 성급한 결론을 내린다.

하지만 현실의 정부는, 다이시주의자들의 이상적인 현실 인식을 너무도 쉽게 무너뜨린다. 먼저 다이시에 의해 '집행(executive)'의 영역으로만 취급받던 행정기관(Whitehall machine)의 통치(governance)가 20세기에 들어서서 눈에 띄게 증가한다. 또한, 의회 내의 다수당이 강한 지도력을 겸비한 수상과 만났을 경우, 그가 지휘하는 행정부는 선거에서 패배하기 전까지 의회로부터 어떠한 심각한 견제도 받을 수 없다. 앞서 언급했듯이 정부에 대한 의회의 통제가 강화되는 상황은 집권당 당수의 내부 통제력이 약화되고 있다는 사실을 보여 줄 뿐이며, 이는 조기 총선을 암시하고 있기 때문이다. <표 3-3>에서 보여 주듯이, 1940년부터 2009년에 이르는 69년의 기간 동안, 14명의 수상이 정부를 이끌었지만, 그들 중 2명의 수상(대처와 블레어)은 14명의 평균 재임 기간인 4.9년의 두 배에 이르는 10년 이상의 재임 기간을 지냈다. 재임 기간 동안 이들은 야당의, 때로는 소속 정당의 강한 반대를 '국민의 뜻(총선)'을 통해 극복하기보다는 '정치력'을 통해 극복해 낸다. 나아가 1951년부터 1964년 사이에 일어난 보수당의 수상직 이양 과정은 앞서 얘기한 국민의 이사가 반영된 대표자 선출과는 거리가 먼,

〈표 3-3〉 역대 수상과 재임 기간(1940~2009년)

정당	집권 기간	수상	재임 기간
전시연립	1940~1945년	처칠(W. Churchill)	~1945년
노동	1945~1951년	애틀리(C. Attlee)	~1951년(6년 92일)
보수	1951~1964년	처칠(W. Churchill)	~1955년(총 8년 240일)
		이든(A. Eden)	~1957년(1년 279일)
		맥밀런(H. Macmillan)	~1963년(6년 281일)
		더글러스-홈(A. Douglas-Home)	~1964년(362일)
노동	1964~1970년	윌슨(H. Wilson)	~1970년
보수	1970~1974년	히스(E. Heath)	~1974년(3년 259일)
노동	1974~1979년	윌슨(H. Wilson)	~1976년(총 7년 279일)
		캘러헌(J. Callaghan)	~1979년(3년 29일)
보수	1979~1997년	대처(M. Thacher)	~1990년(11년 209일)
		메이저(J. Major)	~1997년(6년 154일)
노동	1997~2009년	블레어(T. Blair)	~2007년(10년 56일)
		브라운(G. Brown)	~2009년

출처: www.number10.gov.uk 표로 재구성.

당내 원로 그룹이 여왕과 함께 수상을 옹립했다 해도 과언이 아니다.

어떤 이의 눈에는 이 모든 것이 '내각 독재(Cabinet Dictatorship)'라는 말로 표현되기도 하며, 또 몇몇 학자의 눈에는 '화이트홀 모형(Whitehall model)'으로 표현되기도 한다. 현실에서 보이는, 행정부의 입법부에 대한 우위 현상을 올바르게 이해하기 위해서는 20세기 영국 행정부의 작동 방식을 좀 더 세밀하게 알아볼 필요가 있다. 특히 영국은 대륙의 다른 유럽 국가들과는 달리, 국가 권력이 기존에 있던 왕권으로부터 점차적으로 분리 발전되는 과정을 겪으며 형성되어 왔기에 행정부 내 각 주체들이 어떠한 권력을 얼마만큼 갖고 있는지가 먼저 파악되어야 한다. 그런 다음에야 그들 사이의 작동 방식이 올바르게 파악될 수 있다. 이런 이유로, 우리는 행정부 내의 주요 활동 인자들(군주, 수상, 각료, 화이트홀)의 권능을 먼저 알아보고, 그런 다음 각 인자들이 어떠한 질서 안에서 작동하는지를 살펴볼 것이다. 특히 각 인자들 사이의 작동 방식은 제3절에서 다룬다.

1) 입헌군주제 아래의 군주

오늘날 영국의 군주는 국정에 관한 실질적인 권한을 행사하지 않으며 국가를 상징하는 존재로서의 의미만을 지니고 있다. 그렇다고 이 말이 군주를 단지 관광 기념품에 붙어 있는 초상화쯤으로 받아들여도 된다는 뜻은 아니다. 스미스와 브래지어(de Smith and Brazier, 1998: 120)가 지적하고 있듯이, 군주(여왕)는 아직까지도 매주 관습법에 따라 수상을 만나 국정 현안을 청취하며, 외교 문서와 군주의 이름으로 행해지는 중요한 일들을 보고받으며,[8] 비록 비공식적이기는 하지만 자신의 의견을 개진하기도 한다. 물론 정부와 수상이 군주의 의견을 따라야 할 의무는 없으나, 현 엘리자베스 여왕과 같은 경우(1952년에 즉위했다), 약 60년의 재위 기간 동안 수집한 고급 정보들이 그녀를 일급 정치평론가로 만들어 놓았기에 여왕의 의견은 상당한 무게를 가진다. 또한 국론 분열의 시기에는 각 정파의 수장들을 만나 합의를 위한 가교 역할도 수행하기도 한다.

현대 영국에서 군주의 이름으로 수행되는 대부분의 일은 국가 또는 행정부가 군주로 의인화되어 표현되는 관계로, 더 이상 '군주가 ~한다'라는 표현을 쓰기가 어렵지만, '군주 특권(Royal Prerogative)'은 그 용어의 정의상, 그 권리가 군주 그 자신과 크라운(the Crown)[9]에 속해 있는 아직 분화되지 않은 권력을 가리키며, '군주가 ~한다'라는 표현 또한 때에 따라 가능하다. 20세기의 후반까지도 '특권'의 사용은 많은 부분, 어떠한 견제도 받지 않고 사용되어 왔다. 다이시의 견해에 따르면, 군주 특권은 '합법적으로 크

8) 여왕은 하루 2~3시간 정도의 일과 시간을 이들 보고서를 읽는 데 할애한다(de Smith and Brazier 1998: 120).

9) '법률적 실체(legal entity)'로서 '국가(the State)'는 영국에 존재하지 않으며, 법령이나 판례에서도 좀처럼 찾아보기 어렵다. 판례(Chandler v DPP [1964] AC 763)에서 리드 판사(Lord Reid)는 국가를 '조직화된 공동체'로 정의한다. 반면에 '크라운(the Crown)'이라는 용어는 정부가 그 공식적 집행력의 범위 내에서 행동하는 경우를 가리키는 말로 법령에서 일반적으로 사용된다(Leyland and Woods, 1999: 118).

라운[10]의 손에 남겨진, 독단적 권력의 또는 재량권의 잔여물'이다(Dicey, 1959: 424). 모든 '군주 특권'에 대해 법률적인 심의가 가능한 것은 아니나(이를테면 국가 안보에 미치는 영향 때문에 사용된 군주 특권), 기본적·잠재적으로 법률적인 심의가 가능한 영역으로 바라본다(Council of Civil Service Unions v Minister for the Civil Service [1985] AC 374).

2) 수상

하원의 다수당 당수가 수상으로 임명되며, 그의 임기는 의회가 해산하거나 당 내에서 지도력을 잃을 경우를 제외하고는 수상 개인에게 가해지는 제약은 없다. 수상은 내각 장관들과 장관들을 인선하여 (여)왕에게 추천한다. 또한 내각 장관들과 함께 내각을 구성하며 자신의 내각 구성원들과 협의를 거쳐 부장관들을 임명한다. 수상의 이러한 각료 임명권은 당근과 채찍과 같은 역할을 수행하며, 이를 통해 당내 반대 세력들을 통제하기도 한다. 또한 수상은 비록 명목상이기는 하나, 재무부의 제1각료(First Lord of the Treasury)이며, 1968년부터는 공무원부 장관(Minister for the Civil Service)이기도 하다. 수상은 장관들을 언제든지 해임할 수 있으며, 대처는 수상 재임 시절 자신의 경제관에 반대했던 모든 각료를 해임하기도 했다.

3) 각료

각료(Minister)는 행정부 업무를 이끌어가기 위해 행정부의 주요 직위에 정치적으로 임명되는 자를 포괄하는 명칭으로 각료에는 각 중앙부처의 장관(Secretary of State)과 부장관(Minister of State), 정무차관(Parliamentary Under-Secretary), 상하원의 원내총무(Government Whip)를 들 수 있다. 수상이 각 중앙부처 장관의 임명을 (여)왕에게 추천한다. 그리고 장관들과 협의를 거쳐 장관을 보좌할 부장관과 정무차관을 임명한다. 부장관은 장관 밑의 중간급 각료로서 부처의 업무를 분담하고 담당하지만 구체적인 업무는 장관이 결정을 한다. 정무차관도 장관이 지정하는 특정 업무를

10) 이때의 크라운은 인격적 크라운인 군주가 될 수도, 또는 정부가 될 수도 있다.

담당하며 주로 법률안 마련 등 주로 의회와 직접 관련된 업무를 수행한다. 원내총무는 의회 내 소속 당의 관리와 의원을 감독하기 위해 당대표에 의해 임명되는 사람들이고, 소속당 의원들에게 향후 의회 일정을 통보하고 하원의 의견을 당 지도부에 전달하는 것을 주된 임무로 한다.

4) 화이트홀: 중앙행정기관

중앙정부 부처들은 정부의 핵심 기능을 실행해야 할 책임이 있다. 부처의 기능 및 권한의 대부분은 법률에 의해 수립되나, 어떤 권한들은 장관들에 의해 행사된 '군주 특권' 명목 아래에 남아 있기도 한다. 각 부처들은 장관 또는 내각 장관을 그 수장으로 두며, 재무부(Treasury)로부터 예산을 배정받는다. 장관은 적어도 이론상으로는 의회에 자신의 부처 및 직원들의 행동에 대해 책임을 지나, 장관의 정책 결정 및 그 운용을 보좌하는 고위 공무원들은 정년을 보장받는다.

재무부와 법무부(Lord Chancellor's Office)와 같은 핵심 정부 부처들 중 몇몇은 그 기원을 중세에 두고 있으며, 외무부(Foreign Office)와 내무부(Home Office)와 같은 부서들은 19세기부터 나타나기 시작했다. 실제로, 내무부는 경찰, 교정시설, 이민, 방송 등의 순서로 업무 영역을 넓히며 성장해 왔다. 그러나 20세기에 들어서, 특히 1945년 이후 정부의 기능이 확대됨과 더불어 많은 수의 부처가 창설되었다. 1975년 '정부각료법(Ministers of the Crown Act 1975)'은 정부조직 개편을 대체 입법의 한 종류인 추밀원 명령(Order in Council)으로 처리할 수 있는 기틀을 만들었다. 변화하는 정책 경향에 조직을 조화시키기 위해 때로는 한 부처를 두 개 이상으로 나누기도 하고, 다른 부처의 기능을 이관받기도 한다. 보건부(Ministry of Health)를 예로 들어 설명하면, 제2차 세계대전 이후 보건부는 너무 방대한 업무 영역을 가지고 있다고 판단되었으며, 이에 따라 몇몇 기능을 '주택·지방정부부(Ministry of Housing and Local Government)'와 '사회보장부(Ministry of Social Security)'로 이관하게 된다. 1970년 보건부와 사회보장부는 다시 하나의 거대 부서로 통합되나, 1988년 다시 보건부와 사회보장부로 분리된다. 하지만 이런 부단한 정부조직 개편에도 불구하고 한 부처에서 발의된 정책 영역이 다른 부처의 업무 영역을 침범하기도 하고 덕분에 중복 기능을 만들어내기도 한다. 2005년 현재 총 19개의 중앙행정 부처가 존재했다. 부처의 명칭을 소개하면 <표 3-4>와 같다(Budge et al., 2007: 122).

〈표 3-4〉 중앙행정기관

부처의 명칭
내각사무처(Cabinet Office)
부수상실(Office of Deputy Prime Minister)
헌법부(Department for Constitutional Affairs)
법무부(Privy Council Office)
국방부(MoD: Ministry of Defense)
외무연방부(Foreign and Commonwealth Office)
국제개발부(DflD: Department for International Development)
내무부(Home Department)
스코틀랜드부(Scotland Office)
웨일스부(Wales Office)
북아일랜드부(Northern Island Office)
재무부(HM Treasury)
환경・식품・농촌부(Defra: Department for Environment, Food, and Rural Affairs)
교통부(DfT: Department for Transport)
통상・산업부(Department of Trade and Industry)
교육・기술부(DfES: Department for Education and Skills)
보건부(DH: Department of Health)
노동・연금부(DWP: Department for Work and Pensions)
문화・미디어・체육부(DCMS: Department for Culture, Media, and Sport)

출처: Budge et al. (2007: 122).

제 3 절 행정부의 정책결정 과정

1 거시적 정책결정 과정

정책결정 과정에서 가장 중요한 권력을 행사하는 사람은 수상이다. 그렇다고 수상에게 의사결정의 전권이 있는 것은 아니다. 수상은 내각 동료들의 지원에 의지하고 있으며, 당내 유력 정치 세력들이 허락하는 만큼만의 권력을 행사한다(Jones, 1985). 또한 점증하는 사회의 복잡성은 그 복잡성에 대응하는 중앙행정조직을 필요로 하며, 수상은 자신의 전문 분야(경제 일반, 외교 등)를 벗어난 업무 영역에서 이 복잡성에 실제로 대응할 수 있는 전문가의 도움을 필요로 한다. 나아가 지구화된 세계 환경은 수상을 단지 영국의 지도자로서만 통치하도록 놔두지 않는다. 실제로 어떤 국내적 입법 또는 규제는 종종 그 영향력이 지구적으로 확대되기도 한다. 수상의 권력에 가해지는 이러한 압박을 해소하기 위해서는 자신의 내각 및 여러 위원회와 의미 있는 협력 관계를 지속시켜야 하며, [그림 3-2]에서와 같이, 수상에게 집중된 권력구조가 아닌 그물망과 같은 협력 관계를 보여 주고 있다.

하지만 이러한 협력 관계가 정책 과정의 총괄자로서 수상의 특징까지 없애버리지는 못한다. 도레이는 이를 다음과 같이 나눈다(Dorey, 2005: 56-58).

- 개혁가(Reformer): 이미 당내에서 공유된 특정 정책 목표를 달성하고자 함(C. Attlee).
- 균형자(Balancer): 당내 세력 균형을 염두에 두고 정책을 운용함(H. Macmillan, A. Douglas-Home, J. Callaghan).
- 자기중심주의자(Egotist): 자신의 정책 목표 달성을 최우선으로 삼음(H. Wilson).

[그림 3-2] 핵심 행정기관의 상호작용

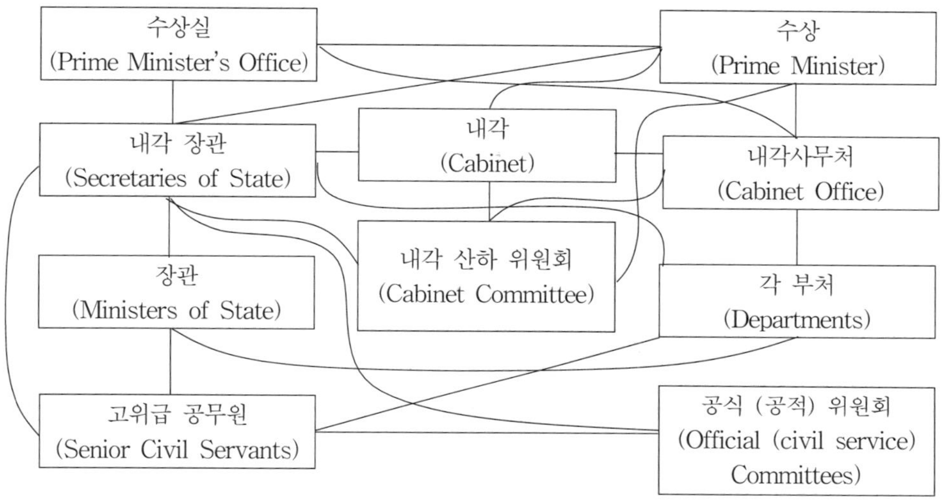

출처: Dorey(2005: 50).

- 혁신가(Innovator): 약간 주저하며 회의적인 당을 이끌면서 오래 영향을 미칠 유산을 남기고자 함(E. Heath, M. Thatcher, T. Blair).

2 미시적 정책결정 과정

장관은 공무원이 주는 정보와 조언에 의해 움직일 수밖에 없다. 예를 들어 장관이 의회에서 해당 부처 업무에 대한 질문에 답을 해야 할 때 해당 실무 부처 공무원의 도움을 받아야 할 것이다. 어떤 행정부 사람도 제공되는 정보가 장관의 아이디어라고 생각하지 않는다. 결국 이러한 질문에 대한 답을 하기 위해서는 정보를 제공할 자료를 찾을 수 있는 공무원에 의존할 수밖에 없다. 이러한 자료 수집은 대정부 질문 기간뿐만 아니라 장관이 정책을 실행하기 위해 정보가 필요할 때에도 이루어진다. 공무원은 장관에게 의사결정을 내리기 위해 필요한 모든 정보를 알려 준다. 대정부 질문 시

[그림 3-3] 장관과 공무원의 관계

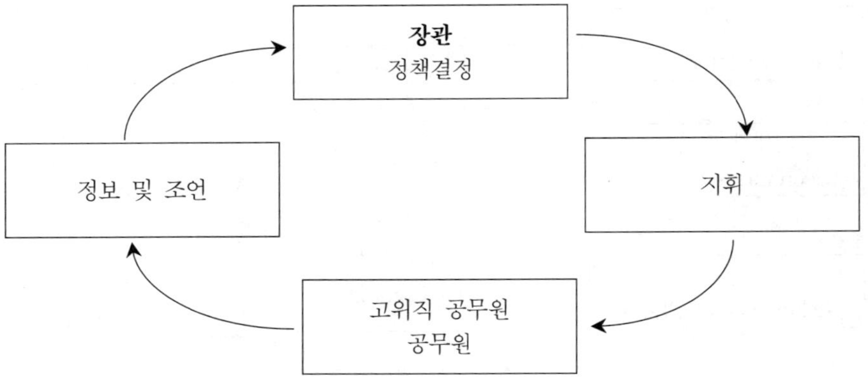

장관의 응답은 국회의사록에 모두 기록된다.

몇몇 공무원이 이러한 자료 수집 업무를 하고 대부분의 공무원은 전문적이고 기술적인 일을 맡는다. 이러한 공무원들은 원래 과학자, 컴퓨터 전문가, 사서이며, 다른 전문가 공무원들도 복리후생의 해택을 받게 된다. 근래에는 청(廳, agency)의 업무가 독립적으로 분업되지만 여전히 부처의 통제를 받는다. [그림 3-3]은 장관과 공무원의 관계를 나타낸 것이다.

Chapter 04 영국의 정부조직 개편에 대한 정치 과정적 분석

제 1 절 분석틀

정부조직 개편은 수상의 권한이다. 수상이 추밀원령(an Order in Privy Council)이라 불리는 행정명령을 발포하면 정부조직 개편이 이루어진다. 따라서 수상은 정부조직 개편 과정을 측근 공직자와 협조하면서 결정을 주도한다 (Norton, 2007: 263).

이 과정에서 수상은 정부조직 개편을 다음과 같은 동기에 의해 단행하게 된다. 즉 ① 선거공약을 실천하기 위해, ② 측근 정당인에게 공직을 제공(배려)하기 위해, 또는 ③ 환경의 변화가 요구하는 문제를 해결하기 위해 수상은 정부조직 개편을 추진한다 (Norton, 2007: 263-264).

이로부터 정부조직 개편에 대한 두 가지 영향 요인을 도출해 볼 수 있다. 첫째, 수상이 소속된 집권 정당의 이념이 정부조직 개편에 영향을 줄 것이다. 선거공약은 정당의 이념에 근거해서 만들어지기 때문이다. 둘째, 지도자로서 수상의 특성이 정부조직 개편에 영향을 줄 것이다. 제3장 제3절에서 도레이(P. Dorey)가 언급한 수상의 특성에 따라 측근 공직자를 배려하는 정도의 차이를 보이고 있기 때문이다. 결과적으로 수상이 소속된 정당의 이념과 지도자로서 수상의 특성이 정부조직 개편의 방향에, 즉 통합 개

[그림 4-1] 정부조직 개편 분석틀

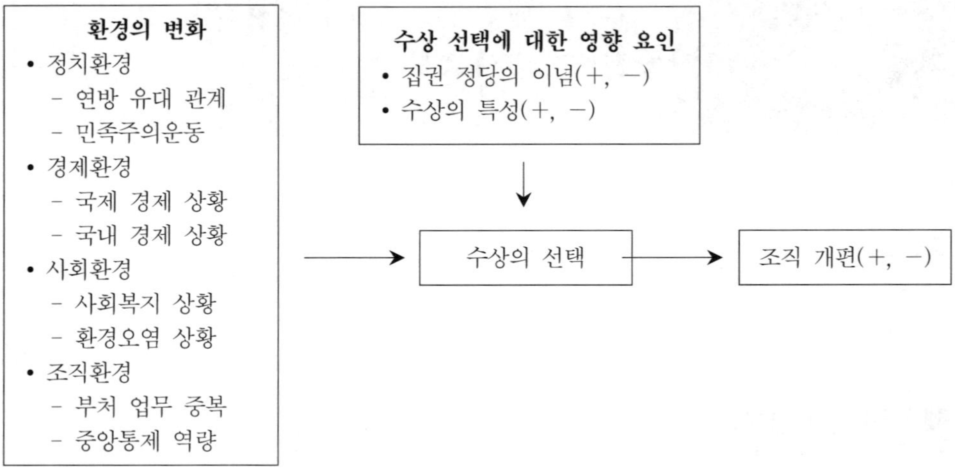

편 또는 분할 개편의 여부에 영향을 줄 것으로 예상된다.

한마디로 이 책에서는 환경 변화를 촉발 요인으로 하고 정치 과정을 결정 요인으로 하여 정부조직 개편에 관한 사례를 설명하고자 한다. 이 책을 위한 분석틀을 설정해 보면 [그림 4-1]과 같다.

그림에서 보는 바와 같이 환경의 변화는 정부조직 개편을 위한 수상의 선택을 야기한다. 수상의 선택은 집권 정당의 이념과 수상의 특성에 영향을 받아 이루어진다. 수상의 선택에 따라 조직 개편이 진행된다.

조직 개편은 분할 개편(+)과 통합 개편(−)으로 구분된다. 집권 정당의 이념이 진보적이면 큰 정부를 지향하기 때문에 분할 개편이 나타나고, 보수적이면 작은 정부를 지향하기 때문에 통합 개편이 나타날 것이다.

그리고 수상의 특성이 균형자이거나 자기중심주의자인 경우에는 분할 개편(+)이 나타나고, 혁신가인 경우에는 통합 개편(−)이 나타날 것이다. 균형자이거나 자기중심주의자는 당내 세력 균형을 염두에 두고 정책을 운용하거나 또는 자신의 정책 목표 달성을 최우선으로 삼기 때문에 공직 안배를 위해 분할 개편을 선호하게 되는 반면, 혁신가는 자신의 업적을 통해 장기적 유산을 남기고자 하기 때문에 예산 및 인력을 절약하기 위해 통합 개편을 선호할 것이기 때문이다.

집권 정당의 이념과 수상의 특성에 따라 네 가지 유형의 선택이 가능해진다. 네 가지 유형을 열거하면 다음과 같다.

첫째, 집권 정당의 이념이 진보적(+)이고, 수상의 특성이 균형자(+)이거나 자기중심주의자(+)인 경우에는 분할 개편(+)이 나타날 것이다.

둘째, 집권 정당의 이념이 진보적(+)이고, 수상의 특성이 혁신가(−)인 경우에는 통합 개편(−) 또는 분할 개편(+)이 나타날 것이다.

셋째, 집권 정당의 이념이 보수적(−)이고, 수상의 특성이 균형자(+)이거나 자기중심주의자(+)인 경우에는 통합 개편(−) 또는 분할 개편(+)이 나타날 것이다.

넷째, 집권 정당의 이념이 보수적(−)이고, 수상의 특성이 혁신가(−)인 경우에는 통합 개편(−)이 나타날 것이다.

제 2 절 보수당 정부(1957~1964년)

1 개편 내용

영국은 1957년부터 1964년까지 8년 동안 보수당이 집권했다. 구체적으로 1957년부터 1963년 말기까지 맥밀런(Harold Macmillan) 수상이, 뒤이어 1년간 더글러스-홈(Sir Alec Douglas-Home) 수상이 정부를 주도했다. 1957년 정권 초기에 정부는 21개 부처로 출발했는데, 일부 부처들이 신설되거나 또는 폐지됨으로써 1964년 정권 말기에는 20개 부처에 이르렀다. 이 기간에 있었던 정부조직 개편의 대표적인 예로서 교육과학부, 국방부, 식민부와 연방관계부, 산업·통상·지역개발부를 들 수 있다.

2 환경 변화

1) 교육과학부

맥밀런 수상 집권 후 시간이 경과하면서 경제적 상황은 악화되었다. 정부가 과학기술개발비 중 50퍼센트를 국방 분야에 투자함으로써 다른 산업국가에 비해 민간 분야에 대한 기술 투자비가 미흡했다. 따라서 산업혁명을 일구었던 영국은 초기에는 기술적 우위를 확보했지만, 후발 산업국들의 기술력에 밀려 세계 경제시장에서의 입지가 축소되었다. 결국 기술력의 약화는 상품의 생산력을 저하시킴으로써 무역수지에 악영향을 주었고, 경제성장은 둔화되었다(나종일 · 송규범, 2003: 798).

2) 국방부

맥밀런 수상은 국방정책에 대한 전면적인 재검토에 착수했다. 어려운 경제 상황 속에서 더 이상 국방에 대한 막대한 예산을 지원하는 것이 무리였다. 재정 부족의 주요 원인인 국방비를 줄이기 위해 병력 감축을 시작했다. 1960년에 징병제를 폐지했고, 해외 식민지를 독립시킴으로써 식민지 방위를 위해 지출되는 예산을 줄였다(김현수, 2000: 163).

3) 식민부와 연방관계부

맥밀런 수상이 집권할 당시 영국의 지배를 받아오던 많은 식민지에서 독립운동이 거세졌다. 수상은 병력 감축을 통한 국방 예산 절감을 위해 대부분 식민지를 독립시켰다. 대부분 신생독립국들은 영연방에 편입되어 영국과의 유대 관계를 지속했다(나종일 · 송규범, 2003: 795, 805).

4) 산업 · 통상 · 지역개발부

전후 영국의 지역개발계획은 고용을 증대하고 총량 생산을 증대시키는 케인스 경제이론에 입각한 정책이었다. 그리고 지역개발계획은 1945년에 공포된 산업의 지역분산법에 따라 수행되었다. 낙후지역의 산업 진흥을 위한 특정지역법을 제정하여 통상위원회로 하여금 공장 건설, 자금 대부, 토지 제공 및 기반시설 건설에 관련된 계획을 집행하도록 했다. 또한 통상위원회는 도시 및 지역계획법에 의거하여 산업 개발 및 산업시설 확장을 위한 권한을 부여받았다(홍기용, 1985: 26-27).

3 정치 과정

1957년부터 1964년까지는 보수당이 집권했다. 보수당은 정부조직 개편에서 통합 개편을 선호했다. 그리고 맥밀런 수상과 더글러스-홈 수상이 통치했다. 이 두 사람은 지도자의 특성면에서 균형자에 해당되기 때문에 분할 개편을 선호했다. 결과적으로 이 기간 동안에 정부조직 개편에서 통합 개편 또는 분할 개편의 결과가 나타날 것으로 기대되었다.

4 환경 변화, 정치 과정과 조직 개편[1)]

1) 교육과학부

교육부는 1944년 8월 동거정부 시절에 설립되었다. 교육부는 보수당 정부 들어 변화하는 환경 속에서 본연의 역할을 제대로 수행하지 못한다는 비판과 함께, 1964년 기존의 과학부를 흡수 통합하여 기능이 대폭 강화된 교육과학부로 개편되었다.

이렇듯 교육과학부가 신설된 것은 주로 경제적 환경의 변화에서 기인한다. 당시 영국 경제는 미국과 유럽 대륙국가의 경제에 비해 저조한 성과를

1) 이 내용은 다음 글의 해당 부분을 발췌하여 요약한 것이다. Christopher Pollitt. (1984). *Manipulating the Machine: Changing the Pattern of Ministerial Department, 1960-1983*. London: George Allen and Unwin. pp. 28-45.

보이고 있었다. 이로 인해 과학자와 엔지니어들의 이민이 야기되었고, 동시에 기술혁신의 상업적 적용에 계속 실패했다. 나아가 이러한 문제들이 경제 성장의 저해 요인으로 지적되었다.

1959년 보수당은 과학부를 신설하면서 과학부 장관이 과학기술 발전을 주도할 것이라고 공표했다. 그리고 당시 추밀원 의장이었던 헤일셤(Vt Hailsham)을 과학부 장관에 임명했다. 헤일셤은 과학부 장관직과 동시에 국쇄상서의 직책을 담당했다. 하지만 과학부 장관은 과학기술에 관련된 다수의 부처를 주도하거나 조정 통합하는 데에 실패했다.

노동당으로부터 과학부의 무력함에 대해 비난이 제기되었다. 하지만 미래의 과학기술 부처에 대한 명백한 조직 편성 원칙과 대안을 제시하지는 못했다. 따라서 과학부, 기술부, 연구·기술·인문학부 등 다양한 명칭을 제시했다. 단지 분명한 것은 노동당이 보수당에 비해 과학기술을 위해 국가가 더 많은 개입을 주장했고, 또 조직 편성의 원칙에 관해 좀 더 모호했다는 점이다.

보수당은 조직 개편을 위한 조사연구를 통해 로빈스 보고서(Robbins Report)와 트렌드 보고서(Trend Report) 등과 같은 보고서를 발간했고, 이 보고서를 근거로 개편 방안을 모색했다. 보수당 내에서도 개편을 둘러싸고 이견이 대립했다. 헤일셤(Vt Hailsham(=[Quentin Hogg])은 로빈스 보고서에 근거하여 고등교육·과학부를 선호했다. 반면 보일(Sir Edward Boyle)과 나머지 내각 구성원들은 트렌드 보고서에 근거하여 교육부가 분리되지 않은 교육과학부를 선호했다. 고등교육과 초중등교육을 정치적으로 분리하는 것이 쉽지 않다는 이유 때문이었다.

이러한 대립은 타협에 의해 봉합되었다. 즉 트렌드 보고서의 단일부처주의 원칙에 따라 교육과학부를 설립했다. 그리고 교육과학부 장관에 헤일셤을 임명했다. 동시에 교육과학부 산하에 대학부를 신설하고, 대학부 장관에 보일 경을 임명했다.

조직 개편 결정 과정에서 수상은 관련된 고위 장관들과 비공식적으로 상의하는 것이 관례다. 따라서 내각 내에서 구성원들 간에 대립이 격화되는 것은 드문 일이다. 이번의 경우에는 대립이 격화되었다. 맥밀런 수상은 어느 편도 들지 않았다. 수상의 개입 없이 결정은 지연되었다. 지연된 결정에 대해 의회의 압력이 시작되었다. 결국 1964년 2월 6일 더글러스-홈은 최종적인 개편안을 발표했다. 이로써 교육과학부가 탄생했다.

2) 국방부

국방부는 1946년 노동당 정부 시절 설립되었다. 당시 국방부는 해군부(Admiralty), 전쟁부(War Office), 공군부(Air Ministry) 등 기존의 세 부처의 업무를 조정하는 단순한 기구였다. 보수당 정부 들어 이러한 부처 구성에 의문이 제기되었으며, 마침내 1964년 4월 기존의 세 부처가 해체되고, 이를 흡수하여 국방부가 국방정책을 주도하는 단일한 기구로 통합 개편되었다.

국방 업무의 통합은 오랜 과정을 거쳐 진행되었다. 이 과정에서 수상의 주도권은 결정적인 역할을 했다. 정부와 반대 정당, 그리고 의회와 대중 간의 논쟁에서 의견 불일치는 없었다. 단지 기존 세 부처의 장관으로부터 통합안에 대한 저항이 있었다.

특히 완전 통합 이전인 1963년 4월에 해군부, 전쟁부, 공군부가 지녔던 토목 기능이 공공건축·사업부(Ministry of Public Building and Wokrs)로 이전되는 과정에서 통합안을 반대하는 강력한 저항이 있었다. 저항자들은 세 가지 부로 분할된 기존 기구에 대한 적대감은 전시 독일의 국방군 최고사령부(OKW)에 대한 판단 오류에 기인한다고 주장했다.

하지만 이러한 저항에 대해 맥밀런 수상은 고위 공직자의 정치적 임용 방식을 통해 대처해 나아갔다. 즉 1959년 마운트배튼(Lord Mountbatten)을 참모총장에 임명하고, 1962년 소니크로프트(P. Thorneycroft)를 국방 장관에 임명했다. 소니크로프트는 통합안을 지지하면서 분할안을 지지하는 반대자들을 다음과 같이 반박했다.

첫째, 기존의 분할된 기구 하에서 국방 장관은 기존의 문제를 종합하여 해결하는 방향으로 국방 예산을 편성할 권한이 있는지 의구심이 든다. 둘째, 자원이 한정적인 상황 속에서 세 가지 분할된 기구가 각자의 이해 관계로 인해 소위 종합적 정책을 입안할 수 있을지 의구심이 든다. 셋째, 세 가

지 분할된 기구가 연구와 개발 사업을 효과적으로 고안하고 통제할 수 있을지 의구심이 든다.[2)]

맥밀런 수상은 국방기구의 통합안에 대한 중요성을 인지하고 있었다. 통합을 위한 노력은 지속되었다. 마침내 국방부 통합은 1964년 더글러스-홈 수상에 이르러 이루어졌다.

3) 식민부와 연방관계부

보수당 정부 하에서 해외 업무 담당 부처는 초기에는 증설되었으나 이후에는 통합 개편이 시도되었다. 여러 부처에 분산된 해외 업무를 조정 통합하기 위해 1961년에 기술협력부(Department of Technical Co-operation)와 1962년에 중앙아프리카청(Central African Office)을 설립했다. 하지만 이후에는 두 가지 대립적인 부처인 식민부(Colonial Office)와 연방관계부(Commonwealth Relations Office)를 통합하기 위해 노력했으나 보수당 정부 내에서는 이루어지지 않았다.

1961년 7월 맥밀런 수상은 기술조정부를 신설했다. 이 부처는 외무부, 식민부, 연방관계부 전역에 기술 원조를 제공했다. 1962년 3월에는 조직 신설을 기능적 차원에서보다는 지리적 차원에서 시도했다. 즉 중앙아프리카지역이 식민부와 연방관계부의 책임 아래 놓이게 될 경우 정책 조정이 가능하지 않게 됨을 수상은 알게 되었고, 이를 해결하기 위해 중앙아프리카청을 신설했다.

1962년 7월 수상은 식민부와 연방관계부에 한 명의 장관을 임명했다. 기구 통합에 대신하여 두 기구의 조정을 시도한 것이다. 따라서 적어도 행정부 내에서는 통합에 관한 논란이 제기되지는 않았다. 더글러스-홈 수상은 기구 통합 시도가 시기상조라고 생각했다. 즉 영연방국가들이 연방관계부

2) 이외에 통합의 명분은 다양했다. 우선 당시 국방 관련 부처는 다섯 개로서 산만했다. 해군부, 전쟁부, 공군부, 국방부, 항공부가 국방 관련 업무를 담당했다. 외교 업무를 외무부 단일 부처가 담당하는 반면 국방 업무를 다섯 개의 부처가 담당하고 있었다. 또한 전쟁억지력의 비중이 V 폭격기로부터 폴라리스 잠수함으로 옮겨가고 있었다. 세 가지 국방 관련 부처 간에 정책 및 예산을 조정해야 할 필요성이 제기되고 있었다.

를 분리해 놓는 것이 더 이상 자기들에게 이익이 되지 않는다고 생각할 때까지 통합을 유보하는 것이 바람직하다고 판단했다.

통합에 관한 논의는 오래전부터 의회에서 발생했다. 1960년과 1961년에 연방관계부에 대한 부정적인 입장이 의회 내에 있었다. 이들은 위원회를 구성하여 식민부와 연방관계부의 통합을 권유했다. 하지만 행정부는 이들의 권유에 대해 신중하게 반응했다. 통합의 필요성은 후에 1962년부터 1963년까지 발간된 플로든 보고서(Plowden Report)를 통해 강조되었다. 보고서는 통합은 필요하지만 시기상조라는 입장을 반복했다.

4) 산업 · 통상 · 지역개발부

1950년대 초에 처칠(Winston Churchill) 수상은 통상위원회를 설립했다. 하지만 통상위원회는 통상과 관련한 부처의 업무를 조정 통합하는 데에 실패했다. 따라서 더글러스-홈 수상은 이러한 문제 의식 하에서 이를 대체할 기구 신설을 모색했다.

1963년 12월에 산업 · 통상 · 지역개발부를 신설하고 장관에 히스(Edward R. G. Heath)를 임명했다. 하지만 이 기구는 관련 부처를 조정 통합하는 데에 제기능을 발휘하지 못했다. 이 부처는 1964년 보수당 정부의 임기와 함께 폐지되었다.

5 개편 분석

위에서 살펴본 정부조직 개편 내용을 요약하면 <표 4-1>과 같다. 교육과학기술부는 과학부를 흡수했으므로 통합 개편에 해당된다. 국방부는 기존의 두 부처를 흡수했으므로 통합 개편에 해당된다.[3] 그리고 식민부와 연방관계부는 통합 논의가 유보되었으므로 어느 개편 유형에도 해당되지 않는다. 마지막으로 산업 · 통상 · 지역개발부는 후에 폐지되었지만 일단 신설

3) 국방부는 실제로 해군부, 전쟁부, 공군부를 흡수했으나, 이 중에서 전쟁부는 소규모의 부처였기 때문에 국방부는 해군부와 공군부를 흡수한 것으로 가정했다.

〈표 4-1〉 정부조직 개편 개요(1957~1964년)

구분	개편 부처	개편 내용	점수
1	교육과학부	1964년 4월 설립(과학부를 흡수)	−1
2	국방부	1964년 4월 강화(해군부, 공군부를 흡수)	−2
3	식민부와 연방관계부	1962년 통합 유보	0
4	산업·통상·지역개발부	1963년 12월 신설/ 1964년 10월 폐지	+1

되었으므로 분할 개편에 해당된다. 각 사례에 대해 −1, −2, 0, +1점을 부여해 볼 수 있다. 네 가지 점수의 합은 −2점이 된다.

하지만 이상의 설명에 포함되지 않은 조직 개편 사례들이 있다. 즉 과학부가 1959년에 신설되었고, 나아가 교통·항공부가 교통부와 항공부로 분할되었다. 이 두 사례들에 관한 설명은 부록 <표 1-1>에 나타나 있다. 이 사례들에 대해 각각 +1점을 부여해 볼 수 있다. 최종적으로 여섯 가지 점수의 합은 0점이 된다. 이를 종합해 보면 이 기간 동안 정부조직 개편은 통합 개편 또는 분할 개편 중 어느 유형에도 속하지 않는 것으로 나타난다.[4] 결과적으로 집권 정당의 이념과 수상의 특성이 균등하게 정부조직 개편에 영향을 주었다고 여겨진다.

제 3 절 노동당 정부(1964~1970년)

1 개편 내용

1964년부터 1970년까지 6년 동안 노동당이 집권했다. 이 기간 동안 윌슨(Harold Wilson) 수상이 정부를 주도했다. 1964년 정권 초기에 정부가 대

4) 여섯 가지 점수를 합하여 총점을 구하면 −1+(−2)+0+1+1+1=0이 된다. 0점은 통합 개편 또는 분할 개편 중 어느 유형에도 속하지 않는다.

폭 확대되어 24개 부처로 출발했는데, 뒤이어 일부 부처들이 폐지됨에 따라, 1970년 정권 말기에는 대폭 축소되어 21개 부처에 이르렀다. 이 기간에 있었던 정부조직 개편의 대표적인 예로서 경제부, 기술부, 토지·천연자원부, 지방정부·지역기획부, 스코틀랜드부와 웨일스부, 보건·사회보장부, 해외개발부와 외무연방부, 공직부를 들 수 있다.

2 환경 변화

1) 경제부

노동당 정부는 전임 정권으로부터 무역수지의 악화, 경제성장률의 저하 그리고 파운드화(貨)의 가치 하락과 같은 경제문제를 물려받았다. 우선 식량과 원자재 이외에 반제품과 완제품에 대한 수입도 점증하게 되면서, 무역수지 적자가 지속되었다. 그리고 경제성장률도 다른 국가들에 비해 상대적으로 낮은 수준을 유지했다.[5] 무엇보다 파운드화의 위기는 노동당 정부에 큰 고통을 가져다 주었다. 또한 사회복지정책과 이에 관련된 재정 악화도 문제였다(김현수, 2000: 166).

2) 노동부

집권 초기 윌슨 수상과 노조와의 관계는 불안정했다. 수상은 노동자의 소득과 협상 방식을 규제하는 조치를 취했고, 노조는 파업으로 이에 대응했다. 노조의 파업에도 불구하고 정부는 방대한 디플레이션 정책을 추진했다. 나아가 간접세를 인상하고 임금 인상을 제한하는 가격소득법안을 하원에서 통과시켰다. 하지만 이 법안은 노조의 반발을 야기했다(김성림, 2001: 33-34).

5) 1955년부터 1965년까지 10년간 세계 주요 국가들의 경제성장률은 서독과 이태리가 각각 5.6%, 프랑스가 5.0%, 미국이 3.4%를 기록한 반면 영국은 3.1%를 나타냄으로써 상대적으로 낮은 수준을 유지했다(김영준, 1998: 293).

3) 지방정부 · 지역기획부

영국의 지역개발계획은 정권에 따라 부침을 거듭했다. 1945년 노동당이 집권하면서 산업분배법을 제정하여 지역개발계획을 매우 강력하게 추진했다. 반면 1951년 보수당이 집권함으로써 지역개발계획이 둔화되었고, 지역개발 예산이 삭감되었다. 하지만 1950년대 후반에 지역경제가 침체되기 시작하여 지역개발계획이 다시 강화되었다. 1960년대 들어 지역개발정책의 정권별 변화의 폭은 더욱 확대되었다[6](최윤기, 2007: 71-72).

4) 스코틀랜드부와 웨일스부

스코틀랜드와 웨일스는 각각 16세기와 18세기에 잉글랜드에 정치적으로 통합되었다. 그리고 두 지역은 산업화 과정에서 중공업의 중심지로 크게 번성했다. 하지만 제2차 세계대전 이후 영국 경제가 침체되면서 두 지역의 경제도 동반 침체되었고, 나아가 잉글랜드 지역의 주변부로 전락하게 되었다. 이 과정에서 각 지역의 독립을 주장하는 민족주의 운동이 전개되었고, 이러한 주장을 대변하는 민족주의 정당이 출현했다. 또한 노동당은 오래전부터 노동자가 다수를 차지하는 이 두 지역을 자신의 지지 기반으로 여기면서, 이들의 정서에 맞는 자치권 확대를 옹호하는 전략을 전개했다(이종훈, 1993: 18-23).

5) 보건 · 사회보장부

윌슨 정부 중반에 들어 경제적 상황이 악화되었다. 파업이 발생하고 수에즈운하가 폐쇄됨으로써 수출이 지체되면서 국제 수지와 파운드화의 위기가 심화되었다. 국제 무역에서 영국의 지위가 점차 불리해지게 되었고, 인구 구성에서도 출생률이 저하되고 노인의 비중이 급증함으로써 경제활동인구가 더 많은 인구를 부양해야 하는 부담이 발생했다. 정부는 막대한 사회지출로 인한 재정 적자의 악화를 차단하기 위해 공공 지출의 삭감이 필요

---

6) 보수당이 집권하면 지역고용 프로그램, 산업개발 인가, 투자보조금제도 등을 축소하면서 세제 혜택을 확대했던 반면, 노동당이 집권하면 그 반대 방향대로 사업을 추진했다.

했다(전주혜, 1997: 58-59; 이영찬, 2000: 138).

6) 해외개발부와 외무연방부

윌슨 정부 중반에 국제 환경에 많은 변화가 있었다. 1965년 로디지아가 일방적으로 독립을 선언하자 수상은 강압적 제재 대신 협상을 벌였지만 성과가 없었다. 결과적으로 영국의 마지막 식민지가 사라지게 되었다. 또한 수상은 경제난국을 타개하기 위해 영연방과의 관계에 대해 좀 더 유럽경제공동체에 비중을 두었다.[7] 1967년에 유럽공동체 가입 신청이 영국 의회 내에서 승인되었다(나종일·송규범, 2003: 808; 김현수, 2000: 168; 김현수, 1999: 305).

3 정치 과정

1964년부터 1970년까지는 노동당이 집권했다. 노동당은 정부조직 개편에서 분할 개편을 선호했다. 그리고 윌슨 수상이 통치했다. 그는 지도자의 특성에서 보면 자기중심주의자에 해당되기 때문에 분할 개편을 선호했다. 결과적으로 이 기간 동안에 정부조직 개편에서 분할 개편의 결과가 나타날 것으로 기대되었다.

4 환경 변화, 정치 과정과 조직 개편[8]

1) 경제부

경제정책은 오래전 1900년에 설립된 재무부가 담당했다. 노동당은 집권

---

7) 당시 영국의 유럽공동체 국가와의 무역량은 매년 9.6%씩 증가한 반면 영연방 국가와의 무역량 증가는 3%에 불과했다.

8) 이 내용은 다음 글의 해당 부분을 발췌하여 요약한 것이다. Christopher Pollitt. (1984). *Manipulating the Machine: Changing the Pattern of Ministerial Department, 1960-1983*. London: George Allen and Unwin. pp. 46-81.

과 함께 기존의 재무부가 경제정책을 주도하지 못한다고 판단했다. 따라서 1964년 10월에 경제부를 신설하여 경제 관련 부처의 정책을 조정하는 역할을 담당하게 했다. 하지만 1969년 10월 경제부는 기대했던 역할을 수행하지 못함으로써 폐지되었다.

경제부가 신설되기 전에 영국의 경제적 성과는 유럽 국가 및 미국에 비해 뒤처져 있었다. 그리고 이러한 낙후된 경제 성과는 비효율적인 정부 관리에서 기인한다는 비난이 제기되었다. 노동당 지도자들은 선거운동에서 기존의 비효율적인 정부를 개혁하겠다고 공약했다. 특히 그들은 기존의 재무부가 보수당의 산물이라고 믿었고 노동당의 급진적인 사회주의 정책을 추진하기에는 부적합하다고 판단했다.

그리하여 1964년 10월 경제부(Department of Economic Affairs)를 신설했다. 재무부는 조세와 재정 업무를 담당하는 반면, 신설된 경제부는 경제 발전을 주도함으로써 경제를 높은 수준으로 끌어올려 유지시킬 수 있기를 기대했다. 경제 분야에서 재무부와 경제부가 균형을 이루면서 발전하기를 바랐다.

경제부의 신설에는 정치적인 이유도 있었다. 1963년 노동당 내 경쟁에서 윌슨(H. Wilson), 브라운(G. Brown), 캘러헌(J. Callaghan)이 순서대로 지지를 받았다. 윌슨이 수상 후보에 지명되고 캘러헌이 재무부 장관 후보직을 선점한 상황에서 브라운에게 적합한 공직이 없었다. 외무부 장관직이 가능했으나 외무부 장관직은 섬세한 성격을 필요로 했으므로 성격상 브라운에게는 적합하지가 않았다. 따라서 경제부를 신설하여 브라운에게 경제부 장관직을 맡기는 것이 해결책이 되었다. 경제부의 진로는 순탄치가 못했다. 경제부가 신설되자 영국의 경제는 경쟁력을 상실한 채 혼란에 빠져들었다. 1966년 무역수지 적자가 급증했고 경제부는 수습 능력을 발휘하지 못했다. 브라운은 경제부 장관직을 사임하고 외무부 장관직으로 이전했다. 1967년 8월 윌슨 수상은 자신이 직접 경제부를 관리하면서 위기 타개를 시도했다. 하지만 동년 11월 항만노조 파업과 함께 외환 수요가 증대되면서 뒤이어 불가피하게 영국 화폐의 평가 절하를 단행했다. 경제부의 위상은 하락하기 시작했다. 경제부는 권한과 재원의 부족으로 인해 관련 부처 간의 업무 조정에 실패했다. 재무부, 통상위원회, 기술부는 경제부의 지시를 따르지 않았다.[9] 결국 1969년 10월 경제부는 폐지되었다.

2) 기술부

1964년 12월 노동당 정부는 산업정책의 주무부서로서 기술부(Department of Technology)를 설립했다. 기술부는 관련 부처들을 점진적으로 흡수해 나아갔다. 1965년 과학·산업연구부를 흡수했다. 또한 1967년 항공부를, 1969년 전력부를 흡수했다. 나아가 기술부는 통상위원회의 일부 기능을 흡수하여 더욱 확대되었다.

1965년 3월 과학·산업부를 해체하면서 기슬부는 영국핵에너지공사를 산하에 두고 비핵 연구를 수행하게 되었다. 동년 12월 기술부는 전기 및 기계공학 분야에서 검량, 측정, 표준 및 보증에 관한 책임을 담당하게 되었다. 나아가 1967년 2월 기술부는 그동안 기능이 위축된 항공부를 흡수하여 항공기 조달 업무를 담당하게 되었다. 그 이후 기술부는 지속적으로 팽창하여 1969년 10월 전력부를 흡수했고, 나아가 통상위원회가 지녔던 화학·섬유·광물 채취의 보증에 관한 업무와 산업 분배에 관한 책임과 경제부가 남긴 산업기획에 관한 책임을 담당했다.

결과적으로 기술부는 재무부 다음으로 강력한 경제 부처로 등장했다. 뒤이어 기술부가 통상위원회의 남은 기능마저 통합하여 더욱 강력한 부서로 개편되는 방안이 제기되었다. 하지만 윌슨 수상은 이 방안을 선호하지 않았다. 거대 부처의 탄생에 대한 우려보다는 거대 부처를 한 사람이 담당함으로써 나타나는 권력 집중을 우려했기 때문이다.

3) 노동부

노동부는 오래전 1916년에 설립되었다.[10] 노동당 정부 들어 노동부에 변

9) 당시 재무부는 조세 및 재정 업무를, 통상위원회는 투자기금에 대한 통제 업무를, 기술부는 연구개발기금에 대한 통제 업무를 담당하고 있었다.

10) 한때 노동부는 1939년 9월에 노동·국가서비스부로 개칭되었으나 다시 1959년 10월에 노동부라는 명칭으로 복원되었다.

화가 있었다.

1966년 노동부는 경제부로부터 가격정책과 소득정책 업무에 관한 권한을 이양받았고, 뒤이어 1968년 5월 고용·생산부로 개편되었다. 하지만 윌슨 수상이 제시한 산업 관계 법안이 내각에서 거부되자 기존의 고용·생산부의 기능 축소와 명칭 변경이 불가피해졌다. 한때 고용·생산부는 폐지 위기에 놓였으나 노동위원회(TUC)라는 외부 압력집단의 영향력 행사에 따라 존속되었다. 후에 1970년 보수당 정부에 들어 고용·생산부는 고용부로 축소 개칭되었다.

4) 토지·천연자원부

토지 이용 업무는 오래전 1951년에 설립된 주택·지방정부부에서 담당해 왔다. 노동당 정부가 집권하자 윌슨 수상은 토지 이용정책을 강화하기 위해 1964년 주택·지방정부부로부터 토지 이용 업무를 분리하여 토지·천연자원부를 신설했다. 하지만 신설 부처에 대한 많은 비난과 함께 1967년 토지·천연자원부가 폐지되면서 모든 기능을 다시 주택·지방정부부로 환원시켰다.

노동당 공약에는 토지·천연자원부에 관한 언급은 없었다. 단지 토지위원회에 관해서는 언급이 있었다. 따라서 주택·지방정부부가 존속할 것으로 모두 기대되었다.

하지만 윌슨 수상은 노동당 전국집행위원회 모임에서 급작스럽게 토지·천연자원부의 신설을 제안했다. 그는 기존의 주택·지방정부부가 토지자원을 동원할 수도 없고 주택 건설 속도에 맞추어 계획을 추진할 수도 없기 때문에 토지·천연자원부를 신설하는 것이 타당하다고 주장했다.

수상이 토지·천연자원부 신설을 추진한 이유로서 당시 통상위원회가 지나치게 자유방임적 이념에 따라 정책을 운용했다는 점을 들 수 있다. 하지만 또 다른 이유로서 수상은 크로스만(Richard Crossman)을 주택·지방정부부 장관에 임명하는 것을 믿음직하게 여기지 못했다는 점을 들 수 있다. 당시 크로스만은 장관 경험이 없는 언론인 출신이었다. 따라서 크로스만이 담당하게 될 주택·지방정부부에 많은 권한을 맡기는 것이 믿음직하지 못했기 때문에 토지·천연자원부를 신설하여 권한을 분담하는 것이 안전하다고 판단했다.

신설안에 대해 주택·지방정부부 부장관인 댐(Dame)이 반대했다. 토지관리 및 건설 업무를 주택통제 업무와 분리해서 신설한다는 것이 불합리하다는 근거를 제시했다. 댐은 내각사무처장인 헬스비(Lord Helsby)를 찾아갔고, 경제부 부장관인 롤(Eric Roll)을 만나 자신의 반대 의견을 전달했다. 마침내 1965년 10월 22일 『타임스(*The Times*)』 일간지도 주택·지방정부부의 신설을 실책이라고 비난했다. 설상가상으로 토지위원회의 세금 징수 및 토지 매입 실적도 저조했다.

신설된 지 9개월 만에 주택·지방정부부 장관 크로스만은 내각사무처장 헬스비와 토지·천연자원부 폐지안에 대해 논의했다. 헬스비는 토지·천연자원부 폐지안을 작성했고, 크로스만은 폐지안을 수상에게 건의하고 설득했다. 수상은 폐지안을 수용했다. 1966년 5월 수상은 토지·천연자원부의 폐지를 공표했다.

5) 지방정부·지역기획부

노동당 정부 하에서 여러 부처에 분산된 지역개발 업무를 조정 통합하기 위한 기구를 모색했다. 위원회가 설립되어 조정통합을 시도했으나 실패했다. 뒤이어 지역개발 업무를 통합할 수 있는 거대 부서를 모색했으나 탄생하지 못했다. 따라서 지역개발 업무를 조정할 수 있는 지방정부·지역기획부를 신설했으나 역할이 미흡했다.

지역개발 업무는 경제부, 통상위원회, 주택·지방정부부에 분산되어 있었다. 경제부 장관 브라운은 지역개발 업무의 조정 통합을 위해 지역경제기획위원회와 이사회를 설립했다. 하지만 이 기구들은 본연의 기능을 발휘하지 못했다. 우선 경제부는 주택·지방정부부 및 통상위원회와는 달리 강력한 규제 권한 및 유인 수단을 사용하지 못했다. 게다가 지역개발 업무에 관해 경제부 장관들이 재무부와 거시경제 문제로 다투고 있었기 때문에 전념할 수 없는 분야였다.

1966년 윌슨 수상은 지역개발 업무를 조정하기 위한 통합기구의 신설을 모색했다. 하지만 기구 신설은 실현되지 못했다. 통합기구의 신설은 또 다른 기구의 분열을 의미했다. 즉 지역개발 업무는 토지 이용 업무, 주택 및 교통 업무, 나아가 지역산업의 분배 업무와 연관되어 있었기 때문에 통합기구의 신설은 다른 기구 내 업무의 분할을 야기하게 되기 때문이다.

대신 1969년 통합기구 대신 조정기구로서 지방정부·지역기획부가 신설되었다. 크로스랜드(Anthony Crosland)가 장관으로 임명되었고 그는 주택·지방정부부와 통상위원회 간의 업무를 조정하기 위해 노력했다. 크로스랜드는 경제부의 업무는 통제했으나, 통상위원회의 업무는 장악하지 못했다.

6) 스코틀랜드부와 웨일스부

노동당 정부 하에서 웨일스부가 신설되고 스코틀랜드부가 강화되었다. 웨일스부의 신설은 1964년 선거공약 사항이었다. 공약에 따라 1964년 10월 웨일스부가 신설되었다. 웨일스부는 내각 내 장관직으로 신설되었고, 지방정부 업무, 주택 및 기획 업무, 경제기획 업무, 그리고 도로 및 산림 업무, 유기된 토지 처리 업무 등을 담당했다. 뒤이어 1966년 토지·천연자원부가 해체된 뒤 이양된 업무도 담당했다.

스코틀랜드부도 강화되었다. 1965년 10월 고지·도서개발위원회가 신설되었다. 이 위원회는 스코틀랜드부로부터 보조금을 지원받았다. 나아가 스코틀랜드부는 다른 부서의 기능도 확장해 나아갔다.

하지만 이상의 변화는 1960년대 말 국가주의운동을 완화시키지는 못했다. 이 운동은 더 많은 권한 이양을 요구했다. 1968년 10월 윌슨 수상은 재무부 장관 캘러헌의 요구에 따라 왕립헌법위원회를 신설했다. 이 위원회는 주로 스코틀랜드와 웨일스 국가주의운동에 대한 정부의 무관심을 옹호하는 역할을 수행했다.

7) 보건·사회보장부

노동당 정부 하에서 사회 부처 간의 통합이 단행되었다. 1966년 연금·국가보험부와 국가부조위원회가 통합되어 사회보장부가 설립되었다. 나아가 1968년 사회보장부가 보건부가 통합되어 보건사회보장부가 설립되었다.

1964년 노동당의 공약에는 연금·국가보험부와 국가부조위원회의 통합에 대한 논의는 없었다. 하지만 1966년 두 부처 간의 통합은 3당의 공약에서 제기되었고, 이에 따라 통합이 이루어졌다. 통합 과정에서 명분에 대한 정치적 논쟁은 없었으며 간단하게 통합은 수행되었다.

반면 사회보장부와 보건부 간의 통합은 논쟁적이었다. 통합을 주장한 크로스만과 통합을 반대한 로빈슨(Kenneth Robinson) 간에 치열한 논쟁이 있었다. 크로스만은 통합을 위해 내각에 관련된 위원과 위원장, 의원 및 수상을 설득하기 위해 노력했다.[11] 통합에 관한 논쟁 속에서 크로스만은 수상의 결정을 기다렸다. 결국 수상은 통합론에 무게를 두면서 통합을 결정했다. 통합 이후 이 부처는 거대한 내부구조의 문제점을 해결하면서 유지되었다.

8) 해외개발부와 외무연방부

노동당 정부에 들어 해외 부처가 신설되거나 통폐합되었다. 1964년 해외원조를 촉진하기 위해 해외개발부(Ministry of Overseas Development)가 신설되었다. 반면 1966년에는 지난 정부에서 논란이 되었던 식민부와 연방관계부가 통합되어 연방부로 개편되었다. 나아가 1968년에 연방부가 외무부에 흡수되어 외무연방부로 개편되었다.

1964년 12월 윌슨 수상은 공약대로 해외개발부를 신설했다. 해외개발부가 창설됨으로써 비자발적 단체들이 해외개발부를 지원하게 되었고, 이로 인해 해외 원조가 촉진되었다. 결국 해외개발부는 해외 원조를 관리하는 전문적인 부처로 발전되었고, 노동당 정부 내에서는 폐지되지 않고 존속되었다.

1966년 8월 식민부와 연방관계부가 통합되어 연방부로 개편되었다.[12] 이

---

11) 크로스만은 당시 내각 장관을 맡고 있었는데 내각 장관 대신 일반 부처의 장관으로 복귀하기를 원했고, 따라서 강력한 부처의 탄생을 기대했다. 이를 위해 크로스만은 자신에게는 위원회의 위원장보다 강력한 부처의 장관직이 필요하다고 윌슨 수상을 설득했다. 윌슨 수상에게 크로스만은 정치적으로 불가피한 존재였으므로 크로스만의 주장을 거부하기가 어려운 처지에 있었다. 반면 로빈슨은 두 개 부처 중에서 한 개의 부처 장관을 담당하게 될 예정이었으므로 부처 통합에 반대했다.

12) 실제로는 식민부가 연방관계부에 흡수되었다고 볼 수 있다.

통합은 지난 정부에서 논의된 것으로 쉽게 이루어졌다. 뒤이어 1968년 연방부가 외무부에 흡수되어 외무연방부로 개편되었다.

1966년과 1968년의 개편 당시 국제환경에 많은 변화가 있었다. 로디지아 분규가 심화되었고, 영연방 업무 담당 차관직을 신설했으며, 또한 영국이 EEC에 가입하기 위한 가능성이 높아지고 있었다. 더욱이 영연방의 개념에 대한 풍조도 변화하고 있었다.

1968년 개편은 예상보다 뒤늦게 이루어졌다. 윌슨 수상은 개편을 결심했지만, 브라운 외무부 장관이 장관직을 사임한 후 후임 장관이 임명될 때까지 기다렸다가 조직 개편을 단행했다. 브라운 외무부 장관은 친유럽적이었지만 영연방국가에 대해서는 동정적이지 못했기 때문이다. 개편 후 예상대로 영국의 유럽에 대한 접근은 영연방기구의 방해 없이 효과적으로 추진되었다.

9) 공직부

노동당 정부 말기인 1968년에 공직부가 신설되었다. 재무부가 공직관리 업무를 담당해 왔었으나 이 업무가 분화되어 새로운 부로 설립된 것이다. 공직부의 설립은 풀턴(Fulton) 보고서에 근거를 두고 이루어졌다.

당시 풀턴(Lord Fulton)은 혁신적인 정책은 담당 부처의 신설에 의해 가능하다고 생각했다. 따라서 효율적 공직관리를 위해 재무부로부터 관련 기능을 분화하여 공직부를 신설할 것을 구상했다. 풀턴은 윌슨 수상을 만나 보고서를 전달하고 설득했다. 그리고 두 사람은 행정부에 대해 좀 더 집중적이고 강화된 관리가 필요하고 또한 이를 위해 책임 있는 새로운 부서의 신설이 필요하다고 합의했다.

하지만 공직부의 신설 과정은 순조롭지는 않았다. 우선 내각 장관은 수상이 재무부 장관과 상의 없이 공직부 설립을 권유했다고 불평했다. 재무부 장관은 이러한 내각 장관의 불평을 인용하면서 공직부 설립에 반대했다. 나아가 내각사무처장은 재정관리와 공직관리가 분리될 경우 어려움이 발생할 수 있음을 강조하면서 반대했다.

반대에도 불구하고 공직부 신설에 관한 결정은 대부분의 경우가 그렇듯

이 형식적으로 공식적 과정을 거쳐 이루어졌다.13) 우선 내각사무처 공직국 내에 조직개편 추진담당 기구를 신설했다. 이 기구는 조직 신설을 입안하여 내각사무처 공직국장에게 건의했고, 공직국장은 수상에게 건의를 전달했다. 뒤이어 공직부 신설은 수상과 소수 고위공직자들이 참석하는 공식적 회의를 통해 결정되었다.

5 개편 분석

위에서 살펴본 정부조직 개편 내용을 요약하면 <표 4-2>와 같다. 경제부는 신설되었으므로 분할 개편에 해당된다. 기술부는 신설되었으나 두 부

〈표 4-2〉 정부조직 개편 개요(1964~1970년)

구분	개편 부처	개편 내용	점수
1	경제부	1964년 10월 신설/1969년 10월 폐지	+1
2	기술부	1964년 12월 신설(1967년, 1969년 항공부와 전력부를 흡수)	−1
3	노동부	1966년 노동부 강화/1968년 5월 고용·생산부로 변경	0
4	토지·천연자원부	1964년 12월 신설/1967년 2월 폐지	+1
5	지방정부·지역기획부	1969년 신설	+1
6	스코틀랜드부와 웨일스부	1965년 스코틀랜드부 강화/1964년 10월 웨일스부 신설	+1
7	보건·사회보장부	1966년 사회보장부 설립(연금·국가보험부와 국가부 조위원회를 통합)/1968년 10월 보건·사회보장부 설립(사회보장부와 보건부를 통합)	−1
8	해외개발부와 외무연방부	1964년 12월 해외개발부 신설 1966년 연방부 설립(식민부와 연방관계부를 통합) 1968년 외무연방부 설립(연방부와 외무부를 통합)	−1
9	공직부	1968년 신설	+1

13) 토지·천연자원부 신설의 경우는 수상에 의해 즉흥적으로 이루어졌기 때문에 예외적이다.

처를 흡수했으므로 통합 개편에 해당된다. 노동부는 승계되었으므로 어느 개편 유형에도 해당되지 않는다. 토지 · 천연자원부는 신설되었으므로 분할 개편에 해당된다. 지방정부 · 지역기획부는 신설되었으므로 분할 개편에 해당된다. 스코틀랜드는 어느 개편 유형에도 해당되지 않으며, 웨일스부는 신설되었으므로 분할 개편에 해당된다. 보건 · 사회보장부는 한 번의 승계와 한 번의 통합에 의해 통합 개편에 해당된다. 해외개발부와 외무연방부는 한 번의 신설과 두 번의 통합에 의해 통합 개편에 해당된다. 공직부는 신설에 의해 분할 개편에 해당된다. 각 사례에 대해 +1, −1, 0, +1, +1, +1, −1, −1, +1점을 부여해 볼 수 있다. 아홉 가지 점수의 합은 +2점이 된다.

하지만 이상이 설명에 포함되지 않은 조직 개편 사례가 있다. 우편통신부가 정권 말기에 신설되었다. 이 사례에 관한 설명은 부록 <표 1-2>에 나타나 있다. 이 사례에 대해 +1점을 부여해 볼 수 있다. 최종적으로 열 가지 점수의 합은 +3점이 된다. 이를 종합해 보면 이 기간 동안 정부조직 개편은 분할 개편으로 나타난다.[14] 결과적으로 집권 정당의 이념과 수상의 특성이 정부조직 개편에 영향을 주었다고 여겨진다.

제 4 절 보수당 정부(1970~1974년)

1 개편 내용

영국은 1970년부터 1974년까지 4년 동안 보수당이 집권했다. 이 기간 동안에 히스(E. R. G. Heath) 수상이 통치했다. 1970년 정권 초기에는 정부가 대폭 축소되어 17개 부처로 출발했는데, 정권 말기에 다시 확장됨으로써 19개 부처에 이르게 되었다. 이 기간에 있었던 정부조직 개편의 대표적인

14) 열 가지 점수를 합하여 총점을 구하면 1+(−1)+0+1+1+1+(−1)+(−1)+1+1=+3이 된다. +3은 분할 개편에 해당된다.

예로서 환경부, 통상·산업부, 항공지원부, 해외개발부, 북아일랜드부, 통상·소비자업무부, 에너지부를 들 수 있다.

2 환경 변화

1) 환경부

제2차 세계대전 이후 환경오염 문제에 대한 관심과 우려의 증가와 함께 영국에서도 환경정책에서 중앙정부의 역할을 점차 증가시켜 왔다. 그러다가 1970년 11월에 주택·지방정부부, 교통부, 공공건축·사업부 등 여러 부처에 흩어져 있는 환경행정 기능을 통폐합하여 환경정책의 주무부서로서 초대형 부서인 환경부를 신설했다(정회성, 1994: 57-58).

2) 통상·산업부

윌슨 정부 말기에 실시한 영국 화폐 평가절하 조치로 인해 국제 수지의 부담을 상당히 덜 수 있었다. 실제로 1970년에 극제수지는 7억 파운드의 흑자를 기록했다. 그러한 평가절하 조치는 여타 경제정책에 심각한 위해를 가했다. 또한 1970년대에 들어서면서 세계 경제 호황이 끝나고 인플레이션이 경제 불황과 겹쳐서 나타나는 스태그플레이션을 겪게 되었다. 또한 노동자들의 잦은 파업과 계속 방향을 잡지 못하는 경제정책은 영국을 경제 위기의 국면으로 치닫게 했다(김현수, 2000: 170).

3) 해외개발부

영국 정부는 제2차 세계대전 이후 해외지역에 대한 원조사업을 위해 대외원조기구를 설립했다. 즉 1948년 식민지개발공사와 해외식량공사를 설립하여 식민지 국가들의 개발계획을 종합적으로 추진했다. 그 후 해외식량공사는 해체되었으며, 식민지개발공사는 1963년 영연방개발공사로 개칭되어 원조 대상 지역도 식민지로부터 영연방제국으로 확대했다. 1964년 해외개발부로 확대・개편되었다(한국산업은행, 1972: 39).

4) 북아일랜드부

북아일랜드의 신교도들은 정치, 경제 및 치안의 주도권을 확보하여 가톨릭교도들을 차별했다. 유혈 충돌이 시작되었고, 1969년 유혈 사태가 악화됨에 따라 사태 수습을 위해 영국군이 파병되었다. 결국 영국 정부는 1972년 북아일랜드법을 제정하여 북아일랜드의 자치권을 정지시키고 북아일랜드를 영국의 직접 통치 하에 두었다(김승렬 외, 2008: 302, 312-313).

5) 통상・소비자업무부

1973년 10월 이스라엘과 아랍국가 간에 전쟁이 발발했고, 뒤이어 석유수출국기구(OPEC)가 석유 가격을 네 배나 인상했다. 석유가격 인상으로 단일 년 만에 생활비가 10퍼센트 인상되었으며, 국내 총생산량은 5퍼센트 감소했다(이영찬, 2000: 146).

6) 에너지부

1973년 석유수출국기구가 산유량을 갑자기 감축하고 유가를 한꺼번에 네 배나 인상하는 일이 발생했다. 이들 산유국들은 이 해 9월에 이집트, 시리아와 이스라엘 사이에 일어난 욤키푸르 전쟁(Yom Kippur War)을 기화로 석유자원을 무기화했다. 원유 부족과 유가폭 등은 영국 산업을 거의 반신불수 상태로 만들었다(나종일・송규범, 2003: 816-817).

3 정치 과정

1970년부터 1974년까지는 보수당이 집권했다. 보수당은 정부조직 개편에서 통합 개편을 선호했다. 그리고 히스 수상이 통치했다. 그는 지도자의 특성면에서 개혁가에 해당되기 때문에 통합 개편을 선호했다. 결과적으로 이 기간 동안에 정부조직 개편에서 통합 개편의 결과가 나타날 것으로 기대되었다.

4 환경 변화, 정치 과정과 조직 개편15)

1) 환경부

1970년 10월 환경부가 신설되었다. 기존의 교통부, 주택·지방정부부와 공공건축·사업부가 신설된 환경부로 흡수 통합되었다.

집권 정당인 보수당은 기존의 정부의 규모가 과다하다고 판단했다. 정부가 지나치게 확대되어 산업을 간섭하고 국민에게 부담을 주고 있다고 여겼다.

보수당은 집권 전 예비내각을 통해 환경부 신설을 구상했고 집권 후 환경부의 신설을 추진했다. 환경부 신설에 대한 반대 정당인 노동당의 반대는 크지 않았다. 노동당도 정권 말기에 환경부 신설이 필요한 상황에 처해 있었기 때문이다.

2) 통상·산업부

1970년 10월 통상·산업부가 신설되었다. 기존의 기술부와 통상위원회가 통상·산업부로 흡수 통합되었다.

집권 정당인 보수당은 기존의 정부의 규모가 과다하다고 판단했다. 정부가 지나치게 확대되어 산업을 간섭하고 국민에게 부담을 부여하고 있다고 여겼다.

보수당은 집권 전 예비내각을 통해 통상·산업부 신설을 제안했고 집권 후 환경부 신설을 추진했다. 통상·산업부에 대한 노동당의 비판이 제기되었다. 신설 부처의 규모가 너무 거대하여 관리가 불가하고 너무 이질적인 성격이 혼재되어 있다고 주장했다.

---

15) 이 내용은 다음 글의 해당 부분을 발췌하여 요약한 것이다. Christopher Pollitt. (1984). *Manipulating the Machine: Changing the Pattern of Ministerial Department, 1960-1983*. London: George Allen and Unwin. pp. 82-106.

3) 항공지원부

1970년 10월 항공지원부가 임시적으로 신설되었다. 기존의 기술부로부터 기능을 이양받아 항공기 기능 개발 업무를 담당했다. 하지만 후에 민간 항공 및 국방연구 개발 업무를 담당하는 부서를 새로이 모색하면서 항공지원부는 1971년 5월에 폐지되었다.

4) 해외개발부

1970년 10월 해외개발부가 외무연방부에 흡수 통합되었다. 당시 해외개발부장은 통합에 반대하며 해외개발부의 독립을 유지하기 위해 끈질기게 로비를 전개했다. 하지만 통합은 점진적으로 추진되었다.

5) 북아일랜드부

1972년 3월 북아일랜드부가 신설되었다. 북아일랜드부의 신설은 독립운동에 기인한 것이었다. 수상의 주도로 신설되었다. 수상의 행동은 당시 북아일랜드 얼스터에서 사건이 발생한 가운데 나타난 것으로서 다소 정치적인 것으로 판단된다.

6) 통상 · 소비자업무부

1972년 8월 통상・산업부가 확대, 강화되었다. 통상・소비자업무부가 신설되어 각료급 장관을 추가로 임명했다. 이 장관은 가격과 소비자 업무를 담당했다. 수상의 주도로 신설되었다. 수상의 행동은 당시 석유 위기와 물가 상승에 대한 가정주부들의 우려 속에 나타난 것이어서 다소 정치적인 것으로 여겨진다.

7) 에너지부

1974년 10월 통상・산업부로부터 에너지부가 신설되었다. 에너지부의 신설은 에너지 위기에 기인한 것이었다. 수상의 주도로 신설되었다. 작은 정부를 지향하는 자신의 관행을 벗어난 것이어서 정치적인 것으로 생각된다.

통상·산업부 장관이 신설에 반대하면서 사퇴하겠다고 저항했으나 2주를 넘기지 못했다. 동료들의 반대를 무릅쓰고, 의회 내 토론을 거치지 않고 수상은 신설을 결정했다.

5 개편 분석

위에서 살펴본 정부조직 개편 내용을 요약하면 <표 4-3>과 같다. 환경부는 설립되었으나 세 부처를 통합했으므로 통합 개편에 해당된다. 통상·산업부도 설립되었으나 두 부처를 통합했으므로 통합 개편에 해당된다. 항공·지원부는 신설되었으므로 분할 개편에 해당된다. 해외개발부는 폐지되었으므로 통합 개편에 해당된다. 북아일랜드부는 신설되었으므로 분할 개편에 해당된다. 통상·소비자업무부는 설립되었으나 승계되었으므로 어느 개편에도 해당되지 않는다. 에너지부는 신설되었으므로 분할 개편에 해당된다. 각 사례에 대해 −2, −1, +1, −1, +1, 0, +1 점을 부여해 볼 수 있다. 일곱 가지 점수의 합은 -1점이 된다.

하지만 이상의 설명에 포함되지 않은 조직 개편 사례가 있다. 즉 공공건축·사업부가 정권 말기에 폐지되었다. 이 사례에 관한 설명은 부록 <표

〈표 4-3〉 정부조직 개편 개요(1970~1974년)

구분	개편 부처	개편 내용	점수
1	환경부	1970년 10월 설립(교통부, 주택·지방정부부와 공공건축·사업부를 통합)	−2
2	통상·산업부	1970년 10월 설립(기술부와 통상위원회를 통합)	−1
3	항공지원부	1970년 10월 신설/1971년 5월 폐지	+1
4	해외개발부	1970년 10월 폐지(외무연방부로 이관)	−1
5	북아일랜드부	1972년 3월 신설	+1
6	통상·소비자업무부	1972년 8월 설립(통상산업부를 승계)	0
7	에너지부	1974년 10월 신설	+1

1-3>에 나타나 있다. 이 사례에 대해 -1점을 부여해 볼 수 있다. 최종적으로 여덟 가지 점수의 합은 -2점이 된다. 이를 종합해 보면 이 기간 동안 정부조직 개편은 통합 개편으로 나타난다.[16] 결과적으로 집권 정당의 이념과 수상의 특성이 정부조직 개편에 영향을 주었다.

제 5 절 노동당 정부(1974~1979년)

1 개편 내용

노동당 정부는 1974년부터 1979년까지 5년 동안 집권했다. 구체적으로 윌슨(Harold Wilson) 수상이 2년간, 뒤이어 캘러헌(James Callaghan) 수상이 3년간 통치했다. 집권 초기에는 기존의 부처가 분할되거나 또는 새로운 부처가 신설되어 정부조직이 확장되어 20개 부처에 이르렀다. 뒤이어 일부 부처가 신설됨으로써 정권 말기에는 21개 부처에 다다랐다. 조직 개편의 대표적인 예로서 통상·산업부, 우편통신부, 해외개발부, 교통부, 재무부와 공직부를 들 수 있다.

2 환경 변화

1) 통상·산업부

히스 수상은 전후 합의로부터 과격한 정책 이반을 시도했다. 그는 과거에 윌슨 수상의 긴축정책이 국가의 공공지출만을 대상으로 했을 뿐 국영기

16) 여덟 가지 점수를 합하여 총점을 구하면 $-2+(-1)+1+(-1)+1+0+1+(-1)=-2$가 된다. -2는 통합 개편에 해당된다.

업을 대상으로 하지 않았다는 점을 지적했다. 그리하여 부실기업을 과감히 정리했다. 그는 이로 인해 악순환을 거듭하고 있는 정부의 예산 부족 현상이 사라지고, 여분의 자금이 시중에 공급되어 경제가 회복되리라고 기대했다. 하지만 히스 수상의 정책은 더 큰 경제 손실을 낳았다. 부실기업을 정리하던 중에 자금력이 약한 중소기업들이 많이 도산했고, 영국의 대표적 기업으로 불리던 롤스로이스사도 파산 상태에 이르렀다. 이러한 결과는 실업률의 증가와 더불어 심각한 노조 파업의 사태로 이어졌다(김현수, 2000: 171).

2) 우편통신부

제2차 세계대전 직후 노동당 정부는 전기, 통신, 도로, 항만, 조선 등 국가의 주요 기간산업과 공익사업을 국유화했다. 이로 인해 막대한 재정적자가 유발되었다. 재정적자 해소를 위해 많은 조치가 단행되었다(김영세, 2007: 215).

영국의 경우 우편사업은 과거부터 우정청이 담당해 왔다. 우정청은 우편, 전기통신, 예금 업무 및 기타 유관 사업을 폭넓게 수행하는 정부부처형 조직이었다. 1969년 우정청은 공사조직으로 개편되었다. 공사조직으로의 개편은 의회의 간섭을 축소시켜 좀 더 자율적인 경영을 시행하기 위함이었다. 공사화 당시 소수 인원만이 공무원 신분을 유지했고, 다수 인원은 공사 직원의 신분으로 전환되었다. 우정청은 개편됨과 동시에 소규모의 정부조직으로 우편통신부를 발족시켜 우편사업을 지원하게 했다(김정민, 1992: 98, 99, 101).

3) 해외개발부

영국의 해외개발 협력사업은 1920년대 초반부터 식민지를 대상으로 시작되었다. 이 사업은 세계대전의 종결 및 1960년대를 전후하여 대다수의 식민지가 독립을 맞이함에 따라 확장되었다. 전세계 특히 아프리카의 여러 지역에 식민지가 분포되어 있던 연유로 사하라 이남의 아프리카 국가 및 남아시아의 식민국가는 영국 정부의 주요한 수혜국이 되었다(한국국제협력단, 2007: 118).

3 정치 과정

1974년부터 1979년까지는 노동당이 집권했다. 노동당은 정부조직 개편에서 분할 개편을 선호했다. 그리고 윌슨 수상과 캘러헌 수상이 통치했다. 이 두 사람은 지도자의 특성면에서 자기중심주의자와 균형자에 해당되기 때문에 분할 개편을 선호했다. 결과적으로 이 기간 동안에 정부조직 개편에서 통합 개편 또는 분할 개편의 결과가 나타날 것으로 기대되었다.

4 환경 변화, 정치 과정과 조직 개편17)

1) 통상 · 산업부

1974년 3월 기존의 통상 · 산업부가 해체되어 통상부, 산업부, 물가 · 소비자보호부 등 세 부처로 분할되어 신설되었다. 통상 · 산업부가 분할된 이유로서 세 가지를 들 수 있다. 첫째, 시장주의와 반시장주의 이념을 지닌 정치인들에게 공직을 안배함으로써 내각의 균형을 유지할 필요가 있었다. 둘째, 인플레이션이 심화되어 정치적 문제로 제기됨으로써 이에 대처할 수 있는 기구가 필요했다. 셋째, 통상 · 산업부가 지나치게 방대하고 이질적이어서 관리하기가 어려웠다.

2) 우편통신부

1974년 4월 우편통신부가 폐지되면서 기존의 기능이 산업부에 이관되었다. 우편통신부가 폐지된 것은 공사화된 산업을 협소한 기능의 부처가 관

---

17) 이 내용은 다음 글의 해당 부분을 발췌하여 요약한 것이다. Christopher Pollitt. (1984). *Manipulating the Machine: Changing the Pattern of Ministerial Department, 1960-1983*. London: George Allen and Unwin. pp. 107-119.

장하는 것이 타당하지 않다고 여겨졌기 때문이다. 협소한 기능을 담당하는 부처는 경험 부족으로 인해 방송 분야의 업무에 기여하고 이를 통제할 만한 능력을 지니고 있지 못하다고 판단되었다.

3) 해외개발부

1974년 6월 해외개발부가 외무연방부로부터 분리되어 독립했다. 해외개발부의 분리 독립으로 인한 특별한 행정적인 효과를 예상하는 사람은 없었다.[18] 반면 해외 원조를 위해 정부에 로비하는 압력단체들에게 독자적인 부처를 마련해 주는 상징적 차원에서 효과는 있었다.

오히려 1974년부터 1979년까지 유럽 통합과 관련하여 해외 부처의 개편이 기대되었다. 하지만 이에 상응한 대폭적인 개편은 없었다. 단지 내각사무처 유럽국 내부의 공직을 강화하는 차원에서 소폭적 조치가 취해졌고, 뒤이어 1974년에 법률담당부 내부의 공직을 강화하는 조치가 뒤따랐다.

4) 교통부

1976년 9월 교통부가 환경부로부터 분리되어 독립했다. 환경부의 분리, 독립에는 두 가지 근거가 있었다. 첫째, 수상은 환경부의 정책적 통일성에 의문을 지녔다. 따라서 환경부와 같은 대규모 부처는 조직적 차원과 정치적 차원에서 모두 이익이 없다고 판단했다. 둘째, 당시 로저스(William Rodgers)에게 공직을 안배할 수 있는 적합한 시기였다.

교통부의 신설은 캘러헌 수상 개인의 주도로 처리되었다. 당시 공무원들은 교통부 신설안을 지지하지 않았다. 하지만 수상은 개편을 지시했고 공무원들은 개편을 진행했다. 수상의 지시를 받은 공직부 책임자는 즉시 개편안을 입안했고, 공표를 준비했다. 그러나 개편안에 대한 명료한 설명이 없었다.

---

18) 사실 해외개발부는 1964년 노동당 정부가 신설했으나 1974년 보수당 정부에 의해 외무연방부에 흡수되었다. 따라서 노동당 정부는 오래전부터 해외개발부의 흡수 통합에 반대하는 주장을 제기해 왔다.

5) 재무부와 공직부

1976년과 1977년에 의회 내 예산지출 특별위원회에서 재무부와 공직부의 개편에 관해 논의가 제기되었다. 예산관리 업무와 인력관리 업무가 두 부처 각각 소속되어 분리되어 있는 것이 문제였다. 예산관리 업무를 재무부로부터 분리하여 공직부의 인력관리 업무에 통합시키자는 개편안이 제기되었다. 반면 인력관리 업무를 공직부로부터 분리하여 재무부의 예산관리 업무에 통합시키자는 개편안도 제기되었다.[19] 의회의 특별위원회는 두 번째 방안을 선정하여 행정부에 제시했다.

행정부는 의회의 제안을 거부했다. 캘러헌 수상은 조직 개편에 회의적이었다. 결국 조직 개편에 관한 논의는 무산되었다.

5 개편 분석

위에서 살펴본 정부조직 개편 내용을 요약하면 <표 4-4>와 같다. 통상·산업부는 폐지되었으나 세 부처로 분할되어 신설되었으므로 분할 개편에 해당된다. 우편통신부는 폐지되었으므로 통합 개편에 해당된다. 해외개

〈표 4-4〉 정부조직 개편 개요(1974~1979년)

구분	개편 부처	개편 내용	점수
1	통상·산업부	1974년 10월 폐지(통상부, 산업부, 물가소비자보호부로 분할)	+2
2	우편통신부	1974년 4월 폐지(산업부로 이관)	−1
3	해외개발부	1974년 6월 신설(외무연방부에서 분리)	+1
4	교통부	1976년 9월 신설(환경부에서 분리)	+1
5	재무부와 공직부	1976년, 1977년 통합 무산	0

19) 첫 번째 개편안은 히스와 윌슨 수상이 지지했고, 두 번째 개편안은 다이아먼드(Diamond)와 파트(Part)가 지지했다.

발부는 신설되었으므로 분할 개편에 해당된다. 교통부도 신설되었으므로 분할 개편에 해당된다. 재무부와 공직부는 통합 논의가 무산되었으므로 어느 개편 유형에도 속하지 않는다. 각 사례에 대해 +2, −1, +1, +1, 0점을 부여해 볼 수 있다. 이를 종합해 보면 이 기간 동안 정부조직 개편은 합계 +3점으로 분할 개편으로 나타난다.[20] 결과적으로 집권 정당의 이념과 수상의 특성이 정부조직 개편에 영향을 주었다고 여겨진다.

제 6 절 보수당 정부(1979~1990년)

1 개편 내용

1979년부터 1990년까지 11년 동안 보수당이 집권했다. 대처(Margaret Thatcher) 수상이 통치했다. 1979년 정권 초기에는 정부가 축소되어 19개 부처로 출발했고 더욱 축소되어 정권 말기에는 18개 부처에 이르게 되었다. 이 기간에 있었던 정부조직 개편의 대표적인 예로서 통상·산업부, 해외개발부, 공직부, 수상부, 보건·사회보장부를 들 수 있다.

2 환경 변화

1) 통상·산업부

1970년대 중반 이후 석유 위기가 등장하고 노사 관계가 악화되면서 영국 경제의 성장은 눈에 띄게 둔화되고 사회적 갈등 양상이 표면화되었다. 1975년부터 상업 생산이 시작된 북해 유전에도 불구하고 1976년 초 공공

20) 다섯 가지 점수를 합하여 총점을 구하면 +2+(−1)+1+1+0=+3이 된다. +3은 분할 개편에 해당된다.

부문의 파업으로 “불만의 겨울”을 겪게 되었다(대외경제정책연구원, 2004: 11). 1976년 영국 정부는 국제통화기금(IMF)에서 기금을 지원받았고 금리를 무려 15퍼센트대로 인상하기로 결정했다. 인상된 금리로 인해 투자활동은 더욱 위축되었고 경제적 침체 또한 더욱 심화되는 악순환이 발생했다. 국영화된 산업들의 낮은 생산성은 무역 적자와 높은 실업률을 야기하는 주된 요인이었다. 즉 산업의 침체는 실업률의 증가를 가져왔다(이연호, 1999: 90).

2) 해외개발부

1979년 대처 정부가 들어선 이후 영국의 대외 원조는 대폭 축소되었다. 해외개발부는 외무부 산하로 이관되어 해외개발청으로 축소되었고, 외무부 내에 해외개발 장관과 외무부 장관이 공존하는 이원 체제로 운영되었다. 1980년 새로 제정된 ‘개발협력법’은 대외원조기금을 영국 국익에 따라 사용한다는 것을 명시했다. 이에 따라 영국의 대외 원조는 원조와 함께 영국 제품의 수출이 보증되는 형태로 사용되었다(한국인권재단 ODA연구팀, 2007: 50).

3) 공직부

공직부는 본래 기대했던 역할을 수행하지 못했다. 우선 공직부의 고위직이 대부분 다양한 부서의 사람들로 충원된 것이 아니라, 재무부 출신의 일반행정가로 충원되었다. 따라서 공직부는 다수 부서를 통솔해 나아가지 못했다. 또한 예산관리 업무와 인력관리 업무를 재무부와 공직부가 각각 분할하여 담당함으로써 두 부처 간의 관계 정립이 쉽지 않았다. 의회 내 예산지출 특별위원회는 인력관리 업무를 공직부에서 재무부로 이관할 것을 건의했다. 이러한 상황 속에서 수상들은 공직부에 큰 관심을 보이지 않았고 공직부 장관직이 의회 내에서의 영향력 향상에 큰 도움이 되지 못했으며, 공직부 장관들은 자주 그들의 권한을 부책임자들에게 위임함으로써 공직부의 존재는 유명무실했졌다(이연택, 1997: 68-69).

4) 보건 · 사회보장부

1979년 집권한 대처 수상은 영국병을 치유하고 산업경쟁력을 회복시키기 위해 복지국가에 대한 전면적인 개혁에 착수했다. 구체적으로 시장경제 원리를 중시하고 작은 정부를 지향하면서 산업 및 사회 각 부문에서 광범위한 개혁정책을 강력하게 추진했다. 사회복지 부문에서는 복지제도의 원칙을 보편주의에서 잔여주의로 전환했다. 즉 소득보장 수준을 낮추어 노동회피 요구를 줄이고, 공공임대주택을 임차인에게 매각했다. 또한 영국 복지제도의 핵심인 국민의료 서비스에는 내부시장 원리를 도입하여 재정 지출의 증가를 억제했다. 또한 공적 연금의 민영화를 추진하는 동시에 사적 연금제도를 장려했다(안순권, 2006: 138).

3 정치 과정

1979년부터 1990년까지는 보수당이 집권했다. 보수당은 정부조직 개편에서 통합 개편을 선호했다. 그리고 대처 수상이 통치했다. 그는 지도자의 특성면에서 개혁가에 해당되기 때문에 통합 개편을 선호했다. 결과적으로 이 기간 동안에 정부조직 개편에서 통합 개편의 결과가 나타날 것으로 기대되었다.

4 환경 변화, 정치 과정과 조직 개편[21]

1) 통상 · 산업부

대처 정부의 목표는 예산 절감에 있었다. 조직 개편도 예산 절감과 관련

21) 이 내용은 다음 글의 해당 부분을 발췌하여 요약한 것이다. Christopher Pollitt. (1984). *Manipulating the Machine: Changing the Pattern of Ministerial Department, 1960-1983*. London: George Allen and Unwin. pp. 120-124.

하여 진행되었다. 우선 노동당 정부에서 통상·산업부가 세 개의 부처로 분할되었는데, 이를 재통합했다. 일차적으로 1979년 5월 물가·소비자보호부를 폐지하고 이 기능을 통상부로 이관시켰다. 뒤이어 1983년 6월 선거에서 승리한 후, 통폐합을 지속했다. 통상부로부터 민간 항공 및 조선 업무에 관한 기능을 교통부로 이양한 후, 통상부와 산업부를 통합하여 통상·산업부로 개편했다.

2) 해외개발부

과거에 독립 부처였던 해외개발부를 1979년 6월에 폐지했다. 폐지하면서 관련 업무를 외무연방부로 흡수시켰다.

3) 공직부

재무부와 업무 중복으로 많은 논란이 있었던 공직부가 1981년 11월 폐지되었다. 공직부의 해체는 공무원 규모의 축소를 원하는 수상의 희망에 따라 시작되었다. 수상은 하원에서 공무원 인력 통제 업무와 자원의 중앙통제 업무를 통합하는 것이 필요하다고 주장했다.

뒤이어 공직부의 파업이 21주 동안 지속되었다. 노동당은 공직부의 해체를 주장하는 의회 세출위원회의 보고서에 대해 반대했고, 대중들은 공직부의 반격이 부족한 데에 대해 불안해 했다. 하지만 수상은 대선에서 승리하면서 공직부 사무차관과 내각사무처 사무차관을 조기 은퇴시켰다. 대신 수상은 내각 장관과 재무부 사무차관과 공조했다.

4) 수상부

대처 수상 출범 당시 수상부의 필요성을 강조했다. 하지만 논의에 그쳤고, 1983년 재집권하면서 수상부에 관한 주장은 소멸되었다.

5) 보건 · 사회보장부

보건·사회보장부로부터 1988년 6월 보건부가 분리되어 신설되었고, 동년 7월에 기존의 보건·사회보장부는 사회보장부로 개칭되었다.

이러한 보건·사회보장부의 분리 개편은 기존 부처의 규모가 너무 비대하다는 구조적인 이유에서 연유했다. 이외에 당시 보건·사회보장부 장관이었던 무어(John Moore)가 보건과 사회보장 두 분야에서 개혁을 주도할 수 있는 인물이 아니었다는 점도 고려되었다. 당시 보수당은 두 가지 분야의 개혁을 담당할 역량을 지닌 인물을 찾지 못했기 때문에 부처를 분할하여 두 명의 새로운 장관에 대한 부담을 덜어 주는 방안을 모색하게 되었다 (Marsh, Richards, and Smith, 2001: 64-65).

5 개편 분석

위에서 살펴본 정부조직 개편 내용을 요약하면 <표 4-5>와 같다. 통상부는 한 개 부처를 폐지하고 한 개 부처를 통합했으므로 통합 개편에 해당된다. 해외개발부는 폐지되었으므로 통합 개편에 해당된다. 공직부는 폐지되었으므로 통합 개편에 해당된다. 수상부는 신설 논의가 무산되었으므로 어느 개편 유형에도 해당되지 않는다. 보건·사회보장부는 한 개 부처를 분리한 후 변경되었으므로 분할 개편에 해당된다. 각 사례에 대해 −2, −1, −1, 0, +1 점을 부여해 볼 수 있다. 이를 종합해 보면 이 기간 동안 정부

〈표 4-5〉 정부조직 개편 개요(1979~1990년)

구분	개편 부처	개편 내용	점수
1	통상부	1979년 5월 물가·소비자보호부 폐지 1983년 6월 통상·산업부 설립(통상부와 산업부를 통합)	−2
2	해외개발부	1979년 6월 폐지(외무연방부로 이관)	−1
3	공직부	1981년 11월 폐지	−1
4	수상부	1983년 신설 무산	0
5	보건·사회보장부	1988년 6월 보건부 분리 신설 1988년 7월 보건·사회보장부를 사회보장부로 변경	+1

조직 개편은 합계 −3점으로 통합 개편으로 나타난다.[22] 결과적으로 집권 정당의 이념과 수상의 특성이 정부조직 개편에 영향을 주었다고 여겨진다.

제 7 절 보수당 정부(1990~1997년)

1 개편 내용

1990년부터 1997년까지 거의 7년 동안 보수당이 집권했다. 보수당 정부는 메이저(John Major) 수상이 주도했다. 정권 출범 시 19개 부처로 출발한 후 일부 부처들이 폐지되거나 신설되면서 정권 말기에는 17개 부처가 유지되었다. 이 기간에 있었던 정부조직 개편의 예로서 교육과학부, 국가문화유산부와 에너지부를 들 수 있다.

2 환경 변화

1) 교육과학부

1980년대 이후 과학기술의 연구 및 개발이 경제 발전에 많은 기여를 하지 못했다는 지적이 높아지기 시작했다. 그리하여 연구개발의 성과를 산업 및 경제 발전으로 연결하기 위한 과학기술 발전 체제의 재정립과 연구사업의 관리 강화 및 연구과제의 선별화에 주의를 기울이기 시작했다. 1992년 이전까지 영국 정부의 과학기술정책은 각 부처별로 독자적으로 수립하고 집행하는 자율적·분권적 성격을 띠고 있었고, 부처 간의 필요성에 따라서

---

22) 다섯 가지 점수를 합하여 총점을 구하면 -2+(-1)+(-1)+0+1=-3이 된다. -3은 통합 개편에 해당된다.

협력 관계를 이루기도 했다. 즉 과학기술정책을 입안하고, 전체적으로 조정하는 부서는 존재하지 않았다(윤광석, 2000: 52-53).

1970년대 극심한 경제 침체와 1980년대 실업문제의 구조화는 영국 정부로 하여금 경제문제 해결을 위한 돌파구로서 적극적인 직업훈련 프로그램을 실시하게 했다. 따라서 이 시기의 교육은 기업의 역할과 시장의 논리를 강조하는 방향으로 이루어지게 되었다. 교육과 기술의 융합에서 기술은 단순히 개인의 고용가능성 증진과 관련된 수준을 넘어서 '사회적 정의와 경제적 성공'을 실현하는 기본 전제가 되었다(이희수, 2006: 130-131).

2) 국가문화유산부

1980년대의 경제적 위기로 문화민주주의 정책이 퇴색하고, 시장 논리에 기반을 둔 예술경영 측면이 강조되었다. 그리하여 이 시기의 문화정책은 예술경영인 양성, 개인과 사회를 위한 예술에서 상품으로서 예술로의 전환, 관광 진흥 및 외화 획득과 같은 부가가치의 중시, 기업의 예술 지원을 기업홍보 전략으로 활용하는 등과 같은 형태로 구체화되었다. 1992년 이를 위해 중앙정부에 국가문화유산부가 신설되었다(정정숙 외, 2006: 448-449).

3) 에너지부

공기업의 민영화 전환정책은 중앙정부의 업무를 민간 소유로 전환시킴으로써 업무 및 재정 부담을 줄이는 결과를 가져왔다. 민영화는 1979년 정부가 소유한 영국원유공사의 소유지분율을 50퍼센트 이하로 내리기 위해 소유 지분을 매각하면서 시작되었다. 메이저 수상 집권 시기에는 국영원자력발전소, 국영철도 등에 대해서도 사업장별로 민영화가 추진되었다(황윤원 외, 2003: 68-70).

3 정치 과정

1990년부터 1997년까지는 보수당이 집권했다. 보수당은 정부조직 개편에서 통합 개편을 선호했다. 그리고 메이저 수상이 통치했다. 그는 지도자의 특성면에서 개혁가에 해당되기 때문에 통합 개편을 선호했다. 결과적으로 이 기간 동안에 정부조직 개편에서 통합 개편의 결과가 나타날 것으로 기대되었다.

4 환경 변화, 정치 과정과 조직 개편

1) 교육과학부

교육과학부가 1992년 4월 과학 기능을 다른 부처로 이관하면서 교육부로 축소되었다. 뒤이어 교육부는 1995년 7월 기존의 고용부를 흡수하여 교육·고용부로 개편되었다. 이는 교육부의 학교교육과 고용부의 직업교육 및 평생교육을 유기적으로 연계하기 위한 조치였다(박재희, 1997: 101).

2) 국가문화유산부

국가문화유산부가 1992년 7월에 신설되었다. 국가문화유산부는 기존의 환경부, 고용부, 통상·산업부, 내무부, 교육·과학부 및 예술도서관실에 산재해 있던 문화 관련 기능을 통합하여 신설되었으며, 1,000여 명의 인력도 이 부처에 이전되었다(황윤원 외, 2003: 68).

3) 에너지부

에너지부가 1992년 4월 폐지되었다. 기존 부처의 핵심적인 기능은 통상·산업부로 이관되었으며, 기타 에너지의 효율화와 관련된 기능은 환경부로 이관했다.

이렇듯 에너지부의 폐지 원인은 당시 보수당이 추진했던 산업의 민영화 추세에 있었다. 보수당은 신자유주의 입장에 따라 1979년부터 민영화정책을 추진했다. 결과적으로 에너지부는 존립의 근거가 약화됨으로써 폐지되었다(Marsh, Richards, and Smith, 2001: 62-63).

4) 고용부

고용부가 1995년 7월 해체되었다. 동시에 주요 업무를 교육부와 통상·산업부로 이관했다. 고용부의 업무 중 교육과 훈련에 관련된 업무는 교육부로 이관되었고, 임금과 노동 허가에 관련된 업무는 통상·산업부로 이관되었다(한동만, 1996: 233).

5 개편 분석

위에서 살펴본 정부조직 개편 내용을 요약하면 <표 4-6>과 같다. 교육부는 변경되었으므로 어느 개편 유형에도 해당되지 않는다. 국가문화유산부는 신설되었으므로 분할 개편에 해당된다. 에너지부는 폐지되었으므로 통합 개편에 해당된다. 고용부도 폐지되었으므로 통합 개편에 해당된다. 각 사례에 대해 0, +1, −1, −1점을 부여해 볼 수 있다. 이를 종합해 보면 이 기간 동안 정부조직 개편은 합계 −1점으로 통합 개편으로 나타난다.[23] 결과적으로 집권 정당의 이념과 수상의 특성이 정부조직 개편에 영향을 주었다고 여겨진다.

〈표 4-6〉 정부조직 개편 개요(1990~1997년)

구분	개편 부처	개편 내용	점수
1	교육과학부	1992년 4월 교육부로 변경/1995년 7월 교육·고용부로 변경	0
2	국가문화유산부	1992년 7월 신설	+1
3	에너지부	1992년 4월 폐지	−1
4	고용부	1995년 7월 폐지(교육부와 통상·산업부로 이관)	−1

23) 네 가지 점수를 합하여 총점을 구하면 0+1+(−1)+(−1)=−1이 된다. −1은 통합 개편에 해당된다.

제 8 절 노동당 정부(1997~2007년)

1 개편 내용

1997년부터 2007년까지 노동당이 집권했다. 이 기간 동안에는 블레어(Tony Blair) 수상이 정부를 주도했다. 1997년 정권 초기에는 17개 부처로 출발했으나, 이후 일부 부처가 통폐합 또는 신설됨으로써 2007년 정권 말기에는 19개 부처에 이르게 되었다. 이 기간에 있었던 정부조직 개편의 예로서 환경・식품・농촌부, 지역공동체・지방정부부, 교육・기술부, 노동・연금부, 문화・미디어・체육부, 국제개발부를 들 수 있다.

2 환경 변화

1) 환경・식품・농촌부

이러한 정부조직 개편은 당시의 상황과 무관하지 않다. 당시 영국에서는 환경 보존의 필요성과 농촌 활성화의 필요성이 강조되고 있었다. 결국 '지속 가능한 발전'이라는 화두가 정부의 정책 방향으로 거론되면서, 환경・식품・농촌부가 설립되었다(김정섭, 2002: 1).

2) 지역공동체・지방정부부

영국은 오랜 기간 동안 지역 발전을 위한 정책을 수행해 왔다. 특히 블레어 수상 집권 이후 많은 변화가 있어, 1997년 이후 '신지역정책'을 채택했다. 이 정책의 주요 내용은 지역정책의 핵심이었던 낙후지역에 대한 투자유치에서 탈피하여 지역의 내생적 발전을 지원하고, 시장 기제가 원활히 작동할 수 있도록 하며, 지역의 특성에 맞는 정책집행을 위해 지역의 제도적 역량을 강화하는 데에 있었다(과학기술부, 2007: 17-19).

3) 교육 · 기술부

블레어 정부의 교육정책은 생산성과 함께 사회통합을 강조하는 특성을 보인다. 이는 직전 보수당 정부가 집권 기간 동안 경쟁력 강화를 위해 기업주도와 시장의 논리를 강조하면서 사회적 빈부 격차가 심화되었다는 인식에 근거한다. 따라서 교육정책은 평생교육을 통해 기업과 노조 및 NGO를 포함한 지역사회 간의 네트워킹을 촉진함으로써 경제 발전과 함께 사회통합을 동시에 추구하는 모습을 보이고 있다(이희수, 2006: 130-131).

4) 노동 · 연금부

블레어 수상은 제3의 길을 내세워 경제의 효율성을 높이면서 사회적 연대를 중시하는 중도 노선을 주창했다. 엄격한 예산 집행, 물가 안정 및 사유화정책 등 대처리즘의 장점을 수용하는 한편 최저임금제도 도입, 반경쟁독과점 금지정책 및 중소기업 육성정책 등 사회적 연대정책도 강화한 것이다. 또 노동시장의 유연성을 높이는 신자유주의적 노사 관계를 정착시켰으며, 고등교육에 대한 지원을 강화했다. 블레어 정부가 찾은 복지개혁의 핵심 해법은 '일을 위한 복지'였다. 고용이 최선의 해법이라는 인식이었다. 일을 위한 복지는 이른바 뉴딜 프로그램으로 구체화되었다. 블레어 정부는 또 공적연금과 민간연금 간의 파트너십을 형성하는 연금개혁도 시행했다(안순권, 2006: 140).

5) 국제개발부

영국 정부의 대외 원조 운영에 대해 영국의 언론과 학계 그리고 시민단체들은 빈곤 퇴치에 주력하고 대외 원조의 상업적인 연계를 끊어야 한다는 등 지속적 개혁과 방향 전환을 요청했다. 언론, 학계, 시민단체들은 정치권에 영국 대외 원조 개혁안에 대한 권고안을 제출했고, 노동당은 1997년 총선거 공약에서 영국의 대외 원조는 인도주의 정신에 입각하여 전세계의 빈곤 퇴치에 앞장서야 한다는 것을 밝혔다(한국인권재단 ODA연구팀, 2007: 50-51).

블레어 수상이 집권하면서 국제 개발협력 정책은 변화했다. 기존의 정책은 단순히 해외 원조를 집행하는 차원을 넘어서 체계적인 정책 수립을 통해 개발협력사업을 모색하는 차원으로 강화되었다. 이러한 변화는 당시 외무부 소속의 국제개발처를 국제개발부로 승격시키고 빈곤 퇴치를 영국개발협력 정책의 최우선 과제로 삼은 데에서 잘 나타난다(한국국제협력단, 2007: 118).

3 정치 과정

1997년부터 2007년까지는 노동당이 집권했다. 노동당은 정부조직 개편에서 분할 개편을 선호했다. 그리고 블레어 수상이 통치했다. 그는 지도자의 특성면에서 개혁가에 해당되기 때문에 통합 개편을 선호했다. 결과적으로 이 기간 동안에 정부조직 개편에서 통합 개편 또는 분할 개편의 결과가 나타날 것으로 기대되었다.

4 환경 변화, 정치 과정과 조직 개편

1) 환경·식품·농촌부

1997년 5월 환경부는 교통부를 흡수함으로써 교통 업무 이외에 자신이 과거부터 담당해 왔던 지방정부와 지역 관련 업무를 관장하는 거대한 부처로 확대 개편되었다. 하지만 2001년 7월 환경부는 교통, 지방정부 및 지역 관련 업무를 새로이 신설된 교통·지방정부·지역부에 이관함으로써 대폭 축소되었다. 이때 환경부는 농·수산·식품부를 흡수하여 환경·식품·농촌부로 개편되었다(황윤원 외, 2003: 96).

2) 지역공동체 · 지방정부부

지방정부와 지역 관련 업무는 환경부가 담당해 왔다. 하지만 2001년 7월 교통 · 지방정부 · 지역부가 신설되어 환경부로부터 지방정부와 지역 관련 업무를 분할하여 담당했다. 뒤이어 2002년 5월 교통부가 신설됨으로써 지방정부와 지역 관련 업무는 새로이 신설된 부수상실이 담당하게 되었다. 2006년 5월 블레어 수상은 지방선거에서 패한 후에 부수상실이 담당했던 지방정부와 지역 관련 업무를 지역공동체 · 지방정부부를 신설하여 담당하게 했다(최종만, 2007: 141).

3) 교육 · 기술부

2001년 교육 · 고용부는 교육 및 직업훈련 업무를 전담하는 교육 · 기술부로 개편되었다. 기존의 기능 가운데 고용 기능을 같은 해에 신설된 노동 · 연금부로 넘기고 대신 기술훈련 기능을 교육 기능에 통합하여 신설했다. 초등교육보다 중등교육 수준의 향상에 정책의 비중을 두었다(황윤원 외, 2003: 96-97).

4) 노동 · 연금부

2001년 사회 · 보장부는 고용과 복지가 연결된 생산적 복지를 추구하기 위해 교육 · 고용부로부터 관련 업무를 이양받아 노동 · 연금부로 개편되었다. 종전의 교육 · 고용부로부터 고용과 장애자에 관한 업무를, 그리고 사회 · 보장부로부터는 복지와 연금에 관한 업무를 이관받아 노동 · 고용 · 복지 기능을 하나의 부처로 통합했다(황윤원 외, 2003: 97-98).

5) 문화 · 미디어 · 체육부

1997년 7월 국가문화유산부 사업이 확대되면서 문화 · 미디어 · 체육부로 개편되었다. 과거에는 문화유산의 관리, 보전 및 계승에 노력해 왔다. 하지만 새로운 정부가 출범하면서 문화가 차지하는 비중에 대한 인식을 새롭게 하여 관광, 체육, 그리고 멀티미디어를 통합하는 종합적 문화정책을 실천하려는 의지가 정부 개편에 반영되었다(최재승, 2006: 135).

6) 국제개발부

1997년 외무·연방부 산하에 있던 효과적인 원조행정 체제를 구축하기 위해 해외개발청을 국제개발부로 승격하여 개편했다. 무역 증진, 분쟁 방지, 부채 탕감, 새천년 개발 목표 실행 등의 사업을 실천하기 위해 관련 부처들이 긴밀하게 협조했다(국제연대위원회, 2007).

5 개편 분석

위에서 살펴본 정부조직 개편 내용을 요약하면 <표 4-7>과 같다. 환경·식품·농촌부는 승계되었으므로 어느 개편 유형에도 해당되지 않는다. 지역공동체·지방정부부는 한 부처를 신설하여 변경했으므로 분할 개편에 해당된다. 교육·기술부, 노동·연금부, 문화·미디어·체육부는 승계를 통해 설립된 것이므로 어느 개편 유형에도 해당되지 않는다. 국제개발부는 신설된 것이므로 분할 개편에 해당된다. 각 사례에 대해 0, +1, 0, 0, 0, +1 점을 부여해 볼 수 있다. 이를 종합해 보면 이 기간 동안 정부조직 개편

〈표 4-7〉 정부조직 개편 개요(1997~2007년)

구분	개편 부처	개편 내용	점수
1	환경·식품·농촌부	2001년 7월 설립(농·수산·식품부를 승계)	0
2	지역공동체·지방정부부	2001년 7월 교통·지방정부·지역부 신설 2002년 5월 부수상실로 이관 2006년 5월 지역공동체·지방정부부로 변경	+1
3	교육·기술부	2001년 7월 설립(교육·고용부를 승계)	0
4	노동·연금부	2001년 7월 설립(사회보장부를 승계)	0
5	문화·미디어·체육부	1997년 7월 설립(국가문화유산부를 승계)	0
6	국제개발부	1997년 6월 신설(해외개발청을 승격)	+1

은 합계 +2점으로 통합 개편으로 나타난다.[24] 결과적으로 집권 정당의 이념이 수상의 특성에 비해 더 많이 정부조직 개편에 영향을 주었다고 여겨진다.

제 9 절 노동당 정부(2007~2009년)

1 개편 내용

2007년부터 2009년까지 노동당이 집권하고 있다. 노동당 정부를 브라운(Gordon Brown) 수상이 통치하고 있다. 2007년 정권 초기에 19개 부처로 출발하여 일부 부처가 신설 또는 폐지됨으로써 2009년 당시 19개 부처가 유지되었다.

2 환경 변화

1) 부수상실

부수상실은 2002년 5월 부수상 산하에서 지방정부 및 지역 관련 업무를 전담하는 중앙부처로 신설되었다. 그리고 부수상실은 정부의 전략적 목표를 달성하는 데에 핵심적인 역할을 수행했다(황윤원 외, 2003: 88-89). 하지만 강한 추진력을 보였던 프레스콧(John Prescott) 부수상이 스캔들로 궁지에 몰리고 그 영향으로 2006년 5월 4일 지방선거에서 참패를 당하자 블레어 수상은 부수상실을 폐지하면서 산하의 중앙부처를 분리하여 그 명칭을 지역공동체·지방정부부로 붙였다(최종간, 2007: 135).

24) 여섯 가지 점수를 합하여 총점을 구하면 0+1+0+0+0+1=+2가 된다. +2는 분할 개편에 해당된다.

2) 혁신 · 대학 · 기술부

이러한 개편은 대학교육과 기술 및 혁신을 융합하여 실용적인 부처로 자리매김하기 위함이었다. 이 경우도 개편은 브라운 수상에게 교육이 그의 사명이며 국가의 장기 번영은 교육의 질에 있다는 신념에 기초한 것이었다(최종만, 2007: 145).

3) 아동 · 학교 · 가족부

이 개편에서 교육은 가정이라는 연계 방식을 취함으로써 초중등 교육과 가정을 묶는 교육 체계로 부각되었다. 이러한 개편은 브라운 수상이 교육이 그의 사명이며 국가의 장기 번영은 교육의 질에 있다는 그의 신념에 기초한 것이다(최종만, 2007: 27).

4) 경영 · 기업 · 규제개혁부

영국 정부는 시장경제의 활성화를 통한 국가경쟁력 제고를 목표로 경쟁정책과 소비자정책의 다양한 변화와 발전을 시도했다. 기존의 규제 위주 정책에서 벗어나 소비자와 기업이 자율적으로 준수할 수 있도록 법규정을 간소화하는 한편 처별 규정 강화, 소비자 피해구제 기구 설치 등을 통해 실질적인 소비자정책 진행이 가능하도록 노력했다. 브라운 정부는 조직 개편을 통해 기존의 소비자정책 총괄 부처였던 통상산업부를 폐지하고 경영 · 기업 · 규제개혁부를 신설했다(정고운, 2008).

3 정치 과정

2007년부터 2009년까지 노동당이 집권했다. 노동당은 정부조직 개편에서 분할 개편을 선호했다. 그리고 브라운 수상이 통치했다. 그는 지도자의 특성면에서 개혁가에 해당되기 때문에 통합 개편을 선호했다. 결과적으로 이 기간 동안에 정부조직 개편에서 통합 개편 또는 분할 개편의 결과가 나타날 것으로 기대되었다.

4 환경 변화, 정치 과정과 조직 개편

1) 부수상실

2007년 부수상실을 폐지했다. 브라운 수상은 취임하자마자 처음 행한 조직 개편에서 부수상실을 다른 조직으로 대체하지도 않고 바로 폐지시켜 버렸다. 제2인자이자 전 수상의 정치적 라이벌이었던 브라운 수상이 여론의 힘을 업고 전 수상의 최측근에 대한 무언의 보복을 한 것으로 해석된다(최종만, 2007: 135).

2) 혁신 · 대학 · 기술부

2007년 교육 · 기술부로부터 고등교육에 관한 기능과 통상부로부터 과학과 기술혁신에 관한 기능을 통합하여 혁신 · 대학 · 기술부를 설립했다. 개편 목적은 역동적이고 지식에 기반을 둔 경제 건설을 위해 여기에 필요한 기술 인력을 양성하는 등 과학, 조사연구, 대학 영역에서의 국가 역량을 강화하는 데 있었다(최종만, 2007: 145).

3) 아동 · 학교 · 가족부

2007년 교육 · 기술부가 담당했던 초중등 교육 기능을 보강하고 가족 관련 기능을 합쳐서 아동 · 학교 · 가족부를 설립했다.

4) 경영 · 기업 · 규제개혁부

2007년 통상부의 업무 중에서 과학 및 기술 개발에 관한 업무는 신설된 혁신 · 대학 · 기술부로 이관하고 나머지 업무와 내각사무처 산하 규제개혁국의 업무를 통합하여 경영 · 기업 · 규제개혁부를 설립했다. 이 개편의 의미는 규제개혁 업무가 규제개혁을 요구하는 부처의 손으로 넘겨졌다는 데에 있다(최종만, 2007: 144).

5 개편 분석

위에서 살펴본 정부조직 개편 내용을 요약하면 <표 4-8>과 같다. 부수상실은 폐지되어 통합 개편에 해당된다. 혁신·대학·기술부는 승계되어 어느 개편 유형에도 해당되지 않는다. 아동·학교·가족부는 신설되어 분할 개편에 해당된다. 경영·기업·규제개혁부는 승계되어 어느 개편 유형에도 해당되지 않는다. 각 사례에 대해 −1, 0. +1, 0점을 부여해 볼 수 있다. 이를 종합해 보면 이 기간 동안 볼 정부조직 개편은 합계 0점으로 어느 개편 유형에도 해당되지 않는 것으로 나타난다.[25] 결과적으로 집권 정당의 이념과 수상의 특성이 동시에 정부조직 개편에 영향을 주었다고 여겨진다.

〈표 4-8〉 정부조직 개편 개요(2007~2009년)

구분	개편 부처	개편 내용	점수
1	부수상실	2007년 6월 폐지	−1
2	혁신·대학·기술부	2007년 6월 27일 설립(교육·기술부를 승계)	0
3	아동·학교·가족부	2007년 6월 27일 신설(교육·기술부에서 분리)	+1
4	경영·기업·규제개혁부	2007년 6월 27일 설립(통상부를 승계)	0

제10절 소결론

위에서 정권별로 논의된 분석 결과를 종합해 보면 <표 4-9>와 같다. 이

25) 네 가지 점수를 합하여 총점을 구하면 −1+0+1+0=0이 된다. 0은 어느 개편 유형에도 해당되지 않는다.

〈표 4-9〉 정부조직 개편 종합

구분	집권 정당	집권 기간	정당 이념	수상의 특성	조직 개편
1	보수당	1957.1-1964.10	보수적(−)	균형자(+)	0(0)
2	노동당	1964.10-1970.6	진보적(+)	자기중심주의자(+)	+3(+)
3	보수당	1970.6-1974.3	보수적(−)	개혁가(−)	−2(−)
4	노동당	1974.3-1979.5	진보적(+)	자기중심주의자(+)/균형자(+)	+3(+)
5	보수당	1979.5-1990.11	보수적(−)	개혁가(−)	−3(−)
6	보수당	1990.11-1997.5	보수적(−)	개혁가(−)	-1(−)
7	노동당	1997.5-2007.6	진보적(+)	개혁가(−)	+2(+)
8	노동당	2007.6-2009.6	진보적(+)	개혁가(−)	0(0)

표에서 정치 과정과 조직 개편 간의 연관성을 도출해 보면 다음과 같다.

첫째, 정당의 이념과 조직 개편은 연관성이 있다. 대부분 정권에서 정당의 이념이 보수적인 경우 모두 통합 개편을 보이며, 진보적인 경우 분할 개편을 보인다. 단지 1번과 8번의 정권은 어느 유형의 개편 결과도 보이지 않아 예외적인데, 이것은 정권의 이념이 조직 개편에 주는 영향을 수상의 특성이 반대 입장에서 상쇄해 버리고 있기 때문인 것으로 해석된다.

둘째, 수상의 특성은 조직 개편과 연관성이 있다. 대부분 정권에서 수상의 특성이 자기중심주의자이거나 균형자인 경우 분할 개편을 보이며, 개혁가인 경우에 통합 개편을 보인다. 단지 세 가지 경우에 예외적인 결과를 보이고 있는데, 1번과 8번 정권의 경우에는 수상의 특성이 주는 영향을 정권의 이념이 상쇄해 버리고 있기 때문인 것으로 판단되며, 7번의 경우에는 수상의 특성이 주는 영향이 정권의 이념이 주는 영향에 비해 작기 때문인 것으로 여겨진다.

Chapter 05

프랑스의 정부조직 개편을 위한 접근법

이 장에서는 프랑스의 정부조직 개편의 양상을 정치 과정의 측면에서 접근하고자 한다. 이를 위해 우선 제5공화국의 정치적 특성을 공화주의 전통과 헌법, 이원적 권력구조, 동거정부, 정당 체계, 입법 과정에서의 다양한 권력작용 등 프랑스 정치 과정에 관한 이해를 위한 고찰을 진행한다. 이를 바탕으로 정부조직 개편의 양상을 분석한다. 정부조직 개편을 분석하기 위해 부르디외(Pierre Bourdieu)와 각시(D. Gaxie) 등의 논의를 통해 프랑스에서 '정치의 장(champ politique)'의 특성이 정부조직 개편에 미치는 영향을 살펴본다.

현대 프랑스 권력기구의 특성은 강한 정부, 이원정부제로 대표된다. 이러한 특성은 1789년 프랑스혁명의 가치와 그 전통에서 비롯되어 제5공화국 헌법에 반영된 결과다. 제5공화국 헌법은 인민 주권 하에 대통령의 권한 강화, 3·4공화국의 정치적 불안정과 비시(Vichy) 정권과 같은 권위주의적 지배자의 등장에 대한 견제를 위한 기본 장치로서 작용했다. 프랑스혁명이 현대적 공화주의 형성에 끼친 영향은 인민 주권의 원칙 수립, 합리적 정치 질서 구조 수립의 가능성, 새로운 정치 질서에 의해 창조된 가치의 강조, 제도적 수단을 통한 평등과 사회적 정의의 확립, 탈종교적 공화주의 시민의식의 앙양을 위한 의무 교육의 도입 등을 들 수 있다. 대혁명의 정신인 공동선, 일반 의지, 그리고 민족 이익은 강한 국가의 관념 수립에 중심적인 바탕이 되었다. 국가에 의해 행해지는 모든 것은 인민의 이익을 대표하는 것이며, 국가는 사회의 사건들에 대해 간섭 권한을 가지고 있다. 이러한 프랑스의 정치 전통은 민주적 공화주의로 대표될 수 있으며 이는 제5공화국 헌법을 기초하는 중요한 요소가 된다.

프랑스 제5공화국 헌법은 1958년 제정된 이후 2008년까지 25회에 걸쳐 개정되는 과정에서 대통령제화의 특성을 나타냈다. 제5공화국 헌법은 이원정부제적 특성을 가지는데 이로 인해 대통령과 수상 간의 권한문제가 논쟁의 대상이 되기도 한다. 특히 동거정부 상황에서는 정치 안정성의 문제로 확대되기도 한다. 제5공화국에서 대통령중심화가 심화되고 있는 가운데 의회는 정치 과정에서 여전히 중요한 역할을 담당한다. 제5공화국 초기 비교적 단순한 정당 체계를 형성했지만 1970년대 중반을 기점으로 다당제의 양상을 나타내기 시작했고 2000년대에 이르러 양극 다당제가 공고화되고 있다. 정당 체계가 이렇게 변화하는 원인으로는 선거에 대한 국고보조금, 비례대표제, 탈물질주의의 확산, 그리고 대통령선거에서 결선투표제도의 영향 등을 들 수 있다. 특히 결선투표제와 국고보조금의 지급은 더 많은 정당이 대통령선거에 경쟁적으로 뛰어들게 하는 주요 요인이 되고 있다. 대통령제의 강화는 정책결정과 입법 과정에서 대통령의 영향력을 함께 증대시켰다. 수상이 헌법상의 고유 권한을 보장받고 있지만 그 임명권이 대통령에 있는 상황과 대통령이 수상과 의회를 견제할 수 있는—예를 들어 의회해산권이 있는—상황에서는 국정 운영에서 대통령의 역할이 점차 증대되고 있다. 특히 2008년 헌법 개정에서 대통령이 의회에서 연설할 수 있도록 한 사건은 대통령의 역할과 영향력이 더 증대될 것이라는 기대를 갖게 한다. 한편 파편화된 프랑스 사회에서 이익단체의 정책결정 과정에의 참여 확대는 강력한 국가 중심의 행정국가인 프랑스에서 참여민주주의의 확대라는 측면에서 주목할 필요가 있다.

이러한 프랑스 정치의 특성은 정부조직 구성에서도 동거정부 시기와 비동거정부 시기, 그리고 좌파 집권기와 우파 집권기에 따라 다른 양상을 보인다. 프랑스에서 정부조직 개편은 정치적 상황 논리, 특히 대통령과 수상과의 역학 관계에 의해 이루어지므로 일정한 규칙성을 발견하기 어렵다. 이는 프랑스에서 정부조직 개편 과정이 폐쇄적인 정치 엘리트 간의 정치적 경쟁과 맞물려 정부조직 개편 과정 자체가 소수의 동질적인 집단 간 내부자 거래와 같은 양상으로 나타남을 의미한다. 프랑스 정부조직 개편 과정에서 이러한 현상이 나타나는 제도적 원인을 대체로 두 가지로 정리할 수 있는데 대통령과 수상의 양두 체제를 인정하는 제5공화국 헌법정신과 정부조직의 비법정주의를 들 수 있다. 제5공화국의 전반적인 대통령중심화와 행정국가적 성격에 따라 정부조직 개편은 정치 우선 논리가 관철되는 구조적인 현상을 나타낸다. 대통령으로부터 시작하는 프랑스의 정부조직 개편은 강한 대통령이었던 드골의 상징성으로 인해 대통령에게 힘이 실렸고 그때의 경험이 승계되어 왔다. 비록 헌법상 프랑스 대통령의 권한은 다른 유럽 국가에 비해 약하지만 실질적 권력 행사에서는 가장 강한 대통령이 된다. 이러한 정부조직 개편 양상은 두 가지로 나눌 수 있다. 이합집산을 거듭하는 부서와 신설되거나 폐지되는 부처로 나뉘는데 이러한 구분은 정부조직의 비법정주의와 선거 후 논공행상에서 원인을 찾을 수 있다. 그리고 정부 조각이 반드시 선거나 대통령과 수상의 관계, 집권 정당이나 집권 세력 간의 정치 행위 등 정치적 요인으로만 파악되는 것은 아니다. 프랑스는 조각의 빈도가 높은 편임에도 불구하고 비교적 안정적 행정 운용을 보이고 있다. 프랑스의 정부조직 개편은 레비스트로스(Claude Levi-Strauss)가 사용한 바 있는 '브리콜라주(bricolage: 자질구레한 공작, 작업, 응급조치, 후다닥 해치우기)'라는 말로 대변할 수 있다. 즉 조직의 기본 구조가 완전히 바뀌기보다는 선거 후 논공행상을 중심으로 이루어진다는 데 있다. 따라서 부처 수준의 변화에서 정부조직의 연성적 성격으로 인해 전통적인 국가 기능과 직접적인 관련이 있는 내무, 외무, 국방, 교육 등은 대체로 안정성을 유지한다. 반면 사회, 노동문제, 민생과 관련한 부서, 커뮤니케이션 관련 부서들은 잦은 조직 변경이 이루어진다. 이러한 조직 변경은 좌파 정권과 우파 정권 하에서 차이가 발생하기도 하는데, 좌파 정권의 경우 조직 규모가 확대되는 경향을 갖는 것으로 파악된다. 정권의 성격에 따른 조직 개편은 좌파 정권의 경우 '꽃송이 유형,' 우파 정권의 경우 '갈퀴 유형'으로 유형화할 수 있다.

이 연구는 이러한 내용들을 중심으로 프랑스 정치 과정이 내포하고 있는 정치 전통의 분석을 기반으로 정부조직 개편 현상을 분석하고자 한다. 특히 구체적인 정부조직 개편 분석에서는 정부조직 개편 과정에서 나타나는 정치 엘리트의 상호작용을 중심으로 살펴본다.

Chapter 06

프랑스의 제5공화국 정치 체제와 정책 과정

제1절 서 론

좌우 동거정부를 경험한 프랑스의 이원정부지는 유럽의 다른 몇몇 국가의 이원정부제와는 다른 독특한 정치 체제를 가진다. 한국에서도 권력구조 개편 논의가 진행될 때마다 대안 중 하나로 프랑스의 이원정부제가 논의되기도 한다.

그런데 프랑스의 이원정부제와 그 제도 하에서 대통령과 수상의 권한이 어떠한 헌법 근거와 정치 과정을 통해 작동하는가를 파악하기에 앞서 프랑스의 정치 전통과 국가에 관한 사회적 관념을 우선 이해하는 것이 필요하다. 이의 이해를 바탕으로 정당정치의 운영 원리를 파악하는 것이 병행되어야 프랑스 이원정부제에 관한 올바른 이해가 이루어질 수 있다. 프랑스의 근대 정치 체제는 1789년 프랑스혁명에서부터 1940년 제3공화국이 마감되는 시기까지 약 150년의 기간에 걸쳐 완성되었고 그 유산이 제5공화국 헌법의 기초가 되었다고 할 수 있다. 대혁명의 유산을 바탕으로 형성된 프랑스 공화주의는 제5공화국 헌법 제정과 개정 과정에서 국민의 동의를 이끌어내는 동인이라 할 수 있기에 프랑스의 국민국가와 민주주의에 대한 정치 전통을 파악하는 것은 이원정부제를 이해하는 핵심이 된다.

이에 따라 이 장에서는 프랑스의 이원정부제를 이해하기 위해 제2절에서 프랑스의 공화주의 정치 전통의 이해와 대통령과 수상 간 이원적 권력구조의 특성, 그리고 제5공화국 하에서의 헌법 개정의 역사를 살펴본다. 이때 이원적 권력구조의 특성은 비동거정부와 동거정부를 모두 포함한다. 제3절에서는 세 차례 경험한 동거정부의 특성을 그 개념과 정당성 논쟁, 동거정부 시기별 특징과 동거정부 전반에 관한 평가와 전망을 살펴본다. 한편 프랑스는 2008년에 제5공화국 헌법에 대한 스물네 번째 개정을 하면서 대통령의 실질적 권한을 강화했다는 평가를 받고 있어 향후 의회와의 관계 변화가 예상된다. 이어서 제4절에서는 정당 체계와 선거정치의 이해를 통해 정당 체계의 변화 원인과 과정을 살펴보고 이를 통해 프랑스 정치의 안정성에 관해 분석한다. 제5절에서는 정책결정 과정에서 대통령과 수상, 대통령과 의회, 행정부와 입법부, 상원과 하원의 상호 관계를 살펴봄으로써 이원정부제의 실제적 권력행위를 파악하고자 한다.

제 2 절 프랑스 제5공화국의 정치: 지속성과 변화

1 프랑스의 공화주의적 전통

민주화 이후 정권 교체의 시기마다 권력구조 개편 논의가 있어 왔고, 이른바 '제왕적 대통령제'의 개편을 위한 대안으로 프랑스의 이원정부제가 주요 관심의 대상이 되어 왔다. 그런데 지금까지의 프랑스 이원정부제에 관한 논의는 대체로 정부조직, 특히 대통령과 수상 간의 권력 분점에 관한 기능을 중심으로 하는 제도적 접근에 머물렀다. 이로 인해 한국에 적용하는 데에는 실효성이 검증되지 못한 측면이 있고, 정치 체제 운영의 근간이 되는 정치역사적 배경에 대해서는 소홀히 한 측면도 있다. 따라서 이러한 측면에서의 접근은 한국의 권력구조 개편 논의에서 프랑스식 이원정부제 적용의 적합성을 논의하기 위한 다양한 접근 방식을 제공할 수 있으리라 여겨진다.

현대 프랑스 권력기구의 특성은 강한 국가와 이원정부제로 대표된다. 이러한 특성의 기원을 1789년 프랑스혁명 과정에서 등장하는 정치사회적 가치의 전통에서 찾을 수 있다. 프랑스의 현대 권력구조는 혁명과 전쟁 그리고 반복되는 정치 불안정의 상황을 거치면서 공화주의를 그 대안으로 하는 전통이 형성되어 왔다. 1789년의 혁명은 '자유, 평등, 형제애'의 슬로건으로 대표되며 현재까지 사회 운영의 원리로서 지배적 영향을 미치고 있다. 프랑스혁명의 정치적 의미는 구체제(ancien régime)로부터의 단절과 인민 주권에 기반을 둔 반권위주의 국가의 수립이라는 공화주의 체제 추구에서 찾을 수 있다. 이로부터 정치 현실에서 공화주의 국가 수립이라는 목표를 둘러싸고 좌우 갈등 끝에 합의가 이루어졌고 이의 현대적 구현체가 제5공화국 헌법이라 할 수 있다. 프랑스혁명이 현대적 공화주의 형성에 끼친 영향은 인민 주권 원칙의 수립, 합리적 정치 질서 수립의 가능성, 공화주의 원칙의 보편성과 새로운 정치 질서가 창조한 가치의 강조, 애국주의와 민족주의의 새로운 개념 제안, 평등과 사회적 정의의 확립을 위한 제도적 수단의 구축, 탈종교적 공화주의 시민 의식의 앙양을 위한 자유롭고 비종교적 의무교육의 도입 등을 들 수 있다(Hazareesingh, 1994: 68, 81-88). 이러한 공화주의 전통은 제5공화국 헌법에 반영되었으며, 그 결과 제5공화국 헌법은 다음의 특징을 갖는다(Safran, 2009: 14).

첫째, 중재자로서의 대통령(Presidential arbitrage), 즉 대통령은 헌법의 준수와 해석 양 측면에 모두 책임을 가짐을 명시

둘째, 의회 회기의 제한과 입법부 상임위의 수와 권한의 축소, 예산 심의 과정의 합리화

셋째, 이탈리아와 독일연방공화국의 헌법에서와 같이 정당은 반드시 인민 주권과 민주주의를 존중해야 함을 명시

넷째, 헌법은 행정부, 입법부, 인민 사이의 입법 권한의 공유와 기본법, 일반법, 규칙과 법령 그리고 국민투표 사이의 합리적 차이 규정

다섯째, 수상의 대통령과 의회에 대한 이중 책임

여섯째, 헌법기관이 정상적으로 기능하지 못할 경우 대통령에게 재량권 부여 등을 들 수 있다.

제5공화국 헌법의 이러한 특징들은 인민 주권 하에 대통령의 권한 강화와 제3·4공화국의 정치적 불안정과 비시(Vichy) 정권에서 나타난 권위주의적 지배자의 등장에 대한 견제를 위한 기본 장치로서 작용했다. 이러한 장치들은 이전 정치 체제로부터 그 장점들을 수용한 결과로 <표 6-1>에서와 같이 그 구성 요소의 연원적 특성을 살펴볼 수 있다.

구체제의 군주에 대한 저항의 연속으로 등장한 제1공화국(1792~1799년)은 혁명의 열기가 온전히 반영된 상태였으며 따라서 강력한 반권위주의와 인민 주권에 기반을 둔 헌법 체계를 형성했다. 이 시기에 인민 주권의 관념에 관한 선언, 인권선언, 가톨릭교회의 힘의 축소와 함께 정치의 세속화 시대가 개막되었다. 제2공화국(1848~1852년)은 1848년 2월혁명을 이으면서

〈표 6-1〉 프랑스 제5공화국 헌법의 특성과 모형

5공화국 헌법의 특성	선례 혹은 모형
대통령 직선제	2공화국 헌법(1848년)
대통령의 7년 임기제(2000년까지 시행)	4공화국
의회의 사전 승인 없는 수상 지명 권한	3공화국
의회 해산권	3공화국(1879년까지 시행됨)
포고령에 의한 입법권	2공화국
경제사회위원회	3공화국, 4공화국
헌법 개정에 관한 국민투표	나폴레옹 보나파르트의 영구 집권을 위해 만들어진 헌법(1802년), 나폴레옹 3세에 황제의 권한을 부여한 헌법(1852년)
의회의 예산결정권의 제한	4공화국 말기
대통령의 법률안 공동 발의자로서 권한	2, 3공화국
국민투표 실시 권한	1852년 헌법
국민투표에 의한 헌법 수정	혁명력 Ⅰ(1792년), Ⅲ(1795년), Ⅷ(1799년), 4공화국(1946년)
내각의 국회의원 겸직 금지	1791년 헌법(입헌군주제)

출처: Safran(2009: 10).

오를레앙파의 7월 왕정을 폐위시키며 등장했으나 이후 6월 국립작업장 폐쇄 등을 겪으면서 헌법은 역설적이게도 나폴레옹 3세에 의해 남성보통선거권의 도입과 국민투표에 의한 대통령 직선제가 집권 도구로서 활용되었다. 이어서 등장한 제3공화국(1875~1940년)은 나폴레옹 3세의 패전과 파리 코뮌의 압제에 대한 반발로 수립되었고, 프랑스의 현대 정치 체제가 형성된 의회 중심의 비교적 안정된 시기였지만 여전히 불안정성을 내포하고 있었다. 이 기간은 역대 정체 중 가장 오랜 동안 유지된 것만으로도 그 내구력이 검증되었다고 할 수 있지만 전체 14명의 대통령 중 6명만이 7년의 임기를 채웠고 입법부가 평균 8개월마다 내각을 불신임할 정도로 의회주의가 강력히 작용했다(Safran, 2009: 6). 제2차 세계대전의 종전과 함께 수립된 제4공화국(1945~1958년)은 오랜 전쟁으로 인해 폐허가 된 국가의 재건을 위해 진보적인 사회복지에 기반을 둔 공화주의 수립에 좌파와 우파 모두 동의했다. 그러나 구체적인 형태에 대해서는 의견을 달리했고 그 결과 좌파 정당들에 의해 지지를 받은 단원제 의회와 상대적으로 약한 행정부를 바탕으로 하는 제1회 헌법제정의회의 헌법안은 드골(Charles de Gaulle)의 반대에 부딪혀 1946년 5월 국민투표에서 부결되었다. 곧이어 10월에 제2회 헌법제정의회의 헌법안이 국민투표에서 승인되었지만 이 헌법은 의원내각제에 기반을 두어 공화제를 강화하는 정도의 수준으로 실제로는 1875년의 제3공화국 헌법을 일부 수정한 것에 지나지 않았다(Duverger, 2003: 170-174). 이 제4공화국 체제에서 16명의 수상 하에 24번의 개각이 이루어져 평균 6개월마다 개각이 이루어졌다는 사실은 제3공화국에서와 같은 내각의 불안정성이 계속된 결과로 볼 수 있다(Huber and Martinez-Gallardo, 2004: 27). 이러한 불안정의 요소는 제5공화국 헌법에서도 여전히 내포되어 있었다.

제1공화국에서 제4공화국까지의 헌법은 권의주의에 대한 저항이 주요 흐름을 형성하고 있다. 그러나 제5공화국 헌법은 오히려 최고 정책결정자의 권위를 확대하는 것으로 전개되었는데 이는 프랑스의 역사적 경험에 바탕하고 있다. 즉 신속한 전후 복구와 알제리 독립과 같이 영토적 위협의 해결을 위해서는 정치의 안정이 필요했으며, 이와 함께 정치 변동과는 무관하게 안정적으로 국가 사무를 집행할 강력한 관료제의 확립이 필요했던 것이다 (Gournay, 1985: 202). 따라서 제5공화국에서 대통령으로의 권한 집중은 과거의 폭압적 지배자의 권위로의 회귀가 아니라 인민 주권에 대한 신념을 바탕으로 국가 재건을 위한 영웅 혹은 행정 중재자의 역할 부여가 이루어진 것으로 이해할 수 있다. 이러한 현상은 프랑스의 국가주의 형성에도 영향을 미쳤고 복지국가(Etat Providence) 혹은 강한 국가(strong state)에 대한 관념으로 정리된다. 강한 국가는 1789년 혁명선언의 핵심 요소였던 공동선, 일반 의지, 혹은 국가 이익에 기초한다. 여기에서 국가는 집합행위자로서 특정 개인이나 집단을 대표하는 것이 아니라 전체 인민의 의지를 대표하며, 주권은 국가를 통해 표현된다. 그리고 국가에 의해 행해지는 모든 것은 인민의 이익을 대표하며 국가는 사회의 사건들에 대해 간섭 권한을 가진다. 이러한 규범적 요소들은 국가 행위의 효율성에 대한 믿음에 의해 강화되며(Elgie, 2003: 72), 국가가 중립적인 입장에서 국민들이 필요로 하는 공공 서비스를 제공하는 복지국가의 경험을 바탕으로 한다 (임도빈, 2001: 21).

이상의 논의를 바탕으로 제5공화국 헌법 형성의 배경을 개념화하면 [그림 6-1]과 같다. 프랑스혁명 정신은 현대 프랑스 정치의 사상적 배경이 되었고 프랑스혁명 이후 완전한 인민 주권론과 삼권분립에 의한 혼합정부의 대립이 지속되는 가운데 제5공화국에서 이의 타협이 이루어졌다. 가장 근접한 제3·4공화국의 정치 불안정과 전후 국가 재건을 위한 국가주의 수립의 의지가 직접적 영향력으로 작용했다고 볼 수 있다. 이 과정에서 민족주

[그림 6-1] 제5공화국 헌법 형성의 배경

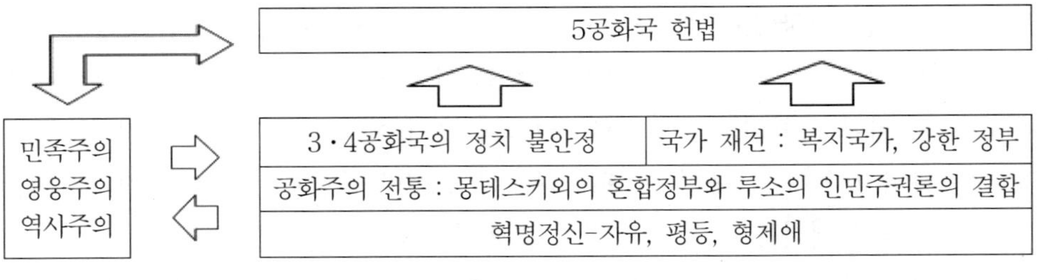

의, 영웅주의, 역사주의 인식은 정치사적 배경을 바탕으로 프랑스 사회에 형성된 사회 인식으로서 정치적 배경과 함께 현대 프랑스 공화주의 수립 전반에 영향을 미쳤다. 하지만 다수 정당 출현의 어려움으로 인한 정치 불안정, 대통령과 수상 간 권력의 분점으로 인한 정책결정의 난맥상 등 제5공화국 헌법 역시 불안정성을 내포하고 있다는 주장이 제기되고 있다.

2 제5공화국 하의 이원적 권력구조

제5공화국 헌법의 불안정 요소로 지목되는 대통령과 수상 간 권한의 양분과 다수 정당의 부재에 따른 높은 정치 불안정 가능성에 관한 논쟁은 제5공화국 헌법 제정 이후 현재까지 지속되고 있는 문제다. 제5공화국 헌법은 1958년 제정 이후 지속적인 개정을 통해 대통령 중심 체제로 전환하는 이른바 '대통령제화(presidentialization)'의 과정을 거치고 있다고 볼 수 있다(Elgie, 2003: 95). 특히 대통령의 지위와 관련해서는 헌법 개정의 역사를 통해 크게 세 차례의 대전환을 경험했는데 1962년의 대통령 직선제로의 개헌, 대통령의 임기를 7년에서 5년으로 단축해 대통령과 하원 의원의 임기를 동일하게 한 2000년 개헌, 그리고 2008년에 대통령 임기를 연임까지만 허용하고 필요할 경우 의회에서 국가정책에 관한 연설을 할 수 있도록 개정한 것을 주요 사례로 들 수 있다.

이와같이 대통령의 권한을 강화할 목적으로 진행된 세 차례의 헌법 개정을 통해 심화된 대통령제화의 정치적 의미를 다음과 같이 살펴볼 수 있다. 우선 1958년 헌법에서 규정하고 있는 대통령의 본질적 권한은 국사에 대한 '중재(arbitration)'로 볼 수 있다(Duverger, 2003: 197). 그런데 이 헌법에 대해 대통령과 수상의 권한을 둘러싸고 '누가 진정한 지도자인가?'라는 논란이 제기되었고, 이에 대해 당시 법무부 장관이었던 드브레(Michel Debré)는 "내각 불안정 해소를 위한 '합리화된 내각제' …… 의원내각제의 근간을 유지한 채 국가수반(대통령)의 권한 강화를 통해 효율적이고 안정적인 국정 운영을 위한 제도적 기틀을 마련한 것"으로 설명했다(김태수, 2007: 138).

즉 현대적으로 합리화된 오를레앙형 의원내각제를 혼합한 독특한 형태의 의원내각제 성격을 가지고 있었다. 이로 인해 1958년 헌법은 일원적 의원내각제의 정치 체제였으며(Cohendet, 2004: 66), 그 주요한 요소로는 정부는 의회에 대해 책임을 지고, 대통령이 마음대로 내각을 해산할 수 없으며 무엇보다 대통령이 선거인단에 의해 선출되었다는 점을 들 수 있다. 헌법이 여전히 논란의 여지를 가진 채 제정된 것은 정치권과 드골이 타협한 결과로 정치 엘리트와 행정관료 중 누가 국가를 운영하는가에 대한 오랜 논쟁과 강한 지배자는 권위주의와 반공화주의 경향을 발전시킨다는 뿌리 깊은 역사적 경험의 반영[1]이라고 할 수 있다(Hazareesingh, 1994: 169).

의원내각제를 바탕으로 하는 1958년의 헌법은 1962년에 대통령 선출 방법을 하원과 지방의회, 자치단체장 등으로 구성된 선거인단을 통해 간접 선출하던 방식에서 국민투표에 의해 직접 선출하도록 전환함으로써 이원정부제(dyarchy)의 특성을 갖기 시작한다. 이는 의회에 대한 대통령의 권한을 강화하고자 하는 드골의 의지가 반영된 것으로 드골은 수정된 헌법에서 대통령과 수상의 모호했던 권한 관계에 대해 "오직 대통령만이 분명히 국가의 권위를 위임받고 행사한다. 그러나 대통령은 정치적, 경제적, 행정적 모든 업무에 쉴 새 없이 그리고 무제한적으로 몰입될 수는 없다. 이것은 반대로 수상의 몫이다"(김태수, 2007: 142)라고 언급하면서 대통령의 우위를 확인했다. 그러나 현실에서 대통령과 수상의 일상 정치, 특히 국내 정치에서의 역할을 구분하는 것은 쉬운 일이 아니다. 왜냐하면 대통령은 국내문제라 하더라도 정치적으로 중요한 사안이라고 판단될 경우 언제든 대통령 자신이 직접 나서 일을 처리할 수 있기 때문이다. 그럼에도 대통령 직선제가 무엇보다 중요한 의미를 갖는 것은 대통령이 의회에 대한 민주적 우위를 확보했다는 데에 있다. 개별 선거구별로 선출된 의원들로 구성된 하원(National Assembly)이나 간선된 의원들로 구성된 상원(Senate)에 비해 전체 국민의 직접투표로 선출됨으로써 막강한 정치적 정당성을 확보하여

1) 프랑스대혁명 이후 100년간 정치 체제를 둘러싼 논쟁은 '합리성을 갖춘 다수'를 어떻게 창출할 것인가와, 대통령 직접선거에 의해 선출된 나폴레옹 3세가 가장 반동적이었던 것에서 직선제에 대한 거부감을 보여 주는 것이었다.

의회에 대한 정치적 우위를 유지할 수 있게 되었다. 또한 직접선거는 정치 어젠다 수립의 측면에서 대통령의 권위를 강화하며 개인에 기반을 둔 선거 경쟁을 촉진함으로써 강력한 리더십의 발현을 용이하게 한다는 것이다. 이로 인해 수상과의 권력 관계에서도 대통령의 우위를 확보할 수 있게 되었으며, 수상 지명 과정을 통해 수상의 정책결정의 자유를 제한할 수 있게 되었다. 이로써 대통령이 정책 방향의 수립에 권한을 가지는 반면, 수상은 대통령의 정책 방향에 따라 구체적 이행과 관련 법안의 수립을 감독할 책임을 갖게 된다. 즉 대통령은 직선제를 통해 국민 전체를 대표하는 기능과 권력을 부여받았으며, 헌법에 의해 국방, 외교문제의 해결 등 상급 정치의 조정자로 규정됨으로써 수상보다 우위에 놓이게 된다(Elgie, 2003: 114-115).

하지만 대통령의 수상에 대한 이러한 우위는 동거정부(cohabitation)의 경우 다소 논란의 여지가 있다. 예를 들어 엘지(Robert Elgie)와 스티븐스(Anne Stevens)의 경우 동거정부 동안 권력의 중심이 수상에게로 기울어졌다고 주장하는 반면(Elgie, 2003: 118; Stevens, 2003: 68), 뒤베르제(Maurice Duverger)는 이 기간 하원의 정치적 위상이 오히려 약화되었다고 주장한다(Duverger, 2003: 214). 뒤베르제는 반(半)대통령제(semi-presidentialism)[2)]에 대해 첫째, 대통령은 보통선거에 의해 선출되고, 둘째, 대통령은 고유의 권한을 행사하고, 각료의 동의 없이 독자적으로 그 권한을 행사할 수 있으며, 셋째, 대통령은 수상 및 각료들과 집행권을 공유하는데, 수상과 각료는 그들에게 사임을 강제할 수 있는 하원에 대해 책임을 지는 체제로 정의했다(Duverger, 2003: 205). 이에 따라 반대통령제는 대통령의 권한이 적다는 것이 아니라 집행권을 수상과 나눈다는 것이며, 대통령은 헌법의 존중과 국가의 계속성을 유지하고, 중재에 의해 공권력의 정상적인 기능과 함께 국가의 독립, 영토의 일체성, 조약의 준수를 확보하는 책무를 짐으로써 체제의 견고성을 유지한다고 보았다. 그리고 동거정부는 대통령과 그와 다른 정치 성향의 의회 다수당의 공존을 의미하는 것으로 헌법상

2) 이원집정제(dyarchy)와 반(半)대통령제(semi-presidentialism)의 용어 사용에서 권력의 중심이 어디에 있는지 그리고 권력의 배분과 실제 운영의 방식을 이해하는 시각에 따라 다른 의견이 존재한다. 뒤베르제는 반대통령제가 정확한 표현이라고 주장한다.

명시된 제도가 아닌 정치 운영상의 문제이며 수상은 국가 전체를 대표하는 것이 아니라 의회 다수파에 대한 권위를 행사하는 것으로 뒤베르제는 설명한다. 이에 더해 대통령은 수상이 속한 의회 다수파의 리더십에 대한 견제를 위해 거부권을 행사할 수 있는데 오르도낭스(ordonnance)[3]에 대한 서명 거부, 각의를 거친 법규적 정부령(décrets)에 대한 서명 거부, 고급공무원 및 공기업 또는 공공시설의 장의 임명과 해임 거부, 정부 제안 헌법개정안 또는 양원에 의해 가결된 헌법개정안의 전부에 대한 국민투표 또는 상・하원 합동회의에의 회부 거부, 임시회의 소집 거부 등이 그것이다.

[그림 6-2] 반대통령제 레짐의 유형화

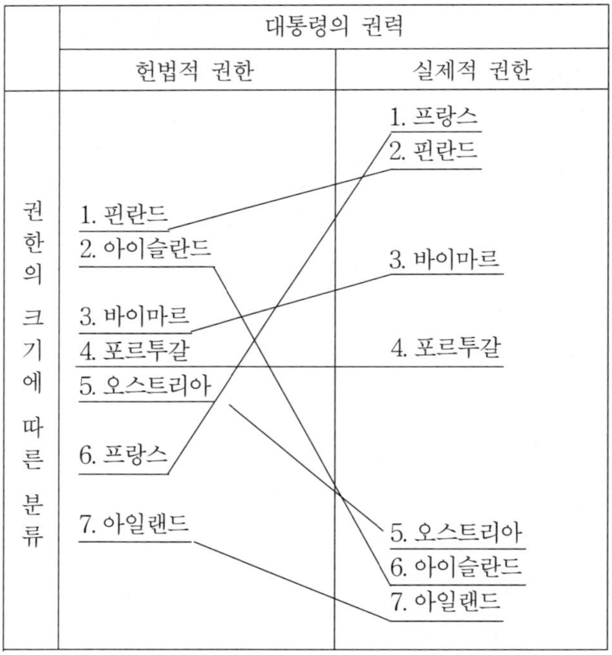

출처: Duverger(1990: 328), '1'에서 '7'로 갈수록 권한의 크기가 작아짐.

3) 의회입법권을 정부에 위임한 것으로 정부령(décrets)보다 법률적으로 높은 위상을 가진다.

대통령의 이러한 거부권은 실제로 첫 동거정부를 형성한 1986~1988년과 1993~1995년 사이 미테랑 대통령에 의해 의회 내 다수당을 배경으로 하는 수상에 대한 견제 방법으로 활용되었다(Duverger, 2003: 210-214). 이렇게 헌법상 대통령의 권한과 실제 정치행위 결과로 나타나는 대통령의 권한을 [그림 6-2]와 같이 유럽 내 다른 국가들과 비교할 수 있다.

이에 따르면 헌법상 대통령의 권한은 이원정부제를 채택하고 있는 다른 유럽 국가들 중 상대적으로 낮은 편에 속하지만 실제 권력 운용에서는 가장 강력한 권한을 갖는 것으로 나타난다.

반면 엘지와 스티븐슨의 경우 뒤베르제와 같이 반대통령제에서 다수당의 존재와 역할에 주목하지만 그로 인해 대통령의 권한이 축소될 수 있으며 대통령과 다른 다수당을 배경으로 하는 수상이 존재하는 동거정부는 수상의 권한이 커질 수밖에 없다고 주장한다. 즉 수상은 의회에서 적극적인 발언권과 법안제출권을 갖고 의회 내 다수당의 리더로서 권한을 활용할 수 있지만 대통령은 의회에서의 발언권이 없다는 것이다. 이러한 시각의 차이는 엘지의 동거정부에 대한 뒤베르제와 다른 인식에서도 확인된다.

> 제5공화국은 정부의 대통령화된 체제를 고안히 왔다. 그럼에도 이 체제의 기초는 가변성(shifting sand) 위에 수립되었다. 대통령은 오직 충성스러운 의회 다수의 지원 하에 리더십을 실행하는 지위에 있을 뿐이다. 다수당이 대통령에 반대할 때, 그는 반드시 의회의 지지를 받는 수상을 지명해야 한다. 이 경우 수상은 또다시 대통령을 반대하고 행정부는 분열된다. 이것이 동거정부다. 동거정부 권력은 수상으로 이동한다. 동거정부 기간 수상은 일상 업무에 관한 책임과 의회뿐만 아니라 정책 재구성의 제출에 대해서도 책임을 지게 된다(Elgie, 2003: 117).

다시 말해 뒤베르제는 동거정부 하에서 대통령은 자신과 다른 의회 내 다수당의 수장인 수상에 대해 각종 거부권과 수상 해임 권한을 동원해 통제함으로써 국정 전반을 장악해 가장 강력한 정치 체제를 구현할 수 있다고 주장한다. 반면 엘지 등은 동거정부 하에서 의회 내 다수당이 현실적 권력을 행사하게 되며 따라서 그들의 수장인 수상은 대통령과 대등한 혹은 우월한 국정 운영권을 발휘한다는 것이다. 그런데 이들은 대통령과 수상의 권한에 관한 상이한 입장에도 불구하고 제5공화국 전반을 통한 대통령의 권한과 동거정부의 특수한 경험은 강력한 정당정치에 기반하고 있다는 데에는 공통된 견해를 보이고 있다.

이러한 동거정부의 정치적 불안정성 극복과 더불어 대통령의 권한 강화와 의회의 중심성 확보 간의 논쟁을 극복하기 위해 시라크(Jacques R. Chirac) 대통령은 2000년 개헌을 통해 대통령의 임기를 7년에서 5년으로 축소하고 하원 의원과의 임기를 동일하게 조정했다(Stevens, 2003: 69). 시라크는 대통령 당선 후 좌파 다수의 하원을 해산하고 우파 다수의 의회를 구성하고자 했으나 결과는 좌파 다수의 의회가 다시 구성됨으로써 좌파인 조스팽(Lionel Jospin)을 수상으로 지명해야 했다. 이 결과에 대해 시라크는 민주적 토론의 활성화, 국민들의 대통령에 대한 통제 강화, 대통령의 민주적 정당성 강화를 표면에 내세워 개헌을 요구했다. 그러나 시라크의 이러한 요구에는 대통령의 권한을 강화하고 동거정부 출현의 가능성을 축소해 정치의 안정을 도모하려는 의도가 내포되어 있었다. 그 결과 2002년과 2007년의 대통령 선거와 하원 선거에서 대통령이 소속한 정당과 하원의 다수당이 실제로 동일해 지는 결과를 낳았다. 하지만 여전히 대통령과 수상의 역할과 관련한 논란은 종식되지 않았으며 대통령과 의회 다수당의 일치를 보장하지 못했다. 또한 대통령의 권한 행사에 대한 충분한 견제 수단이 존재하지 않았고, 대통령의 하원 해산권과 마찬가지로 대통령의 사임과 사망에 따라 제도의 성격이 좌우되기 때문에 제도의 취약성은 여전히 남아 있었다(정재황 외, 2008: 12). 이러한 문제를 해결하기 위한 방안으로 2007년 사르코지(Nicolas Sarkozy) 대통령은 선거공약이었던 국가 개혁정책을 실행하기 위해 헌법 개정에 나서 일 년 뒤인 2008년 7월 21일 상·하원 합동회의를 통해 개헌에 이르게 된다.

2008년 헌법 개정은 '제5공화국 제도의 현대화와 재균형화를 위한 심의 및 제안위원회의 설립에 관한 법령'을 근거로 전 수상이었던 발라뒤르(Edouard Balladur)를 위원장으로 하는 '제5공화국 제도의 현대화와 재균형화를 위한 심의 및 제안위원회'를 구성하여 약 1년간 논의가 진행된 결과였다. 1958년 제정 이후 24회에 이르는 역대 프랑스 헌법 개정 중 가장 광범위하고 중요한 헌법 개정이라는 평가를 받은 이 개정은 사회당 등 좌파 정당들로부터 "사르코지를 왕위에 앉히는 것과 마찬가지로 '독재 체제'를 공고히 하는 처사"라는 비판을 받기도 했다(경향신문, 2008년 7월 22일: 10면). 개정된 헌법은 대통령의 고위공직자 임명 시 국회 동의 필요, 대통령의 긴급조치권 행사 시 의회의 사후 통제 강화, 대통령의 사면권 제한, 해외 파병 시 의회의 권한 강화, 상임위원회의 증가(6개에서 8개로), 의회의 정부 정책에 대한 평가를 가능하게 하는 의회의 권한을 보완하는 내용이 포함되었음에도 불구하고 대통령의 권한 강화를 위한 개헌이었다는 비판이다. 이러한 비판의 근거로는 주요하게 대통령이 의회에서 정부 정책을 설명하는 국정연설을 가능하게 한 것(헌법 18조), 대통령과 수상 간의 권한과 관련해 수상의 국방에 관한 개입을 대통령의 유고 시로 제한하고(헌법 21조), 고위공직자 임명에 대해 의회의 동의를 받도록 한 것(헌법 13-1조), 그리고 수상의 의회에 대한 책임 영역을 재정 법률안과 사회보장기금조달법률안으로 제한한 것(헌법 49-1조)에서 비롯되는데 이들 조항의 개정은 몇 가지 효과를 나타낼 것으로 예상된다.

우선 대통령의 의회에서의 국정연설 허용과 고위공직자 임명의 의회 동의는 대통령의 직접적인 의회에 대한 책임을 강화하는 것으로 수상의 권한을 절대적으로 축소하는 결과를 낳을 것으로 예상된다. 이는 특히 동거정부 시기에 대통령의 직접적인 권한 행사가 이루어질 수 있는 부분이다. 즉 지금까지 수상이 행정부의 수반으로서 정부 정책과 정부법률안에 대해 의회에서 책임을 지도록 했지만 사안에 따라 수상을 거치지 않고 대통령이 직접 의회에서 국정연설을 통해 의회를 통제하는 상황이 예상된다. 이는 장관 등 고위공직자의 임명에서도 동일하게 작용할 수 있으며, 만일 의회에서 대통령의 제안을 거부할 경우 대통령은 의회 해산권의 행사를 통해 의회를 견제할 수 있기 때문이기도 하다. 그리고 유럽 의회와 분쟁지역 파병 등에 관해 대통령과 수상의 권한이 점점 구별되지 않는 현실적 문제를 개혁하기 위한 조치로 수상을 대통령의 대리자로 명확히 함으로써 수상의 권한을 축소하는 결과를 낳았다. 수상의 의회에 대한 책임을 재정과 사회보장기금으로 축소한 것은 그동안 정부 정책과 입법에 관한 전반적인 사안에 대해 집행부의 신임과 연계함으로써(헌법 49조 3항) 가졌던 의회와 행정부 수장으로서의 책임 권한과 위상을 급격히 축소시키게 될 것이다.

이렇듯 제5공화국은 대통령의 권한을 점차 강화하는 것으로 전환하고 있으며, 이와 동시에 제기되는 문제는 이러한 현상 속에서 이원정부제 혹은 반대통령제 개념의 적용이 앞으로도 유효성을 유지할 수 있을 것인가 하는 것과 대통령의 국정연설 허용으로 대통령과 정당 간의 직접 협상의 여지가 확대됨으로써 대통령과 의회 간 관계 변화의 방향에 대한 문제가 새롭게 등장한다고 할 수 있다.

3 제5공화국에서의 주요 헌법 개정

1958년 이후 2008년까지 25번의 헌법개정안이 상정되었고 이 중 20개의 헌법이 통과되었다. 프랑스의 헌법 개정 절차는 주로 제89조와 제11조에 근거해 이루어진다.

1958년 10월 제정된 헌법 제89조에서 따르면, 프랑스 헌법의 개정은 수상의 제안을 통해 대통령과 의원의 개정안이 발의되고, 양원에서 헌법개정안에 관한 심의를 동일한 기간 내에 각각 통과시켜야 한다. 양원을 통과한 최종안은 국민투표를 통해 확정되지만, 대통령이 양원합동회의 소집을 통한 헌법 개정을 요구할 경우 5분의 3의 지지를 획득함으로써 통과된다. 그리고 공화정체에 관해서는 어떠한 사항도 국민투표의 대상이 될 수 없으며, 영토 보존에 위협이 되는 사항 역시 헌법 개정의 대상이 되지 않는다고 규정하고 있다. 헌법 개정과 관련해서는 제11조에서도 명시되어 있다. 공적 권력기구의 조직화 등 제한된 경우에 한해 국민투표 실시 가능성을 규정하고 있는 제11조는 대통령 직선제 개헌을 위한 1962년 헌법 개정에서 사용된 바 있다. 1969년에는 지방분권과 상원 폐지에 관한 국민투표에서 사용된 바 있으나 헌법 개정에는 이르지 못했고, 이후 이 조항을 적용한 헌법 개정은 2000년 대통령 임기 단축을 위해 제89조와 병행하여 진행된 바 있다. 헌법 제89조에 의해 규정된 개정 과정은 행정부와 입법부 간의 합의만이 아니라 행정부와 입법부 각각의 내부 합의를 요구하고 있으며, 이들 중 어느 한 곳의 반대만으로도 헌법 개정 절차의 중단이 가능하다.[4] 그리고 제7조에 의해 대통령의 궐위 시 헌법 개정은 진행되지 않는다.

1958년 이후 헌법 개정의 범주는 국제 조약과 협약 관련, 유럽공동체 제1법률(Community primary legislation)과 유럽공동체 제2법률(Community secondary legislation) 관련,[5] 생명윤리와 낙태, 남녀 평등, 이민, 국적법, 선거와 영토 그리고 언어적 분할, 개인의 자유, 경제적·사회적 권리, 세금 관련 등 대체로 11가지로 나누어 볼 수 있다.[6]

그런데, 1960년 최초로 헌법 개정이 이루어진 이후 2008년에 이르는 기간 중에 1990년대에 이루어진 헌법 개정이 총 9회로 절반 가까이 차지하고 있다. 이처럼 헌법 개정이 1990년대에 집중적으로 발생한 이유를 세 가지로 살펴볼 수 있는데 첫째, 국제 조약 체결의 영향을 들 수 있다. 국제 조약의 영향은 주로 유럽연합(European Union) 혹은 유럽공동체(European Community) 관련 사항들로서 1992년의 마스트리히트 조약 비준에 따른 헌법 개정과 2004년 유럽 헌법 제정 관련 개정이 대표적이다.

둘째, 대통령 권한 강화를 위한 헌법적 재구성을 들 수 있다. 1973년 퐁피두(Georges J. R. Pompidou) 대통령이 제안했다가 실패한 바 있는 대통령 임기의 5년으로의 단축에 관한 논의가 미테랑(François Mitterand) 대통령의 집권 2기인 1990년대 초부터 계속되었다. 이 시기 논의는 이원정부의 등장을 회피하고 대통령의 권한을 강화하기 위한 방안으로 논의된 것으로 이해할 수 있다.

셋째, 여론(public opinion)의 영향력 증대에 따른 압력을 들 수 있다. 여기에서 여론이라는 것은 정치적 차원과 공공(시민사회) 차원의 압력으로

---

4) 프랑스 의회. 인터넷 자료(http://www.assemblee-nationale.fr/english/synthetic_files/file41.asp. 검색일: 2009년 5월 17일).

5) 제1법률은 유럽공동체 국가 간 조약에 관한 사항이고 제2법률은 법률에 관한 사항이다.

6) 프랑스 헌법위원회, 인터넷 자료(http://www.conseil-constitutionnel.fr/conseil-constitutionnel/english/case-law/case-law.25743.html#1. 검색일: 2009년 5월 17일).

나누어 살펴볼 수 있다. 전자의 경우는 대통령 임기의 축소가 두 번째 원인과 함께 포함되며, 후자에는 1999년에 개정된 남녀동수법[7]을 들 수 있다 (Stevens, 2003: 43-48).

헌법 개정으로 인해 정부조직과 체계의 변화를 가져오기도 했는데, 제89조에 의한 개정으로 1974년의 개정에서 헌법위원회의 추천 권한(right of referral)을 상·하원 각각 60명으로 확대한 것, 1995년에 하원의 회기를 단일 회기로 개정한 것, 그리고 2000년의 대통령 임기 단축을 위한 개헌을 들 수 있다. 그리고 제11조에 의해 1962년에 이루어진 대통령 직선제 개헌도 이 경우에 해당한다.[8]

제 3 절 제5공화국의 동거정부

1 동거정부의 개념과 정당성 논쟁

프랑스에서의 동거정부에 관해 바리옹(R. Barrillon) 등은 "동거정부의 상황(cohabitation)이란 대통령과 하원의 다수파가 서로 다른, 나아가 대치되는 정치적 프로그램을 내세우는 상황을 일컫는 말"이라고 정의하고 있다 (Barrillon et al., 1986: 54). 동거정부의 상황은 국민의 직접선거에 의해 선출되는 대통령과 의회의 다수파가 서로 대치되는 정치적 프로그램을 가지고 국가의 정상부에 공존하면서 정부를 구성해야 하는 상황을 의미한다.[9] 결국 프랑스 동거정부 상황은 프랑스 반대통령제의 세 가지 구성 요

---

7) 1999년의 헌법 개정에서 공직선거 후보와 선출직 공무원의 남녀 평등을 위한다라고 제3조 제5항으로 신설했고, 2008년 헌법 개정에서는 이 조항을 삭제하고 제1조 제2항으로 공직선거 후보, 선출직 공무원, 그리고 직업·사회적 책임에서 남녀를 동등하게 한다는 내용을 추가한 바 있다.

8) 프랑스 의회. 인터넷 자료(http://www.assemblee-nationale.fr/english/synthetic_files/file_1.asp. 검색일: 2009년 5월 26일).

소에 기인하는 것이라는 결론에 이른다. 첫째, 정부 권력 탄생에서 대통령과 의회의 이중적 정당성 부여(bapteme)의 필요성, 둘째, 응집력 있고 규율 있는 의회 다수파의 존재, 셋째, 7년 임기의 대통령 선거와 5년 임기의 의회 선거 사이의 선거주기의 불일치가 그것이다(Parodi, 2003: 45).

이러한 프랑스 동거정부의 특징을 다른 의회제 국가와 대통령제 국가에서 나타나는 동거정부의 형태와 비교해 보자. 우선 엄격한 권력분립형인 대통령제의 경우에 내각불신임제나 의회해산제가 없기 때문에 여소야대의 상황에서 오히려 동거정부 혹은 공존이 강제된다고 볼 수 있다. 그렇지만 전형적인 대통령제를 채택하고 있는 미국의 경우 정당의 소속 의원들에게 강한 정당 규율과 투표 규율이 존재하지 않고 의회에서 의안에 따라 교차투표(cross voting)가 이루어지므로 대통령과 의회 다수당이 다름으로 인한 문제가 심각하게 부각되지 않는다(정재황, 1998: 166). 반면 프랑스 이원정부제 하에서 대통령은 국민에 의해 직접 선출되고 헌법 규정상 고유한 권한을 가지기 때문에 대통령이 하원 다수파의 지지를 받지 못하더라도 대통령에 의해 지명되는 수상은 대통령의 권한에 의해 제약을 받는다. 또한 대통령은 동거정부가 아닌 상황에 비해 현실적으로 권한이 축소되더라도 고유 권한이 무력화되지 않는다는 점에서 불평등한 양두 체제(dyarchie inégalitaire)를 구성한다(Duverger, 1996: 517). 즉 대통령 직선제와 헌법상 권한 규정으로 인해 이원정부제 하에서 대통령과 규율을 달리하는 의회 다수당의 동거가능성 혹은 그 명분은 더 많이 주어진다고 할 수 있다.

동거정부에 관한 개념과 특징을 이상과 같이 정리할 수 있다면 동거정부가 등장할 수 있는 가능성을 짚어볼 필요가 있다. 동거정부는 여러 경우에 나타날 수 있는데, 중요하게 세 가지 경우를 살펴볼 수 있다. 첫째, 하원 의

---

9) 이런 점에서 프랑스의 동거정부는 의회 다수파와 대통령이 대립하지만 정부 구성을 위해 협력할 필요가 없는 미국과 다르고, 주요 정당이 잠정적인 동맹으로 대연정을 구성하는 독일이나 이스라엘과도 다르며, 대통령이 직접선거에 의해 선출되지만 의회 다수파에 의해 무력화되는 오스트리아식 동거정부와도 구별된다. 또한 제5공화국의 동거정부는 의회 다수파와 갈등을 겪었던 과거 프랑스의 제3공화국의 맥마흔(Marie E. P. M. MacMahon)이나 미테랑(F. Mitterand) 대통령이 국민 직접선거로 선출되지 않았다는 점에서 다른 상황이라 할 수 있다.

원의 임기가 남아 있는 가운데 새로운 대통령 선거가 실시된 결과 다수파에 속하지 않는 정당의 후보자가 대통령으로 선출된 경우다. 둘째, 대통령의 임기가 남아 있는 가운데 하원 의원의 임기 만료로 실시된 총선에서 대통령이 소속한 정파가 하원의 다수파가 되지 못하고 새로운 다수파가 등장하게 된 경우다. 셋째, 대통령의 임기와 하원 의원의 임기가 모두 남아 있는 가운데 대통령이 하원을 해산하고 하원 의원 총선을 실시했으나 대통령 소속의 정파가 하원의 다수파가 되지 못한 경우다(정재황, 1998: 168-169).

한편으로 이러한 동거정부 상황에 관해 인정론과 부정론 간 정당성 논쟁이 전개되기도 했다. 인정론은 주로 헌법적 정당성에 근거하고 있는데, 구체적으로 대통령은 국민의 직선으로 선출된다는 것, 수상이나 하원 의원에 비해 안정된 임기가 보장된다는 것, 그리고 하원해산권을 갖는다는 것이다. 이와 함께 동거정부의 상황은 국민의 투표 결과로 나타나는 것이기에 국민이 동거정부의 상황을 인정한 것으로 보아야 한다(정재황, 1998: 170-171).

동거정부 인정론의 입장에 선 현실 정치인은 대표적으로 미테랑 대통령과 발라뒤르 총리, 그리고 시라크 대통령을 들 수 있다. 1986년과 1993년에 대통령직을 사임하지 않고 동거정부를 받아들이기로 한 미테랑 대통령은 이러한 자신의 결정을 정당화한 주된 근거로서 대통령은 공권력의 정규적 기능의 보장자로서 책임을 진다는 점(프랑스 헌법 제5조)을 들었다. 즉 이러한 보장 책임을 준수하는 대통령직을 사임할 경우 공권력이 정상적으로 기능하지 못하므로 대통령직은 유지되어야 한다는 주장이었다. 제5공화국 역사상 처음으로 좌파 출신 대통령과 우파 소속 내각의 공존이 불가피함을 간파한 발라뒤르 총리는 1983년 9월 16일자 『르몽드(*Le Monde*)』지에 실린 '두 가지 유혹(Les deux tentations)'이라는 글에서 동거정부에 관한 입장을 밝히고 있다.

> 정치지도자들은 두 가지 가능성을 갖게 될 것이다. 하나는 (좌파 출신) 대통령과의 정면 대결이다. 이 경우 의회의 새로운 다수당은 대통령을 마비시키려 들고 대통령은 내각 구성에서 의회의 새로운 판도를 전혀 고려하지 않을 것이다. 두 번째는 동거정부의 구성이다. 이것은 대통령과 의회가 각자 자신의 권한을 행사하는 데 약간의 구속과 양보를 수락하는 방식이다. (중략) 대

통령과 의회는 상호 공존의 길을 모색해야 할 것이다. 이를 거부할 경우 우리는 정치 세력의 변화가 있을 때마다 매번 체제의 위기를 겪어야만 한다.

발라뒤르의 이 글은 우파 제1당인 공화국연합(RPR: Rassemblement pour la République)의 당수인 시라크가 동거정부 부정에서 인정으로 입장을 전환하는 데 영향을 주었다. 시라크의 입장 변화는 당시 선거에서 저조한 여론 지지도를 높이기 위해 가장 높은 지지를 받고 있던 바르(Raymond Barre)와 경쟁하기 위한 총선 전략임과 동시에 선거 결과 동거정부가 꾸려질 경우 자신이 총리로 지명되어 차기 대선 경정에서 우위에 설 수 있을 것이라는 대선 전략의 일환이었다고 볼 수 있다(김영일, 1995: 7-8).

인정론과는 달리 부정론의 입장은 다음과 같다. 부정론은 헌법 규정보다는 제5공화국 헌법이 가지는 공화정체의 정신, 즉 국민과 대통령과의 신뢰를 바탕으로 한 계약이라는 측면에서 접근한다. 국민이 선거에서 대통령과 결속력을 달리하는 정당을 다수당으로 선출한 것은 대통령을 신임하지 않는다는 정치적 의사 표현이므로 동거정부의 상황이 발생할 경우 대통령은 사임해야 한다는 주장이다. 만일 사임을 통해 국민 앞에 책임을 지지 않거나 동거정부 상황이 대통령과 내각 간의 극한 대립으로 인해 정치가 불안정한 상태가 되면, 헌법제도 상의 문제를 넘어 국민들이 동거정부의 상태를 지속적으로 용인하기 힘들기 때문에 대통령과 의회 내 다수파를 일치시켜야 한다는 주장이다(정재황, 1998: 171-172).

이러한 부정론 중 현실 정치인의 입장에서 가장 극명한 반대 입장을 보였던 인물로는 총리를 지낸 바 있는 바르를 들 수 있다. 그는 대통령중심제 하에서 행정 최고책임자인 대통령의 권한을 의회의 지지에 기반을 둔 총리가 행사한다면 의회중심제가 부활될 것이며, 그것은 정치적 혼란과 비능률의 상징이었던 제4공화국으로 회귀하는 것이라고 주장했다. 그리고 동거정부 하에서 대통령은 고유 권한을 행사함으로써 내각이 국정을 수행하는 데 걸림돌이 될 것이고, 내각은 변화와 개혁을 미뤄둔 채 2년 후의 대선 준비에만 몰두하게 될 것이라고 주장했다. 그럼으로써 동거정부는 결국 2년간 시간과 예산만을 낭비하는 결과를 맞게 되기 때문에, 바르는 통치의 효율성을 위해 동거정부를 거부했던 것이다. 이러한 이유로 인해 1986년 3월 당시 총선에서 동거정부를 피하기 위해서는 미테랑 대통령의 사임을 통해 대통령과 의회가 동일 정파를 구성하게 되고, 나아가 제5공화국 체제의 안정과 효율성을 유지할 수 있다고 보았다(김영일, 1995: 6).

2 제5공화국에서 동거정부의 경험과 특징

제5공화국에서 동거정부는 세 차례 수립된 바 있는데 이 중 두 차례는 미테랑 대통령 재임 기간에 수립되었으며, 시라크 대통령 임기 중 한 차례가 있었다.

1차 동거정부는 1986년 3월 하원의 임기 만료에 의한 총선에서 총의석 577석 가운데 사회당이 216석을 획득한 반면, 공화국연합(RPR)과 프랑스민주연합(UDF)이 291석을 차지하여 이들이 의회 다수파가 됨으로써 이루어졌다. 이 기간 대통령과 수상의 관계는 극복하기 어려운 충돌은 피하면서 상호 권한을 분담하는 모습을 보였다. 이러한 권한 분담을 두고 행정권의 행사가 대통령과 수상에 의해 분점되는 양두 체제가 나타났던 것으로 보는 분석이 있다(Gicquel, 1997: 500-501). 때로는 수상이 국방 영역의 문제에 대해 대통령과 견해의 차이를 보여 준 경우가 있으나 수상이 대통령에게 양보하고 그의 결정에 따랐으며 대통령의 우월적 지위를 부정하지는 않았다(Conac, 1989: 161-162). 그러나 대통령의 우월적 지위가 외교·국방 영역에서 나타났다고 하여 이 영역에서 행정부의 역할이 피동적인 것으로 축소된 것은 아니고 외교·국방 영역에서의 문제가 거시적 방향에 관한 합의를 토대로 대통령과 행정부 간 협력에 따라 다루어진 것으로 평가할 수 있다(Conac, 1989: 239-240). 이렇게 협력적인 모습을 보인 원인으로는 동거정부 기간이 짧았다는 것과 차기 대선을 앞둔 상황에서 대통령과 수상 모두 정치적 무리수를 두려 하지 않았기 때문인 것으로 이해할 수 있다.

2차 동거정부 역시 미테랑 대통령 시기인 1993년부터 1995년 사이에 이루어졌다. 1993년 총선에서는 우파(RPR과 UDF)가 484석을 얻어 압도적인 승리를 이루었다. 이러한 선거 결과에 따라 미테랑은 첫 번째 동거정부에서 국가장관직을 역임한 우파의 발라뒤르를 총리로 임명해 두 번째 동거정부를 시작했다. 두 번째 동거정부는 1차 동거정부 시기에 비해 유연한 상황을 보여 주었고, 그 충돌이 1차 동거정부에 비해 덜 대립적이었으며, 미테랑 대통령과 발라뒤르 수상은 특히 외교 관계에서 국익을 위해 상호간 존중하는 자세를 보여 주었다(Gicquel, 1997: 503). 이 시기 정부 운영이 첫 동거정부보다 순조로웠던 원인을 구체적으로 살펴보면, 첫째, 온건한 수상이 대통령과의 융화를 추구했다는 것, 둘째, 이어질 대통령선거를 염두에 둔 정치적 기반 유지가 필요했다는 것, 셋째, 임기 말 미테랑 대통령의 수술로 인해 갈등 구도를 만들기 어려운 상황이었다는 점을 들 수 있다(Duverger, 2003: 215). 결국 1986년과 1993년에 있었던 두 차례의 동거정부는 헌법이 규정하고 있는 양두 체제 내에서 정부 역할을 강조하면서도 대통령 권력의 약화나 의원내각제로의 회귀에 도달한 것은 아니었다(Bigaut, 1995: 4). 사실 위의 두 차례 동거정부에서 정부 또는 총리의 절대적 권력이 실현되었다고 결론지을 수는 없다. 제1차 동거정부의 경우 상대적으로 작은 하원 다수파의 규모로 인해, 제2차 동거정부의 경우 총리의 1995년 대선 출마 욕심이 동거정부의 대통령과 총리 관계를 규정한 면도 있지만, 동거정부에서 대통령 우위는 무엇보다도 대통령과 총리의 경합적 권한의 영역에서 갈등이 나타나는 경우 대통령 최고권이라는 제5공화국 헌법 정신에 기인한 것이었다. 동거 체제 하에서 총리가 이끄는 정부의 권력은 외견상 보이는 것보다 실제로는 작은 것이었다(Bigaut, 1995: 7). 더구나 동거정부 하의 하원 다수파는 서로 다른 정파 또는 정당의 연정이었기 때문에 총리는 이들 다른 정파나 정당의 연정을 유지 관리하기 위해 총리의 권한을 스스로 제한할 수밖에 없었고 따라서 동거정부는 이들 연정 세력과의 관계에서 '종속적(tributaire)'이 될 정도였다(Bigaut, 1995: 8). 그러나 그렇다고 해서 바르가 예언한 바와 같은 제4공화국 하의 '정당내각제 조합으로의 회귀(le retour aux combinaisons du regime des partis)'는 나타나지 않았다. 왜냐하면 대통령의 중재자로서 권력과 국가의 본질적인 이익 수호자로서의 권력이 거의 침해되지 않았기 때문이다(Quermonne, 1987: 3-11).

3차 동거정부는 1997년 시라크 대통령이 의회를 해산한 후 치러진 총선을 통해 수립되었다. 1997년 총선에서 공화국연합과 프랑스민주연합은 577석 중 472석을 얻어 압도적 다수를 차지했음에도 시라크는 1997년에 유럽 단일 통화 등 유럽연합을 위한 정책 추진에 새로운 의회 다수파가 필요하다는 이유로 의회를 해산시켰다. 당시 하원은 임기 만료를 5년의 임기 중 1년 정도 남겨둔 상황이었다. 하지만 유권자들은 1995년 대파업으로 포기했던 경제정책을 5년 남은 대통령 임기가 끝날 때까지 추진할 수 있도록 새로운 임기의 의회 다수파를 보유하고자 하는 대통령의 정략적 행위로 이해했다(Chantebout, 1997: 540). 대통령과 국민과의 사이에 발생한 인식의 불일치는 선거에서 577석 중 좌파가 284석을 차지해 우파의 패배로 나타났다. 그런데 시라크가 무리하게 의회를 해산시킨 데에는 그가 내세웠던 표면상의 이유만이 아니라 연정 내부의 문제가 있었다는 주장도 제기된다. 즉 시라크 대통령이 속한 우파 연정은 동질적 절대 다수가 아니라 혼합적 절대 다수였기 때문에 결속에 문제를 보였으며 유권자들이 이러한 우파의 분점에 제재를 가했다는 평가(Pactet, 1996: 349, 335)다. 이는 사실상 대통령에 대한 불신임을 의미하는 것으로 시라크는 선거 이후 강한 정치적 압력을 받을 수밖에 없었다. 특히 3차 동거정부는 가장 길고 가장 황폐한 것(devastatrice)으로 평가받는다(Schrameck, 2001). 제3차 동거정부는 초기에는 프랑스 국민들의 화합에 대한 의지에 부응했지만 점차로 정부행위를 제한하고 대외적으로 프랑스의 입장을 곤궁하게 했다. 특히 오랜 기간 동안 동거정부 상태가 지속되면서 국가 최상층부에서 명실공히 양두 체제가 형성되었고, 결국 대통령 임기를 5년으로 단축하는 헌법 개정에 이르게 되었다(Quermonne, 2006: 6).

제5공화국에서의 세 차례에 걸친 동거정부 경험은 앞의 동거정부의 개념에서 살펴본 동거정부 출현 가능성 중 두 가지 가능성에 기반을 두고 있다. 첫째는 하원 의원 임기 만료 후의 총선에 의한 새로운 의회 다수파 등장의 경우를 들 수 있다. 여기에는 1986년의 제1차 동거정부와 1993년의 제2차 동거정부가 해당된다. 두 차례 모두 미테랑 대통령 시기로 미테랑이 동거정부를 선택한 원인은 앞서 살펴본 바와 같다. 두 번째는 하원 해산 후 총선에 의한 새로운 의회 다수파 등장의 경우다. 1997년부터 2002년까지 시라크 대통령 하의 3차 동거정부가 이에 해당한다. 하원 해산 이후 총선에서 반대파가 승리한 경우 대통령은 또다시 하원을 해산하여 총선을 실시하는 방안을 고려할 수도 있다. 그러나 프랑스 헌법 제12조 제4항이 하원 해산으로 총선이 있은 후 1년 이내에는 하원에 대한 새로운 해산을 대통령이 할 수 없도록 금지하고 있기 때문에 적어도 1년 동안은 대통령이 사임하지 않는 한 동거정부를 받아들일 수밖에 없다(Barrillon et al., 1986: 54).

이상에서 살펴본 제5공화국에서의 동거정부의 경험과 그 특징을 <표 6-2>와 같이 요약할 수 있다.

정리하면, 사회당을 집권 배경으로 하는 미테랑의 재임 기간에 두 번이나 동거정부가 수립된 배경에는 국민들의 사회당에 대한 지지가 대통령에 대한 지지에 비해 불안정했음을 짐작할 수 있다. 이는 미테랑이 연임을 하기 위해서는 사회당의 지원보다는 대통령과는 다른 규율을 가진 의회 다수당 소속의 수상과 협력하는 등 개인적 리더십에 더 의지하게 하는 요인이 되었고 대통령의 정국 장악력이 커지는 결과를 낳았다. 반면 시라크 대통령의 경우 대통령과 같은 규율을 가진 의회 다수당이 존재했음에도 불구하고 무리하게 의회를 해산해 재선거에서 패배하는 결과를 낳았다. 이에 따라 미테랑과는 달리 대통령의 리더십이 축소되는 결과를 낳았고, 그 결과

〈표 6-2〉 제5공화국의 동거정부 요약

구분	대통령	수상	기간	의석 현황*	원인	대통령과 수상의 관계
1차	미테랑 (사회당)	시라크 (공화국연합)	1986. 3 ~1988. 5	좌파: 216석 우파: 291석	하원의 임기 만료 후 선거에서 우파의 승리	갈등 속 협력 우선
2차	미테랑 (사회당)	발라뒤르 (민주연합)	1993. 3 ~1995. 5	좌파: 70석 우파: 484석	하원의 임기 만료 후 선거에서 우파의 승리	협력
3차	시라크 (공화국연합)	조스팽 (사회당)	1997. 6 ~2002. 5	좌파: 284석 우파: 256석	대통령의 의회 해산 후 선거에서 좌파의 승리	협력 → 갈등

* '좌파'는 공산당 계열과 극좌를 제외한 좌파를, '우파'는 UDF와 RPR의 합계를 나타낸다.
출처: Knapp(2004: 36-37)에서 재구성.

정치적 책임으로 인해 정국 장악력이 축소되어 수상과 협력해야만 하는 상황을 초래하게 되었다.

3 동거정부에 관한 평가와 전망

세 차례에 걸친 동거정부에 관한 평가를 긍정적 입장과 비판적 입장으로 나누어 볼 수 있다. 긍정적 평가의 입장은 동거정부가 정상적인 제도로 자리를 잡아가고 있으며 동거정부의 상황으로 인해 헌법의 마비나 정치 체제의 위기가 발생하지 않아 전반적으로 동거정부들이 제대로 기능했다는 평가다(정재황, 1998: 194-195).

반면 비판적 측면에서의 평가는 동거정부가 다양한 문제점을 발생시킨다는 주장이다. 이들은 제도와 현실의 괴리 문제를 제기한다. 프랑스 국민들은 몽테스키외 이후 지식인들이 애착을 가지고 있던 권력 분립의 한 가지 형태로서 동거정부를 인식하고 있었기 때문에 동거정부에 대한 여론은 우호적이었다. 게다가 동거정부 참여자들이 보여 준 다양한 노력은 양두 체제가 큰 파열음 없이 작동되고 있다는 인상을 남겨 주었다. 그러나 이러한 판단은 지나치게 낙관적이었음이 현실에서 드러났다. 우선 대통령과 총리를 대립시키면서 양두 체제에서 화해하기 어려운 정치적 용기를 요구하는 갈등의 해결책은 필요한 개혁을 연기시키는 한편, 집행부 내에서 어느 일방이 이니셔티브를 행사한 결정에 대해 타방은 이를 악용하는 경우가 허다했다. 이러한 상황에서 인기있는 정책 채택을 두고 경쟁 양상이 벌어지곤 했다.

다른 한편 프랑스는 대외적으로 하나의 통일된 입장을 유지해 왔다. 그러나 동거정부 특히 제3차 동거정부 하의 여러 사건이 보여 주듯이 외국에서는 프랑스를 모순에 빠진 '위대한 국가'라고 연민과 조롱을 섞어 평가한다. 유럽공동체 기구 개혁과 관련한 니스 정상회담에서의 프랑스에 대한 이러한 평가[10]를 동거정부의 탓으로만 돌릴 수는 없지만 동거정부가 이러

---

10) 2000년 12월 7일부터 11일까지 니스에서 개최된 EU정상회담은 중부와 동부 유럽 국가

한 부정적 평가에 상당한 책임이 있는 것은 분명하다(Massot, 2001: 31-32). 끝으로 프랑스인들이 정치 위기를 피하기 위해 동거정부의 형태를 인정하기는 하지만 바람직하다고 생각하지는 않는다는 사실을 근거로 든다. 예를 들어 첫 동거정부 시기인 1987년 2월의 여론 조사는 53%가 동거정부에 대해 부정적 견해를 보였고 29%만이 긍정적인 견해를 나타냈다는 사실이다(Becker, 1998: 418-419).

이렇게 상반된 평가를 받고 있는 동거정부는 2000년 시라크 대통령이 헌법 개정을 통해 대통령의 임기와 하원 의원의 임기를 동일하게 하고 같은 해에 선거를 진행하게 함으로써 동거정부의 재등장 여부에 대해 관심이 집중되었다. 헌법 개정 후 2002년과 2007년 두 번의 선거 결과 동거정부는 실제로 탄생하지 않은 바 있다. 이것이 헌법 개정을 통한 선거제도 변화의 결과인지 혹은 다른 정치·사회적 이슈에 따른 우권자들의 판단에 의해서인지 분명히 규명되고 있지 않은 것 또한 사실이다. 그리고 2008년 사르코지 대통령의 주도로 이루어진 헌법 개정은 대통령의 권한을 과거에 비해 강화하는 것으로 나타나고 있어 그 영향에 대해서는 좀 더 긴 시간을 두고 관찰할 필요가 있겠다.

제 4 절 프랑스의 정당 체계와 선거정치: 정치적 안정성

1 제5공화국 역대 선거와 정당 체계의 변화

프랑스의 선거는 <표 6-3>에서와 같이 일곱 가지의 공직 선출을 위한 선거제도가 있으며 각각의 선출 방식이 모두 다르다. 이들 중 대통령 선거와 유럽의회 선거는 전국을 단일 선거구로 하여 진행되며 하원 의원 선거

들의 EU 가입을 위한 제도개혁을 다루었다. 그런데 이 정상회담에 시라크 대통령과 조스팽 총리가 함께 참석해 혼란을 빚은 바 있다.

〈표 6-3〉 프랑스의 선거제도

선거	선출 방법	임기	선거구
대통령	2차 결선투표	5	전국
하원	• 2차 결선투표 - 1차: 단순다수대표제 - 2차: 혼합선거(plurality)	5	577개 선거구
상원	• 간접선거 - 선출 인원이 2~4명인 경우: 결선투표에 의한 다수 득표 - 선출 인원이 4명 이상인 경우: 정당명부 비례대표제	6	도(Départment)
유럽의회	정당명부비례대표제	5	전국
광역의회 (Région council)	결선투표 하의 정당명부비례대표	6	도(Départment)
도의회 (Départment council)	• 결선투표제 - 1차: 단순다수대표 - 2차: 혼합선거	6	군(Canton)
시의회	• 3,500인 이하 도시 - 1차: 단순다수대표 - 2차: 혼합선거 • 3,500인 이상 도시 - 정당명부에 대해 1차에서 50%를 선출하고 나머지 의석은 비례할당 - 2차 선거에는 비례대표제	6	코뮌(Commune; 파리, 리옹, 마르셀은 제외)

출처: Safran(2009: 146)에서 재구성.

는 전국 동시에 실시되지만 의원 정수인 577명에 대한 각각의 선거구를 갖게 된다. 상원 의원은 도(Départment) 단위로 선출되는데 이는 중앙정치에서의 지방 대표성을 확보하려는 의도가 내포되어 있다.

선출 방법에서는 유럽의회를 제외하고는 대부분 결선투표제가 적용되며 비례대표제 역시 부분적으로 적용되고 있다. 이러한 프랑스의 복잡한 선거 방식은 정당정치 구조 변화의 주요 요인들 중 하나가 되기도 한다. 그러나 유럽의회 선거의 경우 부차적 선거(secondary election)로 불리며 국내 정치구도 변화에 직접적인 영향을 미치지 못하는 것으로 파악된다. 국내 정

〈표 6-4〉 선거별 평균 기권율

대통령 (1981년 이후)	하원 (1978년 이후)	유럽의회 (1979년 이후)	광역의회 (1986년 이후)	도의회 (1982년 이후)	시의회 (1983년 이후)
19.01%	30.4%	47.39%	33.5%	37.23%	27.9%

출처: Safran(2009: 149)에서 재구성.

치에 미치는 중요도가 낮은 것으로 인식되어 투표 참여도 저조해 <표 6-4>에서와 같이 평균 기권율에서 정치적 중요도가 큰 대통령 선거의 평균 19.01%에 비해 유럽의회 선거는 평균 47.39%로 지방선거보다 기권율이 높게 나타나고 있다.

여기에서는 위와 같은 프랑스 선거의 일반적 제도를 바탕으로 정치적 중요도가 비교적 크게 작용하는 대통령 선거와 하원 의원 선거를 중심으로 그 특징을 살펴본다. 제5공화국은 1958년 헌법 제정 이후 다섯 번의 대통령 선거와 13번의 하원 의원 선거가 진행되었다. 대통령 선거는 1962년 직선제 개헌이 이루어진 이후 1965년부터 1995년까지는 7년을 주기로 정기적으로 진행되었다. 그 후 진행된 2002년과 2007년의 대통령 선거는 2000년에 대통령의 임기를 5년으로 단축한 헌법 개정에 따라 5년을 주기로 진행되었다. 그 결과 좌파 대통령이 2회, 우파 대통령이 5회 당선되었고, 좌파 후보가 2차 결선투표에 진출하지 못한 선거가 1969년 선거와 2002년 선거에서 두 번 있었다. 반면 우파 후보는 매번 결선에 진출했고 이를 당선 횟수와 결부지어 보면 제5공화국은 우파 우위의 정치 구도가 형성되어 왔다고 할 수 있다.

좌파 후보가 결선에 진출하지 못한 2002년 대선의 경우 프랑스 대통령 선거에서 매우 특이한 상황으로 우파와 극우정당 후보 간의 결선투표가 진행되었다. 극우정당 후보가 대통령 선거에서 결선에 진출한 것은 2002년 선거가 유일한 경우로 그 원인에 대한 분석은 다양하게 이루어지고 있지만, 대체적으로 당시의 경제 상황 악화, 이민자 정책에 대한 불만, 실업률 증가, 사회 치안 불안 등이 주요하게 작용한 것으로 이해된다.

다음으로 의회선거를 살펴본다. 프랑스 헌법이 대통령의 권한을 강화하는 방향으로 전환되고 있는 가운데, 대통령과 의회와의 관계를 알아보기 위해서는 선거를 통한 정당정치의 흐름을 살펴볼 필요가 있다. 왜냐하면 제5공화국 헌법은 제3, 4공화국의 의원내각제를 바탕으로 수립된 이원정부제의 특성을 가지며 정당은 대통령의 통치를 위한 강력한 기반이 되기 때문이다. 그리고 선거는 정당정치 구조의 변화를 촉진하는 기회로 작용하게 된다.

〈표 6-5〉 프랑스 대통령 선거 결과(1965~2007년)

정파		좌파		중도		우파		
		공산주의	사회주의	급진파	중도민주	온건/독립	드골주의	극우 (국민전선)
1965	1차 투표		32.2		15.8		43.7	
	결선투표		45.5				54.5	
	후보		Mitterrand		Lecanuet		de Gaulle	
1969	1차 투표	21.5	5.1		23.4		43.8	
	결선투표				42.4		57.6	
	후보	Duclos	Defferre		Poher		Pompidou	
1974	1차 투표		43.2			32.6	15.1	
	결선투표		49.2			50.8		
	후보		Mitterrand			Giscard d'Estaing	Chaban-Delmas	
1981	1차 투표	15.3	25.8	2.2		28.3	17.9	
	결선투표		51.8			48.2		
	후보	Marchais	Mitterrand	Crépeau		Giscard d'Estaing	Chirac	
1988	1차 투표	6.7	34.1			16.6	19.9	14.4
	결선투표		54.0				45.9	
	후보	Lajoinie	Mitterrand			Barre	Chirac	Le Pen
1995	1차 투표	8.6	23.3			18.6	20.8	15.0
	결선투표		47.4				52.6	
	후보	Hue	Jospin			Balladur	Chirac	Le Pen
2002	1차 투표	3.4	16.2	2.3	6.8	3.9	19.9	16.9
	결선투표						82.2	17.8
	후보	Hue	Jospin	Crépeau	Bayrou	Madelin	Chirac	Le Pen
2007	1차 투표	4.0	25.8	1.9	18.5		31.9	10.4
	결선투표		47				53	
	후보	Besancenot	Royal	Buffet	Bayrou		Sarkozy	Le Pen

출처: Safran(2009: 86-87)에서 재구성.

프랑스 현대 정당 체제의 등장은 1901년 비정치적 사회조직을 제외한 모든 중간조직을 금지한 르 샤플리에(Le Chaplier) 법[11]을 폐지하고 시민들의 결사의 자유를 보장하는 발덱-루소(Waldeck-Rousseau) 법이 제정되면서 실질적으로 시작되었다고 할 수 있다. 이 법은 자유롭고 평등한 개인들의 집합인 국민의 일반 의사는 국가에 직접 전달되어야 한다는 프랑스혁명의 유산이 극단적으로 반영된 결과였다. 이에 따라 어떠한 매개집단도 필요하지 않으며 그로 인해 국가를 운용하는 데 방해가 되는 요소는 제거되어야 할 대상이었다. 르 샤플리에 법은 나폴레옹 3세의 전제정치 시기인 제2공화국을 거치며 정치적·종교적 결사체를 제외한 조직의 허용으로 완화되었다(홍태영, 2003: 39).

제3공화국의 수립과 더불어 이념과 제도 측면에서 자유민주주의가 정착하며 정치조직의 등장이 이루어진다. 그러나 이때의 정치조직은 명사(notable)들의 조직으로 현대적 의미의 대중정당으로 볼 수는 없다. 사회당 정도가 전국적인 대중정당의 제도를 갖추었고 다른 정당들의 경우 명사의 네트워크인 카르텔 정당으로 존재했으며 제4공화국에 들어서야 전국적인 조직과 규율을 가진 정당이 등장했다(강원택, 2006: 172-173).

제4공화국에 이르러 사회주의당(SFIO), 급진당(Radicals), 인민민주당(Parti Democrate Populaire), 민주연대(Alliance Democratique), 공화주의연방(Federation Republicaine) 등이 전국적 조직과 규율을 갖추기 시작했다. 이들 정당은 이후 크게 사회주의, 자유주의, 공화주의 정당들로 발전하게 된다.[12]

제5공화국에서 사회주의는 다시 극좌, 공산주의, 사회주의로 분리되었고 자유주의와 공화주의는 비드골주의(non Gaullist)와 드골주의로 나뉘었다. 이 중 비드골주의는 다시 급진주의, 기독교민주주의, 보수주의로 각각 발전

11) 르 샤플리에(Jean Le Chaplier)는 1791년 6월에 중간집단을 금지하는 법령을 제안했고 같은 해 9월 정당과 정치성을 가진 클럽, 결사체 등을 불허하는 법령을 통과시켰다. 이는 제3공화국이 출범한 1875년에 이르기까지 1세기에 걸쳐 프랑스에서 정당정치가 이루어지지 못하는 원인이 되었다.

12) 세부적인 정당 계보의 전개는 <표 6-6> 참고.

〈표 6-6〉 프랑스 주요 정당의 계보(1901~2007년)

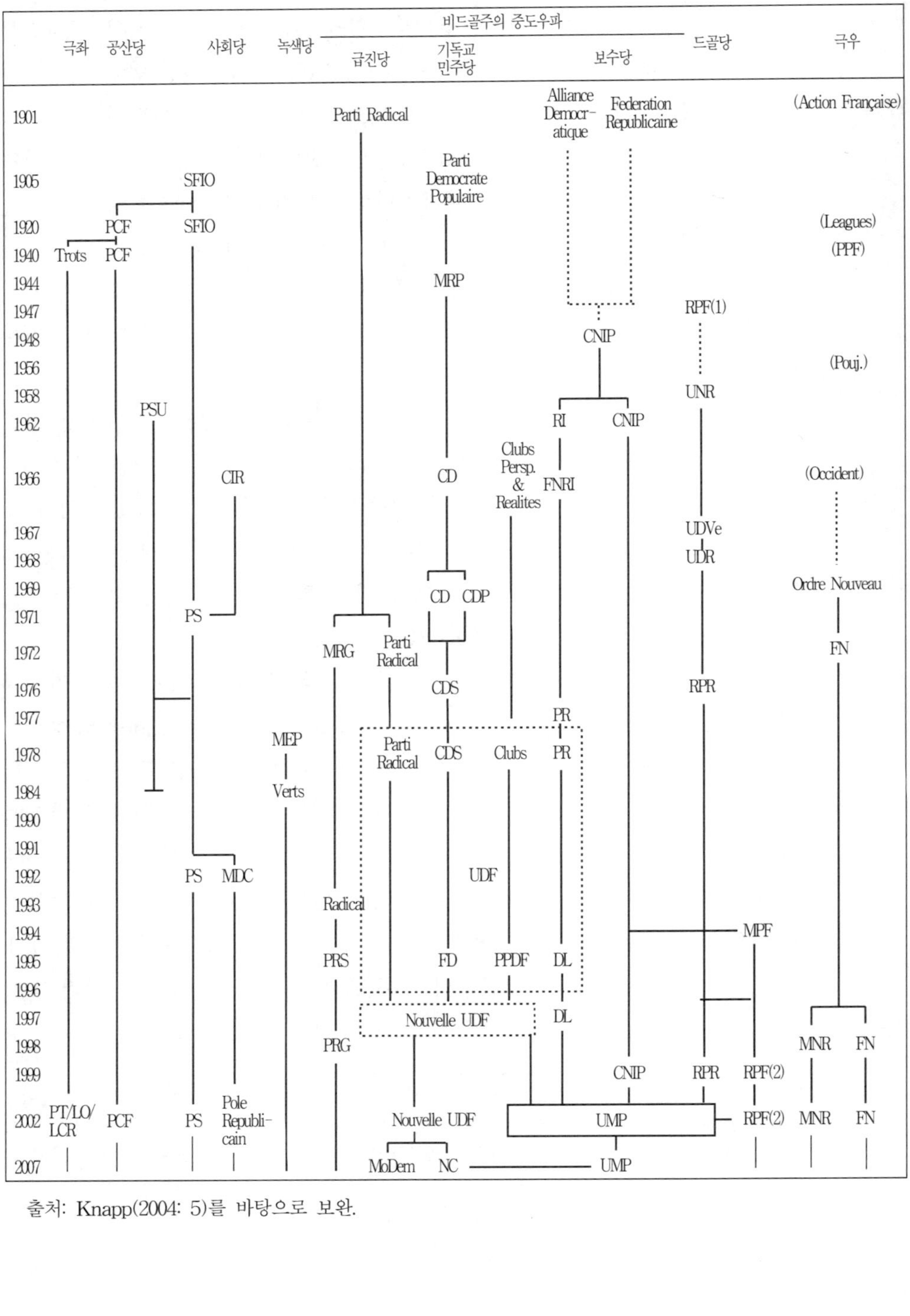

출처: Knapp(2004: 5)를 바탕으로 보완.

했다. 극우 세력은 1960년대 중후반 파시스트 대학생연합(Occident)과 신질서(Ordre Nouveau)부터 등장하여 1972년 국민전선(FN: Front national)의 창당으로 본격화되었다. 녹색당(Verts)은 1970년 중반부터 신사회운동의 등장과 함께 환경주의정치운동(MEP: Mouvement Ecologique Politique)으로 출발했고 이후 녹색당으로 계보를 이어갔다. 극우정당이나 녹색당의 등장은 기존 정당들이 변화하는 사회 질서의 흐름을 따라가지 못하는 상황에서 그 대안으로 등장했다. 즉 지구화의 확산과 시장 개방의 확대에 따르는 고용의 불안정, 이민자의 증가, 사적 사회복지비용 부담의 증가 등 경제문제와 더불어 여성, 인권, 환경문제 등 탈물질적 정치 이슈에 대해 기존 정당들이 신속하게 대응하지 못하는 상황에서 이들 정당이 정치적 기회를 획득하게 된 것으로 이해할 수 있다.

이러한 프랑스 정당정치는 중앙집권화 정도에 따른 정치적 영향력의 변화를 겪었다고 할 수 있다. 제2공화국까지 프랑스의 정당정치는 군주를 비롯한 권력 세력의 단순한 집권 기반에 지나지 않았으나 대혁명 이후에는 정당들의 역할행위에 대한 긍정적 혹은 부정적 평가와 관계없이 실질적으로 정치의 중심 역할을 했었다. 그러나 제5공화국의 출범과 함께 도입된 대통령 직선제의 시행은 정당정치가 다시 대통령에 종속된 정치 주변자로 강요받는 상황에 직면해 있기도 하다.

이러한 현상을 <표 6-7>을 통해서도 일부 확인할 수 있다. 하원 의원 선거는 대통령 선거에 비해 비정기적으로 이루어졌는데 이는 비록 하원 의원 선거 주기가 5년으로 규정되어 있음에도, 대통령이 의회 내 다수당을 확보하기 위해 수상 해임과 의회 해산의 수단을 통해 재선거를 실시한 결과다.

실제로 1962년, 1968년, 1981년, 1988년, 1997년의 다섯 차례에 이르는 하원 선거는 대통령이 의회 내 다수당을 확보하기 위해 의회를 해산한 후 진행된 선거였고, 이 중 1962년과 1968년의 선거에서는 수상 해임이 동시에 이루어진 바 있다.

동시에 정당들은 의회 내 다수당이 되기 위해 1958년 제1대 하원 의원 선거 이후 줄곧 합종 연횡을 통해 선거연합을 형성해 왔음이 확인된다. 이러

〈표 6-7〉 제5공화국에서의 하원 선거 결과(1958~2007년)

선거	공산주의	사회주의 & 연합		급진주의 & 연합		MRP & 중도	보수주의 온건주의 & 독립파		드골주의 & 계열	기타	전체 의석
1958	10	47		40		56	129		206	64	552
1962	41	66		43		55		268[1]		9	482
1967	73		12[12]			41[3]		242[1]		10	487
1968	34		57[2]			34[3]		344[4]		18	487
1973	73	100[5]			34[6]			270[4]		13	490
1978	86	105	10[7]				123[8]	9[9]	153	5	491
1981	44	286[5]					62[10]		88	11	491
1986	35	214[5]					132[10]		158	38[11]	577
1988	27	277[5]					130[10]		129	14[12]	577
1993	23	57[5]					215[10]		257	25[13]	577
1997	36	250	33[14]				113[10]		140	51[5]	577
2002	22	141[16]					29[17]		365[18]	20[19]	577
2007		204[20]		24[21]		23[22]			320[23]	6[24]	577

1) 드골주의자+독립공화주의자
2) 사회주의자+급진적 연대
3) 진보+현대민주주의
4) 드골주의자, 독립공화주의, 그리고 pro-govern. Centrist
5) 사회주의자+좌파급진주의
6) Reformers(급진적 사회주의자+반중도주의자)
7) 좌파급진주의(MRG)
8) UDF+'대통령 다수(Giscardists)'
9) 독립주의+Peasant(CNIP)
10) UDF(공화주의당, CDS, 급진적 사회주의자
11) 국민전선(32명)+미분류된 수(6명)
12) 기타 우파(13명)+국민전선(1명)
13) 기타 우익
14) 좌파급진주의(13명)+환경주의자(8명)+시민의 운동(7명)
15) 국민전선(1명)+프랑스를 위한 운동(1명)
16) 선거연합(1명) 포함
17) UDF
18) UMP+선거연합(9명)
19) 좌파 급진주의(7명)+기타 좌파(6명)+녹색당(3명)+기타 우파(5명)
20) 좌파 급진주의+시민의 운동
21) 공산주의(15명), 녹색당(4명), 그리고 기타 좌파(5명) 포함
22) 신중도(20명) 포함
23) UMP
24) 민주운동(MoDem) 3명 포함

출처: Safran(2009: 254)을 수정.

한 선거연합이 형성된 원인으로 결선투표제, 제5공화국 헌법의 대통령제화 현상 등 제도적 요소와 1968년 이른바 '68혁명' 이후 확산되기 시작한 신사회운동과 1970년대 중반 이후 프랑스 사회가 후기산업사회로 진입함에 따른 정치·사회적 환경 변화를 들 수 있다.

프랑스 제5공화국에서의 정당정치는 이러한 제도적 변화와 정당들 간 선거연합의 경험 등을 통해 <표 6-8>과 같이 그 구조적 변화가 진행되어 온 것으로 파악할 수 있다. 즉 제5공화국 초기에는 대통령제화로의 전환 국면을 맞이하게 되었으며, 1962년 대통령 직선제의 도입과 함께 본격적인 재편의 시기를 맞게 된다.

〈표 6-8〉 제5공화국 정당 체계의 변화

시기	지배적 정당구조
1958~1962년	전환 국면
1962~1974년	드골주의자(Gaullist) 중심
1974~1981년	양극 4당제(bipolar quadrille)
1981~1986년	사회주의자(socialist) 중심
1986~1995년	정부정당(government party)에의 도전
1995~2002년	양극화와 파편화
2002년 이후	양극 다당제의 공고화

출처: Knapp(2004: 34-57)의 논의를 종합.

1980년대 초반까지는 복지국가를 중심으로 하는 국가주의의 전통이 지배하는 가운데 기존 전통적 좌파 정당과 우파 정당에 대한 지지가 뚜렷이 존재했지만, 탈물질주의 확산과 유럽 통합 등의 이슈는 유권자들로 하여금 새로운 정당을 추구하게 했다. 이와 함께 다양한 정치제도의 변화는 프랑스 정당정치의 구조를 파편화하여 이념적 양극화와 동시에 양적으로는 다당제가 확산되는 양상을 보이고 있다. 이에 대한 구체적인 원인들을 다음에서 살펴본다.

2 프랑스 정당 체계 변화의 원인

프랑스의 정당정치 구조는 제3공화국과 제4공화국을 거치면서 현대적 정당구조를 갖추기 시작했고, 제5공화국에서 몇 차례의 전환기를 맞게 된다. 제5공화국에서의 정당정치의 변화를 제도적 요인과 사회경제적 요인으로 나누어 살펴본다.

1) 제도적 요인

프랑스 정당 체계에 영향을 미친 제도적 요인으로는 첫째, 제3공화국에서 제5공화국으로 전환하면서 지배 세력의 변화와 통치 체제의 변화가 나타났다. 제3공화국에서는 급진당이 내각의 임기가 평균 6개월인 와중에서도 언제나 중심을 이루었다. 제4공화국에서는 공산당(PCF), 인민공화주의운동(MRP), 사회당(SFIO)이 3당 체제를 형성하면서 불안정한 내각제 시스템을 유지했다(홍태영, 2003: 46). 반면 제5공화국의 등장과 함께 1960년대는 드골주의자(Gaullist)들이 공산당과의 경쟁 속에서 전례가 없을 정도의 안정된 지배연합을 형성하게 된다(Knapp, 2004: 12). 드골은 제4공화국에서 프랑스 인민연합(RPF)의 리더로서 제4공화국의 제도에 대항하는 반체제 정당활동을 했으나 제5공화국에서는 다수 정치 세력이 되었고, 1962년 선거에서 프랑스 선거 사상 처음으로 전체 유권자의 1/3의 지지를 획득하는 정당이 되었다(김정기, 1999: 4). 이는 드골이 최초의 레지스탕스였던 경력과 강력한 리더십도 크게 작용했다. 하지만 그는 마치 나폴레옹 3세가 '민주독재'에 의존했던 것과 같이 국가의 주요 정책들에 대해 의회를 우회하는 국민투표제도를 통해 끊임없이 국민으로부터 신임을 확인함으로써 경쟁자들의 우위에 서고자 했다. 그 결과 제5공화국에서 진행된 전체 10회의 국민투표 중 절반인 5회가 드골 체제에서 이루어졌다. 통치 체제의 변화는 이전 제3, 4공화국에서의 의원내각제가 불안정한 정국의 연속이었던 반면, 제5공화국에서는 대통령제의 도입을 통해 정치 안정을 도모하고자 했다.

이때부터 프랑스 정당정치는 '대통령 중심 정당(presidential party)'의 경향을 나타낸다고 할 수 있다(Bell, 2001).

두 번째 변화는 1962년의 대통령 직선제 개헌을 계기로 발생했다. 대통령 직선제의 도입은 2차 결선투표제(two-ballot majority system)와 함께 정치의 중심을 의회에서 대통령으로 이동시키며 정당 간 선거연대를 강제해 선거정당의 전략을 전환시켰다. 특히, 2차 결선투표제는 제5공화국 정당체계가 '양극 다당제(bipolar multipartism)'로 나아가는 촉진제가 되었다(Knapp, 2004: 57).

세 번째 변화는 1986년 동거정부의 경험을 들 수 있다. 대통령과 의회 다수당의 불일치로 발생하는 동거정부는 기존 이데올로기의 좌·우 구분을 약화시키는 하나의 원인이 되었을 뿐만 아니라 정치 책임의 소재를 모호하게 만들기도 했다. 이로 인해 국민들로 하여금 대통령과 의회 다수당의 일원화 요구를 불러일으키게 되었고, 이는 다시 정당 체계의 양극화가 심화되는 결과로 이어졌다.

네 번째는 2000년 대통령 임기를 7년에서 5년으로 단축한 것으로, 이는 대통령 선거와 의회 선거를 일치시켜 동거정부 등장의 가능성을 줄이기 위해 도입되었다. 변경된 제도는 2002년과 2007년 대통령 선거와 의회 선거에 적용되어 원래 목적을 달성하기도 했다. 또한 이 결과는 대통령의 권한이 수상에 비해 안정적으로 보장되는 것으로 귀결되어 비동거정부 기간 동안, 대통령은 의회 다수당의 대표로서 역할을 하게 되며 이는 곧 의회를 장악할 수 있음을 의미하는 것이다.

다섯 번째로 비례대표제를 들 수 있다. 비례대표선거제는 1979년부터 1999년까지 프랑스 전체를 하나의 선거구로 하는 유럽의회 선거에 적용되었고, 지방선거의 경우 도(Département) 단위 선거에는 1986년, 1992년, 1998년에 적용되었으며 인구 3,500명 이상의 시 단위 선거에는 1983년부터 적용되고 있다(Knapp, 2004: 27-28). 하원 선거에는 미테랑 대통령 집권기인 1986년에 유일하게 적용되었다. 그런데 미테랑이 제4공화국 시절 다수대표제를 주장했음에도 불구하고 제5공화국에서의 대통령 재임 기간 동안 비례대표제를 도입한 것은 사회당의 선거 패배가 확실시되는 상황에서 최소한의 방어 수단을 갖기 위한 정치적 판단이었다. 즉, 그는 비례대표제를 도입함으로써 의회 내에서 동질적 절대 다수파가 부재한 상황에서 대통령의 중재적 권력을 강화하고(성낙인, 1995: 266), 프랑스 민주연합(UDF: Union pour la democratie francaise)과 공화국연합(RPR: Rassemblement pour la République)의 연합을 견제하고자 했다. 비례대표제는 지방선거와 유럽의회 선거에 적용됨으로써 프랑스 정당정치의 직접적인 변화 요인으로 작용해 오지 않았지만 1986년의 선거를 통해 그 가능성은 충분히 실험되었다. 예를 들어 국민전선(FN)은 1986년 선거에서 전체 의석 573석 중 35석을 차지했으나 비례대표제가 적용되지 않은 1988년 의회선거에서는 1석을 얻는 데 그친 바 있다. 이는 비례대표제가 도입될 경우 소수 정당의 의회 진출이 용이해져 정당 체계 다극화의 충분 조건이 될 수 있음을 보여 주는 것이다. 이후 하원 선거에 비례대표제를 도입하는 문제가 지속적으로 제기되었고 2008년 헌법 개정에서도 논의 대상이 되었으나 반영되지는 못했다. 그러나 헌법 개정을 위한 논의 과정에서 상·하 양원 의원들의 의견 교환이 이루어진 상황이어서 장래 헌법개정안에 포함될 가능성을 남겨 놓았다(강홍진, 2008: 84).

여섯 번째로 정치자금제도 또한 정당의 파편화에 기여해 왔다. 1988년 이후 프랑스에서 수립된 이 제도로 인해 정당이 부패로부터 다소 자유로워질 수 있게 되었고, 선거를 정당 재정 낭비 요인에서 수입원으로 전환시켰다(Knapp, 2004: 32).

프랑스의 '대통령 선거와 하원 의원 선거에서의 선거운동 비용 보조에 관한 조직 법률'은 1차 투표에서 5% 미만을 득표할 경우 선거비용 상한액의 20분의 1을 보조하고, 5% 이상 득표할 경우 4분의 1을 보조한다. 2차 투표에 진출한 후보자는 각각 선거비용 상한액의 4분의 1을 보조받는다(성낙인, 1995: 275). <표 6-9>의 정당별 수입구조는 2000년을 기준으로 한 프랑스 정당들의 수입구조를 나타낸 것으로 각 정당들의 국고보조금과 선거보조금에 대한 의존율이 평균 67%에 이른다. 이러한 보조금의 차등 배분은 정당 간 불균등한 현상을 낳고 있다. 즉 정권을 획득하거나 다수의 의원을 확보한 정당의 경우 보조금의 규모가 커지는 반면 그렇지 못한 정당

〈표 6-9〉 정당별 수입구조(2000년)

(단위: %)

정당	국가 보조	선거 보조	당원	기부	기타
LCR	8	6	24	10	52
Parti Travailleurs	8	0	29	6	58
LO	24	14	24	3	35
PCF(center)	37	29	9	15	10
PCF(incl. federations)	15	47	11	6	21
PS	52	19	15	1	13
Les Verts	53	10	20	2	15
MDC	54	15	20	3	8
UDF	54	2	3	2	40
FN	61	5	5	2	26
MPF	66	0	7	10	17
RPR	70	5	9	6	10
PRS	70	5	6	4	15
DL	81	2	5	1	11
계	46	21	11	4	18

출처: Knapp(2004: 359)에서 수정.

의 경우 당원의 당비와 기타 수입에 의존하게 됨으로써 정당을 운영하는 데 상대적으로 어려움을 겪는다. 그럼에도 불구하고 전반적으로는 정치자금제도의 도입과 각 정당에 대한 국고보조금의 지급은 정당들의 재정적 안정에 분명 도움이 되었다고 볼 수 있다. 다른 한편으로 정당에 대한 국고보조금의 지급은 1990년대 정당 체계 다극화의 요인이 되기도 하는데 그 이유는 과거와 같이 각 정당이 선거자금에 대한 압박으로 인해 다른 정당들과 선거연합을 시도하는 가능성이 줄었기 때문이다.

2) 사회경제적 요인

프랑스의 사회경제적 특성이 산업사회에서 후기산업사회로 전환하는 과정에서 기존의 정당들이 변화하는 정치 균열구조를 반영하지 못하는 가운데

〈표 6-10〉 1968부터 2005까지의 산업활동인구

(단위: 천 명/%)

	1968	1975	1980	1994	2000	2003	2005
농어업	3,123(17.8)	2,104(12.1)	1,841(10.5)	1,048(5.8)	292(1.5)	1,070(6)	953(5.4)
광산업	251(1.4)	177(1.0)	144(0.8)	66(0.4)	44(0.2)	36(0.2)	42(0.2)
제조업	5,317(30.4)	5,780(33.3)	5,445(31.0)	4,162(23.0)	3,833(19.8)	4,233(23.8)	4,130(23.2)
상업	2,628(15.0)	3,215(18.5)	3,386(19.3)	3,715(20.5)	3,320(17.2)	3,294(18.5)	3,341(18.8)
운송업	1,388(7.9)	1,250(7.2)	1,334(7.6)	1,397(7.7)	1,425(7.4)	1,580(8.9)	1,599(9.0)
서비스업	4,802(27.4)	4,812(27.8)	5,436(30.9)	7,733(42.7)	10,403(53.9)	7,557(42.5)	7,715(43.4)

출처: Safran(2009: 30)을 수정, 보완.

새로운 정당들이 등장하게 된다. 이는 프랑스 정당 체계 변화에 관해 사회경제적 측면에서의 설명을 가능하게 한다.

이 설명을 위해 우선 산업구조의 변화를 검토해 본다. <표 6-10>에서 보는 바와 같이 1968년 이후 3차 산업 즉 운송업과 서비스업의 비중이 10% 이상 증가하여 2005년에 이르러 증가율이 17%에 이른다. 이는 점진적인 후기산업사회로의 진입과 지구화의 확대 결과로 볼 수 있으며, 이러한 변화는 프랑스 사회의 근대적 산업구조의 변화로 나타난다.

이러한 산업구조의 변화와 함께 실업률의 변화를 살펴볼 수 있다. 다음 [그림 6-3]에서 나타나는 바와 같이 프랑스의 실업률은 유럽 평균보다 높은 수준을 유지하고 있었다.

극우 정당의 후보인 르펜(Jean-Marie Le Pen)이 사상 처음으로 결선투표에 진출한 2002년 대통령 선거 당시 프랑스의 실업률 역시 8.6%로 OECD 국가 평균은 물론이고 다른 유럽지역 국가들의 평균보다 높았다. 그리고 1996년 이후 비록 유럽 평균보다 높은 수준이지만 감소 추세이던 실업률이 2001년을 기점으로 다시 상승세로 전환되었다. 실업률이 상승하는 가운데 이민자의 증가는 내국인의 높은 사회복지비용 지출을 요구하게 되어 동거정부를 구성하고 있던 시라크 후보와 조스팽 후보에 대한 불만 요소가 되었다고 할 수 있다.

프랑스 사회의 균열구조는 혁명 이후 1970년대 후반까지 크게 계급 균열

[그림 6-3] 프랑스 실업률 추이

(단위: %)

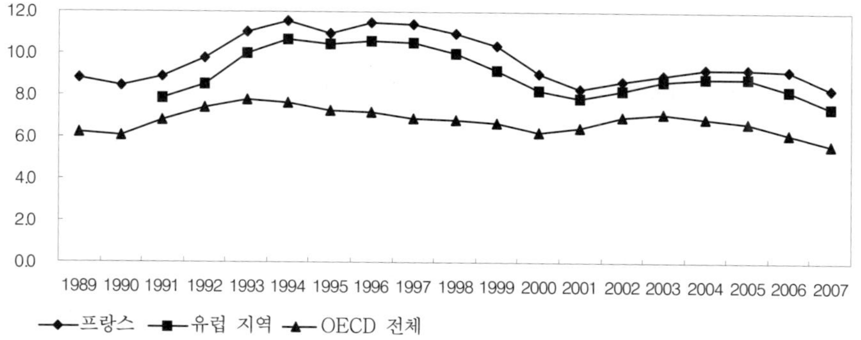

출처: OECD Main Economic Indicators[13]를 재구성.

과 도시와 농촌 즉 중앙과 지방의 균열이 지배적이었다고 할 수 있다. 혁명 이후에도 프랑스는 농업 종사자의 비율이 영국이나 다른 서유럽 국가들에 비해 높은 비중을 유지했다. 이로 인해, 1970년대 말까지 도시지역에서는 전형적인 계급 균열이 발생했고 중앙과 지방의 균열은 이러한 산업화의 심화 과정과 정치제도의 특징에 의해 형성된다. 산업화 정책은 도시 중심의 발전이 진행되는 과정에서 상대적으로 저발전 상태에 놓여 있으면서 1970년대 농업시장의 개방으로 피해를 당해야 하는 농촌지역에서 불만의 원인이 되었다. 이들의 정치적 대표자인 의원들은 '중앙-지방 겸직(cumul de mandate)'제도로 인해 중앙과 지방에서 동시에 정치 영향력을 행사했고, 지방명사 네트워크 형성을 통해 중앙정치에서 정당 간 갈등과 동시에 정당 내부 갈등을 불러일으키는 경향을 보이기도 했다(Knapp, 2004: 8).

그러나 프랑스의 정치 균열구조는 '68혁명' 이후 환경, 여성, 인권, 아동과 같은 사회적 약자의 권리 등 탈물질주의 가치의 확산으로 정당 지지자들 간 정치 균열구조가 뚜렷하지 않게 되는 현상이 나타난다. <표 6-11>

13) OECD. 인터넷 자료(http://www.oecd.org/dataoecd/5/47/2483871.xls. 검색일: 2009년 3월 30일).

과 <표 6-12>의 비교를 통해 그 현상을 살펴볼 수 있다. 두 개의 표에서 나타나는 표준편차를 살펴보면 1978년 선거에서의 표준편차의 평균이 18.16인데 비해 2002년 선거에서 나타나는 각 지지자들의 태도가 보여 주는 표준편차가 17.86으로 각 정당을 지지하는 유권자들의 이념적 차이가 적은 수준이지만 좁혀져 있음을 알 수 있다.

〈표 6-11〉 1978년 프랑스 선거에서 유권자들의 태도 (단위: %)

질 문	PCF 지지자	PS 지지자	UDF 지지자	RPR 지지자	평균	표준 편차
국유화는 확장되고 발전되어야 한다.	74	55	16	17	40.5	28.78
파업금지법은 매우 심각하다.	73	58	23	22	44	25.57
대안 일자리가 보장되지 않는 한 실업은 금지되어야 한다.(매우 동의)	70	56	22	29	44.25	22.57
대안 일자리가 보장되지 않는 한 실업은 금지되어야 한다.(대체로 동의)	89	81	56	61	71.75	15.77
학교는 규율과 노력의 의미를 전달해야 한다.	46	54	71	75	61.51	13.77
18세 이하 소녀들의 피임을 강제해야 한다.	66	56	38	41	50.25	13.12
프랑스 법원의 판결은 충분히 강력하지 못하다.	58	60	69	74	65.25	7.54

출처: Knapp(2004: 351)를 수정, 보완.

〈표 6-12〉 2002년 프랑스 선거에서 유권자들의 태도 (단위: %)

질문	Hue PCF	Jospin PS	Bayrou UDF	Chirac RPR	평균	표준 편차
공공 부문 고용의 축소	19	33	58	62	43	20.51
기업의 자유	17	41	77	74	52.25	28.6
빈부 격차 줄이기	88	76	55	53	68	16.9
비행청소년 가족에 대한 지원 중단	31	42	53	64	47.5	14.2
사형제 부활	18	27	31	48	31	12.56
프랑스에 너무 많은 이민자가 있다.	41	42	51	72	51.5	14.38

출처: Knapp(2004: 352)를 수정, 보완

이와같이 서구의 후기산업사회에서 정치적 선호도가 변화하는 원인을 키트셀트(H. Kitschelt)는 세 가지로 설명한다. 첫 번째는 시장적 상황(market situation)으로 경제의 세계화로 인해 기업이나 개인이 국제 경쟁에 노출되어 있는 수준을 의미한다. 두 번째는 도구적 합리성에 기반하는 전략적 행위자가 규칙과 질서를 중시하면서 권위주의적 결정을 선호하는 반면, 후기산업사회에서 전형적인 소통적 행위자는 민주정치에서 상호적이고 평등주의적인 가치 성향을 가진다고 주장하며, 하버마스(Jürgen Habermas)의 의사소통적 행위를 원용한다. 세 번째는 인지 능력으로, 그에 따르면 후기산업사회에서는 교육 수준의 향상과 함께 시민들의 인지 능력(cognitive capabilities)의 향상이 이루어져 사회적 환경을 숙달함으로써 모든 사회조직 내에서 참여, 평등, 자기규율 등을 주장하게 된다는 것이다(Kitschelt, 1998: 4-7).

[그림 6-4] 프랑스인의 가치 변화

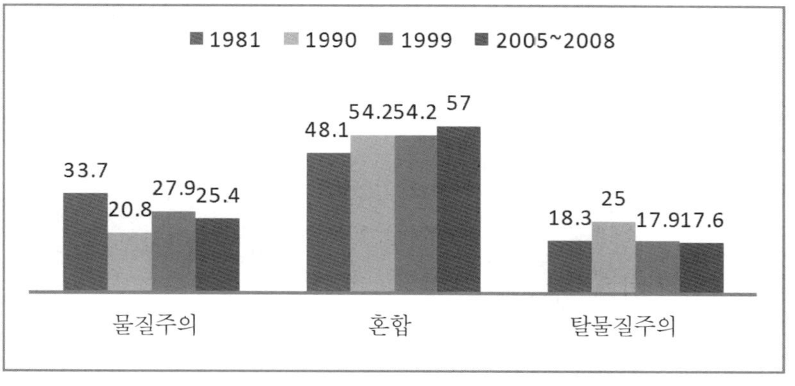

출처: World Values Survey. WVS 2005-2008, corresponding to the fifth wave of the World Values Survey; Four-wave Aggregate of the Values Studies[14]를 재구성.

14) World Value Survey(인터넷 자료: http://www.wvsevsdb.com/wvs/WVSAnalizeStudy.jsp. 검색일: 2009년 6월 30일).

이와 관련해 프랑스 사회의 후기산업사회적 변화를 앞의 [그림 6-4]와 같이 살펴볼 수 있는데, World Value Survey에서 1981년, 1990년, 1999년, 그리고 2005~2008년의 시점별 조사 결과를 교차분석한 것이다.

이에 의하면 전통적 물질주의의 비율이 후기산업사회적 특성을 규정짓는 탈물질주의의 비율보다 높게 나타나고 있는 반면, 혼합적 태도의 비율이 1981년 이후 계속해서 증가하는 추세를 보이고 있다. 비록 물질주의의 비율이 탈물질주의의 비율보다 높은 결과를 보이고 있지만, 그럼에도 물질주의 비율이 감소하는 경향은 정치적 선호도 변화와 무관하지 않은 것으로 이해할 수 있다.

이러한 후기산업사회로의 진입은 녹색당류의 좌파해방주의 정당과 국민전선과 같은 우파권위주의 정당의 등장과 성장의 배경이 되며, 이를 가능하게 한 것은 유권자들의 탈물질주의적 인식 변화와 기존 사민주의 정당과 보수 정당의 정책적 수렴에 따른 이념적 공간의 개방이었다고 할 수 있다(박재정, 2007: 91). 콜(A. Cole)은 1986년과 1997년 사이 선거에 정당들의 이념과 정책의 이동의 측정을 통해 정당들의 수렴 현상을 확인한 바 있다([그림 6-5] 참고). 그의 분석에 따르면 1997년에 등장한 녹색당을 제외한 주요 정당들이 모두 이념과 정책에서 신우파로 이동한 것을 알 수 있다. 그런 가운데 사회당이 신우파로 급격히 이동한 반면 드골주의자 정당들은 구좌파의 이념과 정책을 소극적으로 받아들이는 가운데 국민전선과 비슷한 정도의 신우파로 이동했다. 이는 앞의 <표 6-11>과 <표 6-12>에서 정당별 지지자들의 태도가 수렴되는 현상을 보인 것과 같이 정당들 또한 정책적 수렴을 보인 것이라 할 수 있다.

이렇게 정당들 간의 이념과 정책의 수렴은 신좌파적 녹색당이나 극우정당인 국민전선이 기존 정당들과의 정책적 차별성을 보임으로써 선거를 통한 성장 기회가 더 자주 확보될 수 있었으며 2002년 대통령 선거는 극단적 현상을 보여 주었다. 2002년 프랑스 대통령 선거는 선거 초반에는 뚜렷한 쟁점이 없이 진행되었지만 선거일이 가까워지면서 사회 안전(security)의 불안과 실업률, 증가하는 이민자에 대한 문제가 급격히 등장하게 되었다. 이러한 현상을 국민전선의 르펜과 같은 극우주의자들이 적극적으로 정책에

[그림 6-5] 1986과 1997년 선거에서 프랑스 정당의 이념과 정책 이동

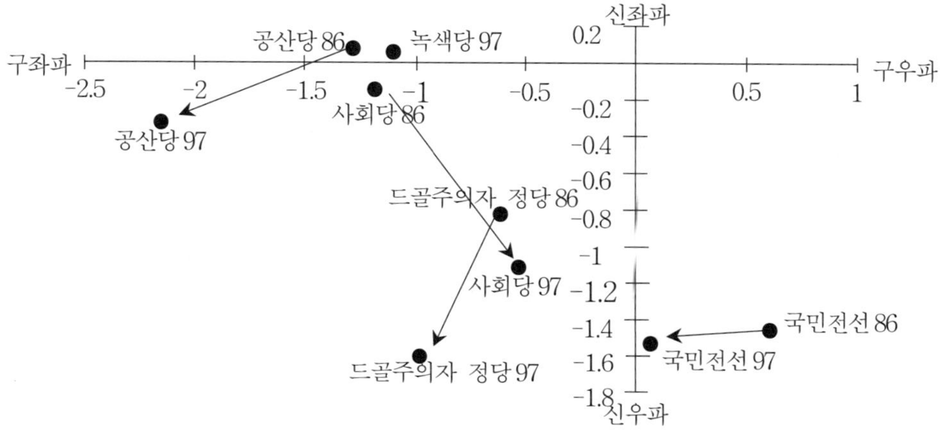

출처: Cole(2005: 219).

반영하면서 기존 정치 세력에 반감을 가진 유권자들을 결집시킬 수 있었다.

3 제5공화국의 정치 안정성

제5공화국 기간의 정치 안정성의 문제는 동거정부 기간과 비동거정부 기간의 정부 안정성, 정당연합의 양상을 통해 살펴볼 수 있다. 이와 함께 정치 안정성과 정당의 파편화 현상과 양극 다당제의 연관성에 관해서도 파악해 본다.

정부 안정성과 관련해 비동거정부 기간에도 정당연합에 의한 연정이 이루어졌지만 동거정부 시기만큼 극단적으로 '어색한 연합'은 아니었다. 비동거정부 기간의 정부 안정성은 내부 권력 배분이 불균형 상태에 있거나 당파적 분열 상태일 경우 정치 불안정이 발생했음을 알 수 있다. 그리고 제5공화국 시기 발생한 수상 해임은 모두 이러한 불안정한 정부구조 하에서 발생했다.

반면 동거정부 기간은 비동거정부 기간에 비해 정부의 안정성이 확보되는 것으로 파악된다. 동거정부 기간 정치 안정이 이루어질 수 있었던 상황에 대해 뒤베르제는 정치적 판단의 문제로 보았다. 그에 의하면 1986년 미테랑 대통령 하에서 동거정부가 구성될 수 있었던 이유는 의회 다수파의 취약함, 여론의 동거내각 지지(국민 3명 중 2명), 우파 전체에 대한 권위를 획득하기 위한 시라크 수상의 정치적 판단이라고 보았다 (Duverger, 2003: 213-214). 이 시기는 <표 6-13>에서 알 수 있듯이 좌우 연정의 상황이었지만 내부 권력 분배가 균형을 이루면서 연정의 결속력이 강한 상황이었다. 이로 인해 제5공화국 역사에서 첫 좌우 동거정부가 구성되었음에도 불구하고 비교적 안정적인 정국 운영이 가능했다. 두 번째 동거정부 역시 미테랑 대통령 시기에 구성되었고 수상은 발라뒤르가 맡았다. 이 시기 정치구조는 좌우 연정의 상황에서 당파적 갈등이 존재함에도 불구하고 권력 배분의 균형이 이루어짐으로써 갈등을 상쇄시키는 효과를 나타냈다. 세 번째 동거정부는 1997년 우파 대통령인 시라크와 좌파 수상인 조스팽의 동거 기간이었다. 이 기간은 좌우 연정의 결속은 강한 상황이었으나 내부 권력 배분에 서는 불균형의 상황으로 앞의 두 동거정부 시기보다는 덜 안정적이었다.

동거정부 기간 역시 비동거정부 기간과 같이 연정 내 권력 배분의 불균등성과 당파적 분열이 존재했음에도 불구하고 정부 안정성이 유지될 수 있었던 원인은 대통령과 수상의 관계에서 찾을 수 있다. 즉 동거정부 기간 동안 수상은 다수당의 대표로서 차기 대통령 선거에서 현 대통령의 예비 경쟁 대상이 되었으며, 이로 인해 서로 갈등의 모습을 국민에게 보여 주기보다는 협력하는 모습을 보임으로써 '대통령감(présidentiable)'으로서의 긍정적 이미지를 심어 줄 필요에 의한 전략이 작용했다고 볼 수 있다. 비동거정부 기간 대통령은 수상을 해임하더라도 정치적 부담이 덜하지만 동거정부 기간의 경우 다수당의 대표인 수상을 해임하게 되면 의회 해산으로 이어져 하원 선거를 통해 의회를 재구성해야 하는 정치적 부담을 가지게 된다. 따라서 동거정부 기간 대통령과 수상은 미테랑과 발라뒤르, 시라크와 조스팽의 관계가 보여 주듯이 정책 혹은 이미지 경쟁의 긴장 관계 속에서 '불편한 경쟁적 동거'를 유지하게 된다.

〈표 6-13〉 제5공화국의 정치 안정성

연도	대통령	수상	다수당	다수당의 결속도
58 59 ~61	de Gaulle	Debré (해임)	Gaulle.+Soc.(1959년까지)+Centre(1962년까지)	CBF
62 63 ~67		Pompidou (해임)	Gaulle.+Giscardians(Gaulle. 지배적)	CICo
68		Couve	Gaull.(압도적)+Giscardians+Centre 일부(1969년부터)	
69 70 71	Pompidou	Chaban-Delmas (해임)		CIF
72 73		Messmer	Gaull.(지배력 상실)+Giscardians and of Centre(+UDF from 1978)	
74 75	Giscard d'Estaing	Chirac		
76 77 ~80		Barre		CBCo
81 82 83	Mitterrand	Mauroy (해임)	PS 압도적(PCF support and ministers till 1984)	CICo
84 85		Fabius		SCo
86 87		Chirac (동거정부)	Gaull.+UDF	CBCo
88 89 90		Rocard (해임)	PS(압도적 다수가 없는 정부)	SF
91		Cresson(해임)		
92		Bérégovoy		
93 94 95		Balladur (동거정부)	Gaullists+UDF	CBF
96	Chirac	Juppe		CBF
97 98 ~01		Jospin (동거정부)	PS+PCF+Les Verts	CIF
02		Raffarin	UMP(압도적)+UDF	SF
03 ~06		Villepin		
07 08	Sarkozy	Fillon	UMP(압도적)+NC	SBCo

참고: S(single-party) - 단일 집권 정당, C(coalition) - 연정 / B(balanced) - 내부 권력 배분의 균형 상태, I(imbalanced) - 내부 권력 배분의 불균형 상태 / F(factionalized) - 당파적 분열 상태, Co(cohesive) - 강한 결속 상태

출처: Elgie(1999: 121), Knapp(2004: 35)의 논의를 종합하여 재구성.

제 5 절 정책결정과 입법 과정에서 행정부와 입법부의 관계

1 프랑스의 정책결정과 입법 과정

프랑스의 국가정책은 정책기구들에서의 사전 논의를 거쳐 국무회의에서 최종 확정되는데, 경제·사회 분야, 국가안보 분야, 유럽문제로 나누어 참여기구와 구체적인 절차가 각각 제도화되어 있다(이송호, 2001: 90-92).

경제·사회 분야의 정책은 '주무부처→부처 간 협의→수상실 조정(→국사원[15]의 검토와 자문: 법률안이거나 중요 명령일 경우)→대통령실 검토 후 대통령에게 보고→국무회의'의 단계를 거친다. 이 과정 중 수상실 조정 과정 단계에서 대통령의 승인이 필요하거나 국무회의에 상정해야 하는 중요 안건이 있을 경우 대통령 국정총괄처의 보좌관이 참여해 대통령의 공약 사항이나 정책 비전을 반영하게 된다. 이때 대통령과 수상의 의견이 다른 경우이거나 동거정부 시기인 경우 양자 간의 권력게임 혹은 권한 경쟁이 발생하게 된다.

국가안보 분야의 중요 정책 조정은 '주무부처의 초안 작성→관련 부처의 의견 수렴과 조율→국방총괄처 주관의 전략회의와 3자회의(대통령, 수상, 국방 장관)→국방회의→수상 행정총괄처 주관 하의 부처 간 회의→국무회의'의 순으로 진행된다. 이때 전략회의는 비공개 임시회의로 진행되며 참여 대상은 대통령과 수상의 담당 보좌관, 국방부 담당 국장, 철학자, 사회학자, 시민단체 대표 등 40~50여 명으로 구성된다. 중요 정책이 아닌 경우 전략회의, 3자회의, 그리고 국방회의는 생략된다.

유럽문제에 관한 정책 조정은 <표 6-14>와 같이 유럽연합의 주요 사안

---

15) 국사원(Conseil d'Etat)은 프랑스 정부의 행정·입법 자문기관과 최고 행정재판소의 역할을 겸하고 있다.

〈표 6-14〉 유럽 문제에 관한 정책 조정 과정

유럽연합의 주요 사안에 관한 프랑스의 입장 수립	EU대사관에서 유럽총괄처로 의제 전달 ⇩ 부처간 회의(유럽총괄처 주관) ⇩ 의회 심의, 확정
유럽연합의 결정에 대한 국내 수용	유럽총괄처 검토: 국내법 저촉 여부 검토 ⇩ 국사원, 관련 부처에 의견 의뢰 ⇩ 취합된 의견을 행정총괄처로 전달 ⇩ 국무회의(혹은 법률 사항의 경우 의회)

에 관한 프랑스의 입장을 정하는 경우와 유럽연합에서 결정된 정책의 프랑스 내 수용에 관한 두 가지 경우가 있다.

프랑스 국가정책 수립에서 주요 행위자는 대통령과 수상이 된다. 이들은 각각의 정책보좌기구를 운영하고 있으며 대통령은 국정총괄처를 중심으로, 수상의 경우는 비서실을 중심으로 정책 수립과 정책 진행의 점검이 중요하게 이루어진다. 세부적으로 살펴보면 대통령은 대통령비서실, 국정총괄처, 특별참모부 등의 정책보좌기구를 두고 있다. 이 중 국정총괄처는 GSP (General Secretariat of the Presidency)로 알려져 있으며, 정책보좌의 핵심을 담당하고 있다. 국정총괄처는 대통령에게 보고되는 행정보고서를 사전 점검하고 필요한 조언을 한다. 그리고 대통령이 특별히 관심을 두고 있거나 대통령의 승인이 필요한 정책과 법령에 관한 사전 검토를 통해 대통령의 의지가 반영되었는지의 여부를 점검하고 대통령에게 해당 사안에 대한 지지와 반대를 표명할 수 있다. 국정총괄처의 정책 관련 기능 중 다른 하나는 수상비서실을 통해 정책 시행의 진행 과정과 효과를 점검하고 문제가 나타날 경우 각 부처 실무책임자들로 구성된 회의 소집을 통해 대책을 마련하는 역할을 맡기도 한다.

수상은 캐비닛(Cabinet)으로 알려진 일반비서실 그리고 군사비서실과 함께 행정총괄처, 국방총괄처, 유럽총괄처, 기타 지원기구를 두고 있다. 캐비닛은 명령 체계가 수립된 위계 질서를 바탕으로 수상의 최측근들로 구성되며 정책보좌의 핵심 역할을 맡게 된다. 나머지 보좌기구들은 행정 절차에 관한 보좌를 하게 된다. 일반비서실은 사안에 따라 수상의 이름으로 정책을 결정하거나 부처 간 실무회의를 통해 부처 간 이견을 조정하는 역할을 한다(이송호, 2001: 86). 이들 정책 영역은 실업, 사회 안전과 같은 사회문제 분야, 외무부와 밀접한 연관을 가진 (비교적) 사소한 국제 분야, 재정정책과 관련된 경제·재정 분야, 원활한 입법을 위한 의회 분야, 그리고 언론접촉 분야로 세분된다(Elgie, 2003: 106). 군사비서실의 경우에는 군비문제, 군사통제, 위기 대응, 군사행정 등에 관해 총리에게 조언하고, 국방부, 대통령 특별참모부, 국방총괄처 등과의 연락을 담당한다.

국정총괄처(GSP)와 캐비닛의 관계는 비동거 시기와 동거 시기별로 다른 양상을 보인다. 비동거 시기에는 일반적으로 상호 협력의 모습을 보이기도 하지만, 국정총괄처가 캐비닛의 영역을 침범해 다툼이 발생하기도 한다. 반면 동거 시기에는 다른 모든 형태의 접촉은 금지되며 국정총괄처와 캐비닛의 대표 간 접촉만 이루어진다(Favier and Martin-Roland, 1991: 486-487). 이로 인해 대통령의 참모들이 정책 개발에 대해 통보받지 못하는 동안 그들은 정책결정회의에 참석하지 않으며 정책 과정은 수상실로 집중된다(Elgie, 2003: 106).

정책 수립 과정에서 대통령과 수상은 '관계장관회의'와 '내각위원회'를 통해 정책 수립과 부처 간 이견을 조정한다. 이 회의의 종류를 살펴보면 국무회의, 관계장관회의, 임시관계장관회의, 고등자문회의, 내각회의, 내각위원회, 임시내각위원회, 고등자문위원회, 부처간실무회의 등이 있다. 이들 회의 중 대통령이 주재하는 회의는 국무회의, 관계장관회의, 임시관계장관회의, 고등자문회의 등이고, 수상은 내각회의, 내각위원회, 임시내각위원회, 고등자문위원회 등을 주재한다. 부처간실무회의는 관련 부처 장관비서실 보좌관이나 고위공무원들이 참여하는 실무회의이고, 총리비서실장이나 비서실 보좌관이 주재한다.

이때 각 회의는 대통령과 수상 간의 관계 그리고 권력의 편중 정도에 따라 그 정치적 중요성이 변하기도 한다. 예를 들어, 수상이 대통령에 비해 정치적 비중이 크거나 동거정부의 상황에서는 수상이 주재하는 내각회의와 내각위원회가 활성화되지만, 비동거정부 시기에는 대통령이 주재하는 관계 장관회의 혹은 임시관계장관회의가 활성화된다(이송호, 2001: 89). 이상과 같은 정책 수립 과정을 거친 후 이를 제도적으로 뒷받침할 법안 수립이 필요한 경우에는 추가로 입법 과정을 거치는데, 그 구체적인 과정은 [그림 6-5]를 통해 전반적인 흐름을 알 수 있다. 입법 제안은 상·하 양원의 의원과 정부에서 할 수 있다. 그런데 의회와 행정부와의 관계 측면에서 볼 때 상원에 비해 하원의 입법 권한이 더 우월하다고 할 수 있다(임도빈, 2000: 116).

그 이유는 첫째, 직접선거에 의해 선출되는 하원이 가진 상징성을 들 수 있다. 신임 수상은 하원을 직접 방문해 정책 방향을 설명하지만 상원에는 장관 중 한 명이 대리인으로 방문한다. 그리고 정부의 예산안 제출에서도 하원에 먼저 상정해 심의하도록 해 직접선거에 의해 선출된 하원에 정치적 의미를 더 두는 것으로 이해할 수 있다.

두 번째 이유는 실질적 측면으로 내각은 하원에 대해서만 그 정치적 책임을 지므로 내각 불신임권도 양원 중 하원에단 주어진다는 데에 있다. 그리고 헌법 제45조는 양원의 심의를 통해 마련된 단일안을 의회에서 심의하도록 하고 있지만 정부 제출 법안에 대해 양원의 의견 차이로 합의가 이루어지지 않을 경우 수상은 하원에서 최종안을 채택하도록 요구할 수 있다는 것 또한 그 이유가 된다.

이에 비해 상원은 '제2원(the second chamber)'으로 불릴 만큼 그 권한이 하원에 비해 약한 것은 사실이다(Stevens, 2003: 168-167). 그럼에도 불구하고 입법 과정에서 상원의 역할이 없는 것은 아니며, 그들이 가지는 지역대표성으로 인해 점차 그 역할이 증대되고 있다. 특히, 하원을 구성하는 다수 정당이나 대통령이 상원에서의 다수 정당과 다를 경우 입법 지연 등을 통해 그 권한의 사용을 늘려가고 있다. 이러한 입법 과정에서 정당 간 경쟁, 의회 내 경쟁, 그리고 행정부와 의회의 경쟁이 격화되는 정도에 따라 다른 양상이 나타나기도 한다.

[그림 6-6] 프랑스 입법 과정에서의 단계

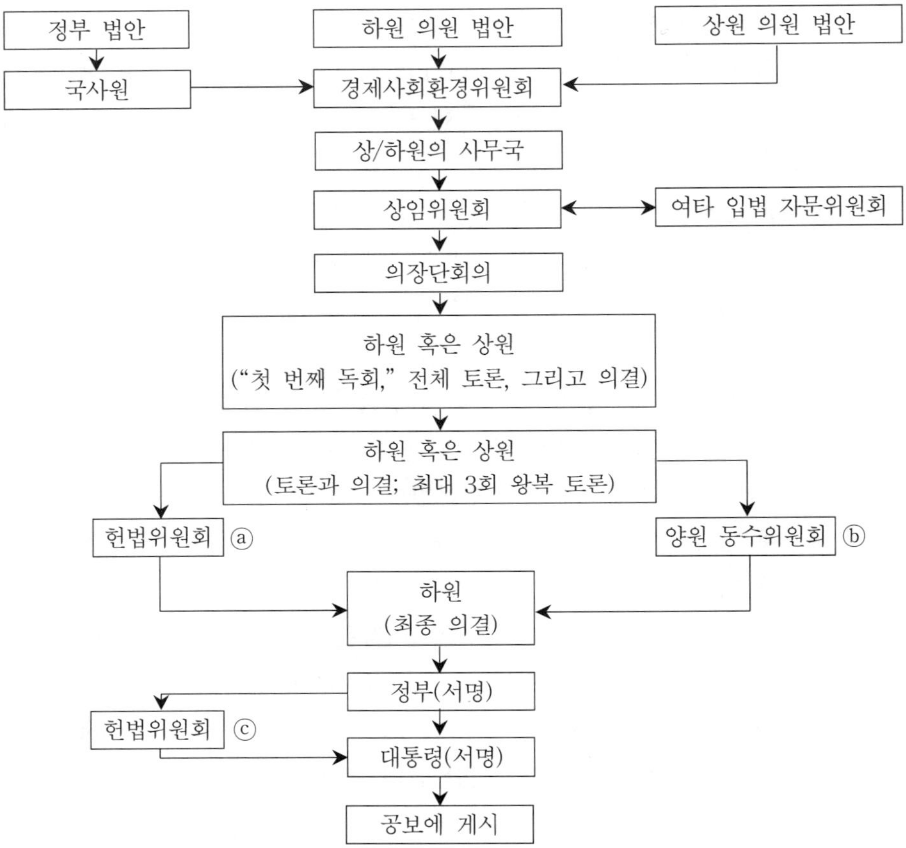

ⓐ는 법안의 합헌성에 대해 정부와 상·하원 중 한 곳의 동의가 이루어지지 않을 경우
ⓑ는 양원 사이에 동의가 이루어지지 않을 경우
ⓒ는 조직법(organic law)의 경우

출처: Safran(2009: 251)에서 수정·보완.

2 행정부와 의회 관계

프랑스의 행정부에 대한 의회 권력은 영국이나 독일에 비해 약한 것으로 평가되고 있는데 여기에는 헌법적 제약이 크게 작용한다. 헌법에 의해 제한되는 하원의 권한은 의회 운영과 법안 처리 절차, 그리고 입법 범위의 제한에 관한 것으로 파악할 수 있다. 이들 내용에 관해 헌법을 중심으로 살펴본다.

의회 운영과 관련해서는 의회의 회기를 연간 최대 170일로 제한(헌법 제28조)하고 상임위원회의 수를 8개(헌법 제43조)로 명시한 것이다. 그리고 제48조에 의해 정부는 의회의 의사일정 수립에 관여할 수 있도록 조치하고 있다. 구체적으로는 비록 의회의 해당 위원회가 심의를 진행 중인 사안이거나 심의 완료된 법률안이라고 하더라도 그것의 본회의 상정 여부는 행정부가 결정할 수 있다.

입법 범위의 제한은 제40조에서 '세입의 축소나 세출의 증가를 결과하는 법 개정안 제출'을 금지하는 것으로 명시되어 있다. 그리고 제42조에서는 '헌법개정안, 재정법률안, 그리고 사회보장제도 기금법률안'의 경우 의회의 1차 독회에서 정부안을 토론하도록 함으로써 정부 입법에 우선권을 두는 것으로 볼 수 있다.

법안 처리 절차에 관해서는 입법 과정에 정부 권한을 부여하는 것과 하원에 법안 처리 우선권을 부여하는 것으로 구분할 수 있다. 정부의 입법 권한을 보장하는 조항들을 살펴보면, 우선 의회를 통한 입법권의 대상 분야를 미리 규정해 놓은 헌법 제34조를 들 수 있다. 그 대상 분야로는 공공의 자유권, 민법, 형법, 재정법, 행정기관 및 지방자치단체, 공무원의 지위, 국유화문제 등을 나열하고 있다. 이와 함께 의회에서는 근본적인 원칙만 확인하고 구체적인 법규는 행정에 맡기는 분야로 국방, 지방자치단체의 자치행정, 교육, 상법 및 사회법 분야가 있다(임도빈, 2000: 118-119). 이는 국민에 대한 직접 서비스 행위자를 국가로 보는 공화주의적 태도에서 기인하는 것으로 이해할 수 있다.

다음으로는 헌법 제38조에서 오르도낭스에 의한 법률포고권을 살펴볼 수 있다. 정부가 이를 요구할 경우 법안은 의회의 심의를 거치지 않고, 국사원의 검토를 거쳐 국무회의에서 의결하게 된다. 이 오르도낭스는 일정 기간 효력을 유지하며, 효력 기간이 끝나게 되면 의회에서 이에 대한 법률

심의를 진행해야 한다. 그리고 정부는 제44조에 근거해서 각 위원회가 심의를 시작하기 전 미리 제출되지 않은 법률 개정안에 대해 의회에서의 심사를 거부할 수 있으며, 정부가 제출한 개정안에 대한 일괄투표(single vote)를 요구할 수 있도록 규정하고 있다. 그런데 제44조 3항에 명시되어 있는 일괄투표 조항은 연정(coalition government)의 존재와 연관을 가지며, 행정부는 이를 통해 법안 원안의 내용을 유지하려는 수단으로 활용한다(Huber, 1992). 이와 관련해, 시라크 대통령 재임 기간을 예로 들어 본다.

[그림 6-7]은 시라크 대통령 기간에 의원과 정부에 의해 발의된 법안 중 의회에서 최종 통과된 법안의 현황을 보여 준다. 이에 의하면, '1997~1998' 회기연도부터 '2001~2002' 회기연도까지는 의원과 정부에 의해 발의된 법안의 통과 건수가 비슷하게 나타나지만, '2001~2002' 회기연도 이후에는 정부 발의 법안의 통과 건수가 압도적으로 많음을 알 수 있다. '2001~2002' 회기연도 이전은 좌파 정당들과 함께 동거정부를 구성한 시기였으며, 그 이후는 압도적인 의회 의석 수를 장악한 상황에서 우파인 프랑스민주연합(UDF)과 함께 연정을 구성한 시기였다. 즉, 동거정부 시기에는 야당뿐만 아니라 연정 대상 정당과의 경쟁으로 인해 정부의 정책 의도를 원안대로 반

[그림 6-7] 입법 제안 주체별 법안 통과 현황

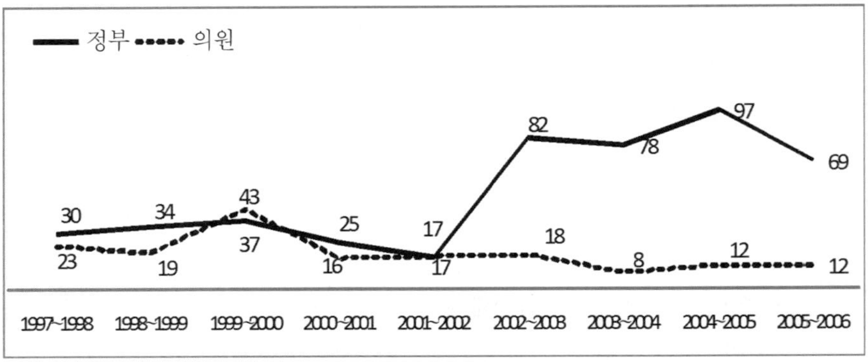

출처: Safran(2009: 258)에서 재구성.

영하기 어려웠던 반면, 비동거 시기에는 정부 정책을 강력하게 입법화할 수 있었던 것으로 이해할 수 있다.

제45조에서는 정부가 양원 동수로 구성되는 '합동위원회'에 의한 긴급처리를 요구할 수 있도록 하고 있는데, 만일 이를 통해서도 합의안이 도출되지 않을 경우 정부가 이를 하원에서 최종 결정하도록 요구할 수 있다. 입법권을 보장하고 있는 또 하나는 제47조로 정부가 제출한 재정(財政) 법안이 의회에서 70일 이내에 논의되지 않을 경우 정부가 정부령에 의해 발표할 수 있는 권한을 부여하고 있다.

행정부의 가장 강력한 입법 권한은 내각의 신임과 연계한 법안 심의 요구로 제49조 3항에 명시되어 있다. 수상은 의회의 반대가 예상되는 법안을 자신의 신임과 연계해 의회에 특정 법안 처리를 요구할 수 있는데, 이때 의원 절대 다수로 수상 불신임이 의결되지 않는 한 법안은 자동으로 성립된다. 이 조항이 정부의 가장 강력한 입법 권한으로 해석될 수 있는 것은 동거정부이거나 단독정부인 모든 경우에 행정부가 입법부를 압박할 수 있는 수단이 된다는 데 있다. 한편 제49조 3항은 수상이 의회의 영향력을 우회하여 인기 없는 혹은 의회의 반대가 예상되는 정책을 추진할 수 있다는 측면에서 불신임제도를 통해 행정부의 권한을 강화하는 수단으로 활용한다고도 이해할 수 있다(임도빈, 2000: 117).

이와같이 헌법에 의해 의회의 입법 권한이 제도적으로 제약을 받는 것과 함께 대통령의 정당에 대한 간섭을 통한 영향력 행사 역시 의회의 권한 약화에 직·간접적인 영향을 미친다. 프랑스 정치에서 '대통령 다수파(presidential majority)'라는 용어가 이를 잘 표현하고 있는데, 이는 대통령의 정책 지지자들을 하나로 아우르는 인식적 근거이자 대통령과 정당과의 유착을 정당화시켜 주는 비제도적 고리로 작용한다. 그리고 대선에서 대통령을 지지한 전 유권자와 지지 정당들을 단일한 정치 세력으로 아우르는 호칭으로 이용되기도 한다. 프랑스 제5공화국에서 대통령은 이러한 지지를 바탕으로 정당과 다양한 형식의 유착을 통해 자신의 정책적 일관성을 유지하려 했다. 그 유착의 사례들을 살펴보면, 의회에서의 다수파 획득을 위해 '수상 해임'과 같은 헌법적 중재 권한을 활용하거나 헌법이나 법안 개정을 독촉

하기도 한다. 여기서 나아가, 대통령이 선거에 직접 개입해 특정 정당에 유리한 방송 연설을 하거나 담화를 발표하기도 한다. 그리고 자신을 지지하는 정당의 충성도를 유지하기 위해 정부 각료의 구성에서 자신에 대한 충성도가 높은 당원을 선발하거나 연정을 구성하는 각 정파들의 역학 관계를 반영해 나누어 주는 논공행상을 벌이기도 한다. 대통령은 또한 정당의 간부 인선에 영향력을 행사해 자신의 측근을 당 권력의 중심에 두기도 했으며, 때에 따라 전당 대회에 개인적 메시지를 보내 낭독되도록 하기도 했다(김응운, 2001: 12-15). 미테랑 대통령의 경우 자신의 지지 정당이었던 사회당 대표들과의 정기적인 회동을 통해 직접적으로 자신의 정책을 관철시키기도 했다. 그는 1988에서 1993년 사이 사회당 대표들과 수상, 재정재무장관, 의회 관계 장관 등이 참석한 가운데 매년 재정법이 의회에 제출되기 전에 의견을 조율하기도 했다(Elgie, 2003: 172). 이 회동을 통해 미테랑 대통령은 자신의 정책 실현을 위해 다수 정당의 정책 수립에 직접적인 영향력을 행사할 수 있었다. 한편, 이 부분은 2008년 헌법 개정을 통해 대통령이 의회에서 국정연설을 할 수 있도록 함으로써 대통령의 정당과 의회에 대한 개입이 보장될 수 있는 하나의 제도적 근거가 되었다.

3 이익집단의 정책결정 과정 관여

프랑스 사회는 매우 파편화되고 다원적인 성격을 가진 사회임과 동시에, 정치적 프로그램과 정책의 이행에 특정한 역할을 하는 이익집단 혹은 압력단체들이 존재한다(Stevens, 2003: 250). 그리고 프랑스의 사회운동은 국가에 저항을 하지만, 국가의 영역 자체를 축소하거나 그것에 반하는 것이 아니라 국가에 더 많은 것을 요구하는 '국가 중심의 사회 요구운동' 형태로 나타난다(손영우, 2004: 257).

프랑스의 많은 시민사회 내의 그룹들은 파편화되고, 이데올로기적 그리고 지역적 경계를 따라 분할되어 있는데, 이를 기능에 따라 다음과 같이 분류할 수 있다(Stevens, 2003: 230). 첫째는 반관집단(parastatal groups)으로 상공회의소, 농업회의소, 무역회의소 등이 있다. 둘째는 사회적 파트너로 노동조합이 대표적이다. 세 번째는 압력단체 또는 로비단체들로 프랑스 소비자조직, 학생 그룹, 가족협회, 학부모-교사협회, 여성운동 등을 들 수 있다. 이들은 1968년 혁명 이후 탈물질주의적 사조의 영향으로 확산되었다. 네 번째는 각종 클럽과 단체(societies or association)로 운동(sports) 관련 단체, 학술 관련 단체 등을 이에 포함할 수 있다.

하지만 이들의 정책결정 과정에의 참여는 한계를 가진다. 프랑스의 이익집단이 정책결정 과정에 영향을 행사하기 위한 그들의 능력이 제한적인 것에는 네 가지 핵심 제한 요인을 들 수 있다(Wilson, 2008: 238-239). 첫째, 사적 이익으로부터 거리를 두려는 국가의 신성성과 공적 이익을 달성하기 위해 국가가 가지는 실질적 힘에 대한 이익집단의 정치적 힘의 제한이 존재한다. 둘째, 이익집단은 민족 이익을 주장하는 국가에 대해 도전할 수 없다. 셋째, 일반 정책 목표에 대한 이익집단 엘리트 간 합의의 부재는 국가의 관심을 받지 못한다. 넷째, 이익집단의 전반적 취약성은 정책형성 과정에 영향력을 발휘하는 데 제한적이다.

이러한 능력의 제한을 갖는 가운데 프랑스에서 이익집단 정치의 구조와 배경은 몇 가지 지점에서 다원주의 모형을 따르는 미국과는 다른 특성을 갖는 것으로 파악된다. 첫째, 이익집단과 정당은 때로는 공식적인 구조의 측면에서 때로는 이데올로기적인 측면에서 종종 연결되어 있다. 둘째, 전반적인 헌법적 체계의 문제가 아니라면, 이익집단은 단일한 이슈를 넘어서고 정치제도의 근본적 성격에 관계되는 목적을 추구할 수 있다. 셋째, 이익집단의 역할에 관한 공식적 정당화가 이루어져 있다. 헌법 제4조에서는 "정당과 집단은 정치적 의사 표현의 수단이 되는 바, 즉 그들은 자유롭게 조직될 수 있고, 자유롭게 행동할 수 있다"고 명시하고 있다. 이 정당화는 이익집단에 공식적 지위를 승인하고 공적 집단 내에서 그들의 대표성을 제공하며, 그리고 그들에게 정책 이행의 어떤 의무를 위임하는 법이 반영된 것이다. 넷째, 정부에 의해 이익집단들에 관한 제도화된 자문 형태가 있는데, 이로 인해 종종 일련의 정책의 출처나 경계, 즉 공적 영역(국가)이나 사적 영역(시민사회)의 경계를 밝히기가 어렵다(Safran, 2009: 182).

프랑스의 이러한 이익집단의 특징이 반영된 대표적인 제도로 '경제사회환경위원회'를 들 수 있다. 경제사회환경위원회[16]의 역할을 다음의 세 가지로 파악할 수 있다(손영우, 2005: 214-217). 첫째, 정부가 법안을 상정하기 전에 사회에 대한 그 영향을 미리 예측할 수 있는 이른바 '사회적 실험실' 역할을 한다. 둘째, 경제사회환경위원회의 활동을 통해 정부, 의회 기관과 이익집단 간의 많은 정보가 유통되도록 하는 '교차로' 역할을 한다. 셋째, 사회집단 간의 대화를 통한 사회적 윤활유 역할을 한다. 그리고 이 제도가 가지는 정치적 의미는 이익단체의 정치적 제도화를 통한 정책결정 과정에의 참여를 확보한다는 것이다.

국가는 언제나 이익집단과의 모호한 관계를 유지해 왔다. 한편으로는 이론적 권위에 의해 이익단체를 거부하고, 다른 한편으로는, 공적·사적 이익이나 제도를 구분하기 어려움으로 인해 이익단체와 밀접한 관계를 수립했다(Mény, 1989: 391). 프랑스 행정부는 특정 이익집단과 협력하거나 그들이 제공하는 정보나 전문 의견에 바탕해 세부적인 정책을 개발한다. 그러나 국가가 모든 이익집단을 필요로 하는 것은 아니다. 그들 이익집단들이 상호 관계를 맺기 위해 선택했듯이 국가는 선택권을 행사해 왔다(Stevens, 2003: 243-244).

이는 프랑스의 강한 국가의 성격을 보여 주는 것이고 제5공화국에서도 이어지는 중앙집권화된 공화주의 국가 전통의 특성에서 기인한 것을 볼 수 있다. 그러나 프랑스의 이러한 국가 전통은 1980년대 이후 분권화정책의 도입과 신자유주의의 확산으로 인해 특히 공공 부문의 민영화와 관련하여 다소간의 변화를 보이고 있는 듯하다. 라파랑(J. P. Raffarin) 수상은 국가는 더 이상 보편적 이해를 독점하지 않으며 시민사회 역시 보편적 이해의 위탁자라고 주장하면서 국가 기능의 일부를 시민사회로 이전하려는 정부의 정책, 즉 공공 부문의 민영화를 정당화하는 모습을 보이기도 했다(Raffarin,

16) 경제사회환경위원회는 1925년 정부령에 의해 '전국경제위원회'로 출발하여 1936년에 법제화되었다. 1946년 헌법기구가 된 이후 1958년과 1984년에 헌법 개정을 통해 조직 체계가 강화되었다(경제사회위원회 홈페이지에서 요약). 그리고 2008년에 헌법 개정을 통해 '경제사회환경위원회'로 개편했다.

2002: 106-107). 한편으로 다원주의에 입각한 참여민주주의적 원리의 도입에 대해 2007년 대통령 선거 기간 동안 시민배심원제도를 발전시켰던 사회당 후보 루아얄(Ségolène Royal)에 의해 전국 수준의 선거에서는 처음으로 제기되기도 했다. 참여민주주의가 선거적 방법 이외에 시민들이 정치 과정에 영향을 미치는 것으로 이해할 때, 일단의 정치대표자들이 참여민주주의를 프랑스의 중앙집권적 대의 체계의 이미지 개선과 투표 참가 제고를 위한 근본적 수단으로 간주하고 있음을 설명하는 것이기도 하다(Premat, 2009: 1).

제 6 절 소결론: 이원정부제 권력구조의 진화 — 이론과 현실

이 장에서 프랑스 이원정부제가 계속해서 진화하고 있음을 공화정체의 형성 배경과 대통령제화로의 헌법 개정의 역사적 전개 과정을 통해 살펴보았다. 1798년 대혁명은 부르주아들이 구체제로부터 자유를 획득하기 위한 투쟁이었고, 대혁명의 중심 사상이 프랑스 현대 민족국가 형성에 사상적 중심축 역할을 해 왔다는 것은 주지의 사실이다. 대혁명사상은 민주적 공화주의 정치 체제 형성에도 영향을 주었다. 비록 제5공화국 헌법의 선포 이후 대혁명에서부터 고수되어 왔던 3권 분립에 기반을 둔 의회중심주의는 대통령제화로 전환되고 있음에도 불구하고 공화주의적 헌법 전통은 확고하게 사회적 합의 하에 자리를 잡고 있다.

제5공화국 헌법상의 대통령과 수상 간의 권한 배분 문제와 관련한 오랜 논쟁이 존재하는 한편으로 1968년 대통령 직선제 개헌과 2000년의 대통령 임기 축소 개헌, 그리고 2008년 대통령과 수상의 권한을 명확히 하는 헌법 개정 과정을 거치며 대통령의 권한이 강화되는 것으로 변화되어 왔다. 이러한 변화는 공화국의 정치 안정성 확보와도 긴밀한 관계를 갖는다. 의회 다수당 출신의 대통령이 수상을 정치적·정책적으로 주도함으로써 절대적 우위에 놓인 상황에서 정치 안정성은 가장 수월하게 확보된다. 하지만 동거정부의 상황에서는 대통령과 수상의 관계와 헌법상 권한 배분의 문제는 양자 간의 경쟁 관계 혹은 대통령과 의회 다수당 간의 정당성 우위의 문제로 인해 논란이 된다. 그리고 동거정부의 특성에 관한 논쟁은 동거정부 상황이 헌법적 특성의 발현이기에 정상적 현상이라는 주장과 프랑스 정치제도의 양두 체제적 특성에서 비롯된 비정상적 현상이라는 주장으로 나눌 수 있다. 이러한 논쟁이 진행되는 가운데 2000년 대통령 임기를 5년으로 축소해 하원과 임기를 동일하게 조정하고 같은 해에 선거를 진행하도록 한 헌법 개정 이후 동거정부는 등장하지 않고 있다. 그러나 이러한 결과를 정치 안정과 동일시하거나 동거정부 출현 가능성이 완전히 제거되었다고 볼 명백한 근거라고 하기에는 부족하다. 프랑스 사회는 후기산업사회적 특성과 개인에 기반을 둔 파편화된 특성을 가지며 이데올로기 구별이 점차 옅어지면서 좌우 진영 의식의 쇠퇴와 함께 선거 유동성이 높아지고 있다. 그리고 점차 대통령중심제화되어 가는 프랑스 정치 과정과 프랑스 사회의 후기산업 사회적 특성, 그리고 이로 인한 신좌파와 신우파 정당의 정치적 기회 획득의 증가는 프랑스 정치 체제에서 동거정부 출현의 가능성을 여전히 내포하고 있는 것으로 볼 수 있다.

Chapter 07 프랑스의 정부조직 개편에 대한 정치 과정적 접근

제 1 절 이론적 배경

프랑스에서 정부조직 개편 과정은 폐쇄적인 정치 엘리트 간의 정치적 경쟁과 맞물려 있다. 그것은 정부조직 개편 과정 자체가 소수의 동질적인 집단 간에 내부자 거래와 같은 양상을 띠기 때문이다(Gaxie, 1978; Bourdieu, 1983: 36-37). 이 과정에 참여하는 행위자는 이른바 정치공간의 상층부를 형성하는 대통령과 수상 그리고 집권 정당의 간부급 인사들이다.

프랑스 정부조직 개편 과정에서 나타나는 정치 엘리트의 상호작용을 분석하기 위해서는 정치의 장(champ politique)이론에 대한 선이해가 필수적이다. 부르디외(Pierre Bourdieu)에 의하면 사회공간은 여러 가지 독립된 장(즉 경제의 장, 학문의 장, 정치의 장)으로 세분되고 동시에 다양한 형태의 자본이 존재한다(Bourdieu, 1981). 가령, 문화자본이란 학교에 의해 양산되는 학위나 가족에게서 물려받은 생활 양식에서 유래된 자본을 말하며, 사회적 자본이란 개인 혹은 집단이 가진 사회적 연결망(network)을 일컫는다.

장(champ)이란 '사회적 행위자들이 그 안에서 차지하고 있는 지위들(positions)의 구조화된 구체적 공간'으로서 상대적으로 자율성을 갖는 서로 다른 장 안에서 사회적 행위자는 자신이 점유한 위치에 따라 또 자신이 보유한 자본의 양에 따라 전략적 행동을 펼치게 된다.

정치의 장(champ politique)은 대통령, 국회의원, 시장 등과 같은 권력의 지위를 놓고 정치 엘리트들 간에 벌어지는 경쟁의 공간이다. 정치의 장은 크게 전국적 중심부(champ politique central)와 주변부(champ politique phériphérique)로 나뉘는데, 중심부는 정부부처로의 입각, 의회에서의 임기, 정당의 책임 직책, 장관 부처의 참모직 등이, 주변부는 지방정부 시, 군, 구 의회 선출직 의원 등이 경합의 대상이 된다(Gaxie, 1993).

프랑스식 정치 경쟁의 양상에서 조각과 정부조직 개편 자체가 중심부 정치의 장에서 이루어지는 정치적 경쟁의 정점을 이룬다. 실제로 프랑스의 정부조직 개편은 대통령으로부터 시작한다. 수상의 지명이 전적으로 대통령의 선택에 달려 있고 수상의 제청과 대통령의 인준으로 정부가 구성되기 때문이다. 대부분의 정부수반은 자신의 권위를 강화하는 방법으로 자신의 소속 정당이나 이너서클에서 각료를 발탁한다. 따라서 예외가 있긴 하지만 대부분의 제5공화국 장관들은 정당의 정치 게임에서 배제될 수 없고 조각은 폐쇄적인 순환형의 정치 경쟁으로 돌변한다. 정부 구성 이후 내각의 운영도 입각한 각료들 상호간 경쟁의 연속이다. 장관들은 내각에서 자신의 입지를 다지고 향후 정치적 야망을 실현하기 위해 자신이 맡은 부처의 가시적인 성과에 집착하게 된다(Gaxie, 1993). 이러한 맥락에서 정부조직 개편은 정치적 거물들의 정치적 기여에 대한 배분으로 나타난다. 선거 과정에서 이른바 장관 후보급 인사(ministrable)는 베버(Max Weber)의 이론대로 자신의 정치적 보스(présidentiable)가 권력을 획득하는 과정에 기여하고 선거 후 논공행상의 차원에서 각료직이 할당되기 때문이다. 조각과 동시에 진행되는 정부부처의 개편도 조직의 합리화라는 요인보다는 정치적 논리에 따라 이루어지는 경우가 많다. 일례로 여전히 정치적 배려로 운용되는 프랑스 특유의 국가장관직은 부처의 역할이나 비중이 고려되기도 하지만 근본적으로 해당 장관의 정치적 위상을 반영하는 제도다.

프랑스 정치조직 개편 과정에서 정치 우선 논리가 관철되는 구조적인 이유는 정부조직 비법정주의에도 원인이 있다. 프랑스 정부조직의 특성은 정부 각 부처의 명칭, 숫자, 권한, 의전 서열 등이 헌법이나 법률에서 미리 정해지는 것이 아니라 정부령(décret)을 통해 정해지는 비법정주의를 유지하고 있다. 정부조직에 관해 대통령 혹은 집행부의 수반에게 폭넓은 재량을 부여함으로써 정부조직에 관한 기본적인 사항도 법률 사항으로 하지 않는 프랑스 정부조직의 연성적 경향(souplesse)은 특히 선거 과정에서 각 정파가 그들이 국민 앞에 제시한 정강정책을 집권 이후 실현하기 위한 하나의 도구로서 이용되고 있다. 이러한 경향은 새로 집권한 정부의 정책 의지를 직접 정부조직에 반영함과 동시에 프랑스와 같이 다당제적인 정당 체계 하에서는 연립정부가 구성되었을 경우 당해 정부에 참여한 인사들에 대해 충분한 정치적 배려를 할 수 있는 방편이기도 하다(성낙인, 1994).

물론 정치적 요인 이외도 정부조직 개편은 환경적 요인에 따라 변동을 겪는다. 내각 차원에서 해결해야 할 정치 현안에 따라 부처의 위상이 변경되거나 신설 부처가 탄생한다. 이러한 변화는 비교적 구조적인 수준에서의 변화라 할 수 있고, 정부조직 개편이 정치적 이슈(salliance d'enjeu)에 따라 상징적 차원의 접근으로 이루어지기도 한다. 이와 같은 예는 선거공약의

[그림 7-1] 프랑스 정부조직 개편 과정

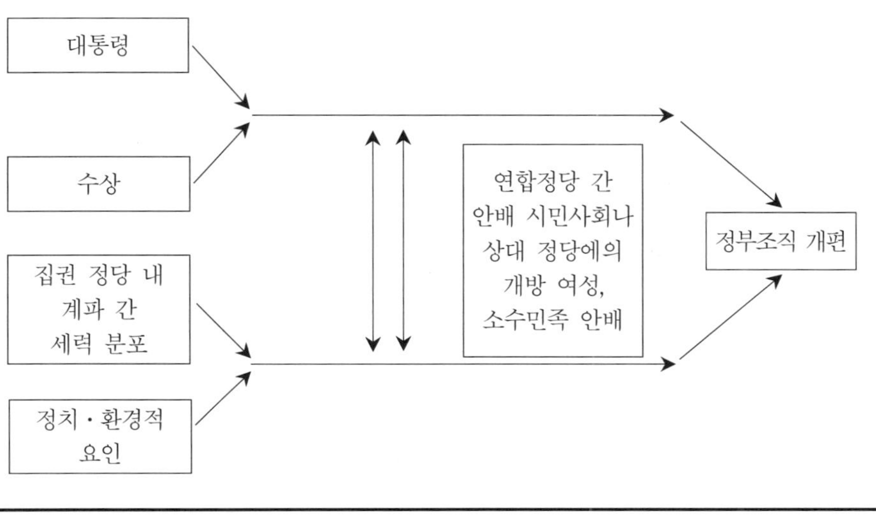

이행 차원에서 정부조직이 변화되는 경우다.

결론적으로 프랑스식 정부조직 개편은 <표 7-1>에서와 같이 여러 가지 요소 간에 이루어지는 중층 결정의 산물이다. 대통령과 수상, 두 사람의 역학 관계, 집권 정당 계파 간 세력 분포, 조각 당시의 환경적 요인에 부가적으로 여성이나 소수민족 출신 인사 기용 등과 같은 요인이 추가되고, 결정적으로 선거의 결과가 복합적으로 작용하여 결정된다. 이같이 다양한 요인에 의해 중층으로 결정되는 프랑스식 정부조직 개편은 무엇보다도 그때그때의 상황 논리에 충실한 점이 특징이다.

제 2 절 정부조직 개편의 시기

일반적으로 프랑스 정부조직 개편의 가장 큰 특징은 그 자체가 독자적으로 단행되기보다, 전임 수상의 교체와 후임 수상의 임명에 따른 내각 개편과 연동되어 자연스럽게 이루어진다는 점이다. 1958년 수립된 프랑스 제5공화국 사상 지금 현재까지 18번의 수상 교체에 따른 내각 개편이 이루어졌는데 이 중 8번이 대선 후에 행해졌고, 3번이 총선 후에 행해졌으며 6번이 대통령의 독자적인 결정에 의해, 단 1번만이 수상의 자진 사퇴로 새로운 정부 구성과 아울러 내각 개편이 이루어졌다(Safran, 2009). 그렇다면 몇몇 예외적인 상황을 제외하고 대통령 선거와 총선의 결과에 따라 새로운 수상의 지명과 함께 새로운 내각이 구성되며 이때 정부조직 개편도 동시에 단행된다. 헌법 학자이자 정치학자인 장 뤽 파로디(Jean Luc Parodi)가 지적한 것처럼 동시대 구미 선진국의 민주주의와 비교할 때 프랑스 제5공화국이 보여주는 가장 큰 특징 중의 하나는 대통령 선거 후, 신임 대통령이 제5공화국 대통령의 고유 권한인 의회해산권을 행사하여 국회를 해산하고 총선을 다시 실시한 후 자신의 정부 진용을 정비할 수 있다는 점이다(Parodi, 1968).

따라서 프랑스 정부조직 개편의 가장 큰 특징은 대선이나 총선의 결과에 따라 정부조직 개편이 단행된다는 점이다. 정부 부처는 정치조직인 동시에

〈표 7-1〉 역대 수상 지명 시기

대통령선거 후	총선 후	선거외적 상황
1981년: P. Mauroy(I.II.III.) 1988년: M. Rocard(I.II.) 1995년: A. Juppé(I.II.) 2002년: J. P. Raffarin 2007년: F. Fillon	1986년: J. Chirac(동거정부) 1993년: E. Balladur(동거정부) 1997년: L. Jospin(동거정부)	1984년: L. Fabius 1991년: E. Cresson 1992년: P. Bérégovoy

출처: Olivier Duhamel, Le pouvoir politique en France(1993).

국가행정조직의 최고기관으로서 이중적 성격을 가지고 있으나 이 이중성은 때때로 양립시키기 어려우며 이는 정부조직의 불안정성(각료 수, 장관 간의 서열, 부처의 통폐합 및 분할) 등으로 나타난다.

대선이나 총선 후 내각 개편과 더불어 조직 개편이 이루어진다는 점은 행정부를 구성하는 정부 부처가 갖는 행정조직으로서의 합리성이 선거로 집약되는 당파적이고 단기간의 상황 논리에 지배되는 정치 논리와 상충된다는 것이다(ENA 보고서, 1993). 다시 말해 정부조직 합리화의 맥락에서 단행되어야 할 정부조직 개편이 선거에 드러난 정치적 결과의 반영이라는 것이다. 이는 정부활동의 일관성 문제, 정부 부처의 안정성에도 불구하고 1958년 이래 정부조직의 구조와 크기가 정부 부처의 내재화된 합리적인 요인보다는 선거와 같은 정치적 요인으로 끊임없이 변천한다는 점이다. 행정조직에 대한 정치적 우위가 정부조직의 유동성(normadisme)으로 드러나는데, 구체적으로 정부구조의 유동성이란 전체 각료의 수가 내각에 따라 천차만별로 들쑥날쑥하여 일관성을 결여했다는 점이다. 일반적으로 프랑스 각료의 수는 35~55명 선에서 결정되나 1993~1995년의 발라뒤르 내각은 29명만으로 구성된 초미니 내각을 구성하기도 했다. 따라서 각료의 수도 객관적인 자료에 토대를 두고 산출한 합리적 결정이기보다는 선거 후 논공행상에 따라 중용될 장관급 인사나 집권 다수당의 파벌 간 역학 관계에 따라 배분된 정치적 결정이라고 보는 것이 타당하다. 그뿐만 아니라 프랑스 정부조직의 또 하나의 특징인 장관 사이에 형성된 서열, 즉 국가장관, 장관, 위임장관, 청장 등 내각 서열도 일관성 없이 각 내각에 변동 폭이 크다는

〈표 7-2〉 역대 조직 개편에 따른 부처조직의 변화(1981~2009년)

수상	정당	조각 시기	국가장관	장관	수상 직속		위임장관	청장	계	비고
					위임장관	청장				
Mauroy Ⅰ	좌	1981.5	5	20	2	4	4	8	43	
Mauroy Ⅱ	좌	1981.6	5	21	3	2	5	7	43	
Mauroy Ⅲ	좌	1983.3	0	13	2	4	6	16	41	
Fabius	좌	1984.7	1	19	2	4	15	5	46	
Chirac	우	1986.3	1	12	3	3	13	14	46	동거정부
Rocard Ⅰ	좌	1988.5	4	14	1	2	7	13	41	
Rocard Ⅱ	좌	1988.6	6	17	1	5	11	16	56	
Cresson	좌	1991.5	5	14	0	0	11	14	44	
Bérégovov	좌	1992.4	4	18	0	3	9	13	47	
Baladur	우	1993.3	3	20	2	0	5	0	30	동거정부
Juppé Ⅰ	우	1995.5	0	26	0	3	2	11	42	
Juppé Ⅱ	우	1995.7	0	16	3	1	18	4	43	
Jospin	좌	1997.6	0	14	0	0	2	10	27	동거정부
Raffarin	우	2002.6	0	15	0	1	10	11	38	
Villepin	우	2005.6	1	15	0	0	15	0	32	
Fillon Ⅰ	우	2007.5	1	14	0	2	0	3	21	
Fillon Ⅱ	우	2009.6	1	14	0	3	0	14	33	
계			2.2	16.6	1.1	2.2	7.8	9.4	39.5	

것이다. 동시에 내각에 따라 자주 변하는 정부 부처의 통폐합이나 분할도 정부조직의 합리화라는 이유보다는 특정 정치 세력 또는 특정 인물을 배려하거나 경계한 정치적 계산이기 쉽다.

일반적으로 정부조직 개편 과정에서 수상은 의회 다수당을 차지하는 집권 정당 간의 세력 분포에 따라 장관직을 배분해야만 한다. 제5공화국의 4개 주요 정당(UDF: 프랑스 민주주의 연합, RPR: 공화국 연합, PS: 사회당, PCF: 프랑스 공산당)은 정부 권력을 획득하기 위해 내부적인 경쟁 관계에도 불구하고 선거상의 혹은 강령상의 연합을 형성했다. 선거 후 이루어지는 내각 개편은 이들 정치 세력 사이에 나타난 정치적 게임의 결과로 요약할 수 있다.

다른 한편으로 정부의 구성은 의회 다수파인 지배 정당 내 존재하는 파벌 간의 역학 관계를 반영한다. 다시 말해서 대통령의 내각 구성에 대한 재량은 그가 속한 정당의 계파 간 균형이라는 변수에 의해 제약을 받는다. 제5공화국 내각 개편은 정파 간의 장관직 나눠먹기르 특징지어졌다. 가령 1959년 드브레(Michel Debré) 정부에서는 특정 정당의 책임자 자리를 차지한 장관들의 수가 25%인 반면, 1969년 샤방 델마스(Jacques Chaban-Delmas) 정부에서는 그 비율이 55%, 1981년 모로아(Pierre Mauroy) 정부에서는 77%로 증가했다(François, 2004). 실제로 모로아 I기 내각 구성은 사회당(PS) 내 형성된 4대 파벌(Fabius, Rocard, Mauroy, Jospin) 간의 정치적 안배 차원에서 이루어졌다. 반면에 총선 후 단행된 개각에서는 선거에서 연

〈표 7-3〉 프랑스의 내각 시작 일자, 대통령, 수상과 집권(연합) 정당

내각	조각 시기	대통령	수상	집권(연합) 정당
17	1981년 5월 21일	F. Mitterrend	P. Mauroy	PS, MRG
18	1981년 6월 23일		P. Mauroy	PS, PCF
19	1983년 3월 22일		P. Mauroy	PS, PC
20	1984년 7월 23일		L. Fabius	PS
21	1986년 3월 20일		J. Chirac(동거정부)	RPR, UDF
22	1988년 5월 13일		M. Rocard	PS, UDF
23	1988년 6월 28일		M. Rocard	PS
24	1991년 5월 15일		E. Cresson	PS
25	1992년 4월 2일		P. Bérégovoy	PS
26	1993년 3월 30일		E. Balladur(동거정부)	RPR, UDF
26	1995년 5월 18일	J. Chirac	A. Juppé	RPR. UDF
27	1995년 11월 8일		A. Juppé	RPR, UDF
28	1997년 6월 3일		L. Jospin(동거정부)	PS, PCF, Vert
29	2002년 5월 7일		J. P. Raffarin	UMP
30	2005년 6월 3일		D. de Villepin	UMP
31	2007년 5월 17일	N. Sarkozy	F. Fillon	UMP
32	2009년 6월 12일		F. Fillon	UMP

합한 공산당 출신 인사에게 4개의 장관직을 할애한다.

제 3 절 서열화된 프랑스식 내각

1 국가장관

국가장관(ministre d'Etat)은 내각의 여러 장관 가운데에 서열 첫 번째의 장관이며, 동시에 수상에 이어 내각의 2인자로서 유고 시 수상의 권한 대행으로 내각수반의 역할을 수행한다. 내각에 따라서 국가장관의 수가 복수인 경우도 있고 반대로 국가장관직을 두지 않는 내각도 있다. 정치적으로 비중이 큰 거물급 인사에게 내각에 대한 지지의 대가로 이 명예장관직을 부여하는 것이 보통이다. 따라서 국가장관은 의회 다수파 가운데 주도적인 세력을 대표하거나 연립 정당 또는 같은 집권 정당 내 주요 계파의 수장인 경우가 대부분이다. 또는 정치적 역할을 강조하기 위해 부수상격으로 발라뒤르, 사르코지(빌팽 내각), 쥐페(피용 내각) 같은 중량감 있는 거물급 인사를 임명하기도 한다. 이처럼 집권 세력 내 역학 관계에 기초한 정치적 고려 이외에도 명망 있는 정치가에게 중요한 과업을 맡길 때에도 이 장관직을 부여하기도 한다. 1984년 파비우스 내각의 드페레 국가장관(지방분권화)과 1986년 시라크 내각의 발라뒤르 국가장관(공기업의 사유화: privatisation)이 그런 예다. 또는 유명한 문필가인 앙드레 말로(Andre Malraux)와 같이 거국적으로 기념할 만한 인사를 국가장관으로 임명하기도 한다.

국가장관이라는 차별적인 지위를 보장함으로써 내각이 추진하는 정책의 여러 영역 중에서 우선순위를 책정하고 기관차 같은 역할을 할 수 있는 강력한 인사에게 이 직책을 부여하는 것이다. 국가장관은 내각 각료 중 의전상 첫 번째 자리에 위치하나 헌법에 명시된 규정상 따로 특별한 특권을 누리는 것은 아니고 권한상으로도 다른 장관들과도 다름이 없다. 따라서 여타의 다른 장관과 대립 시 국가장관은 법률적으로 우월권을 가지지 못한다. 그러나 국가장관이 내각에서 차지하는 정치적 비중이나 그가 담당하는 정부정책의 우선순위를 이유로 실제적으로 국가장관은 다른 장관들에게 우월성을 행사할 수 있다. 국가장관이라는 직책이 우위를 창조하는 것이 아니라 이러한 우위가 그 국가장관이라는 직책을 정당화하는 것이다. 제5공화국 출범과 함께 무임소 국가장관(ministre d'Etat sans portefeu 각료 중)은 사라졌다.

2 장관

통상적으로 여기서 장관(ministre ordinaire ou ministre de plein exercise)이라 함은 각 정부 부처의 수장을 지칭하며 내각의 각료로서 위임장관(ministre délégué)은 배제된 것이다. 각기 다른 부처 장관 간에 사이에 법적 평등이 보장된다. 따라서 이론적(en principe)으로 장관끼리는 평등하고 정부 시책의 집행이라는 측면에서 다른 동료를 대상으로 특권을 행사할 수 없다. 그들은 평등하게 국무회의(conseil des ministres)에 출석하며 동일한 법률적 체제에 순응하게 된다. 그러나 그들의 실제적인 역량과 권위는 그들이 맡고 있는 부처에 따라 달라진다. 경제 관련 부처 장관은 명약관화하게 농림부 장관보다는 막강한 영향력을 행사한다. 또한 기능과 서비스의 할당이라는 측면에서 정부 부처 간 위상은 동일하지 않다. 몇몇 부처는 명성 있는 행정기관을 (예로서 경제 관련 부처의 초고급 신식 건물을) 제공받게 되나 다른 부처는 평범한 보급 수단에 만족해야 한다. 의전상(protocole) 각 부처의 장관들은 일정한 순서대로 명시되며 일반적으로, 법무, 외무, 경제 관련 부처, 국방, 내무 순으로 열거되나 반드시 이러한 순서가 지켜지는 것은 아닐뿐더러 먼저 열거된 장관이 그렇지 못한 장관보다 특별한 특권을 가지고 있는 것은 아니다.

3 위임장관과 청장

프랑스 내각은 전통적으로 칭호이나 역할에서 2차 수준의 장관인 하급 장관을 포함하고 있다. 전통적으로 청장(secretaire d'Etat)에 의해 하급 장관이 채워졌고 후에 1981년 미테랑 대통령에 의해 위임장관(ministre délégué)제도가 신설되었다. 성낙인에 의하면 1958년 퐁피두 내각을 시작으로 위임장관의 활동 영역은 전통적인 장관의 그것과는 정확히 구분된다: 의회와의 관계, 국토계획 조정, 정보, 해외영토부, 환경, 여성, 행정개혁, 유럽연합부 등에 위임장관이 배속된다(Sung Nak In, 1988). 이들은 정부각료이긴 하나 엄밀한 의미에서 전권장관(ministre en plein droit)이 아닌 존재들이다. 실제적으로 전권장관이 청장과 위임장관의 활동을 조정한다. 이들은 국무회의에도 참가하지 않고 다만 소관 영역의 질의에 대한 응답을 위해 부처 수장의 요청에 의해 간헐적으로 국무회의에 참석한다. 그러나 위임장관은 내각에 따라 항시 국무회의에 출석하기도 한다.

사실 구체제(ancien régime)의 청장들이 오늘날의 장관(ministre ordinaire)들이고 제3공화국 기간 동안 사라졌던 청장 제도는 비시 정부 시절에 재등장하여 지금까지 존속되고 있다. 1974년 지스카르 데스탱(Valery Giscard dÉstaing) 대통령에 의해 특정 부처에 소속되지 않은 독립적인 청(secretaire d'Etat autonome)이 신설된다.

위임장관이라는 타이틀은 비록 장관이라는 호칭에도 불구하고 청장과 같이 전권장관의 종속을 피할 수 없다. 위임장관과 청장은 그들의 역할이 다른 장관처럼 정부령(décret)에 의해 규정되는 것이 아니고 참사원(Conseil d'Etat)이나 국무회의에 종속되지 않는 한시적인 위임령(decrét d'délégation)에 의해 규정된다. 청장의 부서(contreseing)는 반드시 필요하지도 않고 그것만으로 충분하지도 않은 반면, 그들이 소속된 부처 장관의 부서는 필수불가결하다. 부처 장관의 공석 기간 중 권한 대행을 명시한 규칙은 더욱 의미심장한데 다른 한 명의 장관이 그를 대체하지 다른 청장이나 위임장관은 그렇게 하지 못한다. 전권장관과 그의 청장 또는 위임장관과의 분쟁은 수상의 중재로만 해결될 수 있다.

제 4 절 정부조직 개편의 두 가지 유형

선거 결과에 따라 자주 바뀌는 내각 개편의 유동성(nomadisme)에도 불구하고 프랑스 정부조직 개편은 다음과 같은 두 가지 유형(typology)으로 크게 분류할 수 있다(ENA, 1993).

첫째는 꽃송이 유형이다. 이 유형은 경제 부처, 내무 부처나 사회보장 부처 등 몇몇 대형 부처의 장관이 여러 명의 위임장관, 청장(junior minister)을 거느리는 경우다. 이 형태는 영국식 내각 구성과도 흡사하다. 이 유형의 예는 무수하나 1991년 대통령비서실장 출신의 장 루이 비앙코(Jean-Louis Bianco) 사회보장성 장관이 여러 명의 위임장관, 청장을 거느린 경우가 해당한다. 꽃송이 유형은 공룡 부처 장관의 막강한 재량으로 수상 차원의 부수적인 중재나 간섭을 피할 수 있으나 그 역기능 또한 많이 지적된다.

프랑스 정부조직은 좌파 정부에서 우파 정부로, 이 내각에서 다음 내각으로 변화무쌍하게 바뀌지만 구조상의 흠결은 그대로 잔존한다. 이 분야의 전문가들이 가장 많이 지적하는 점은 여러 가지 유형의 장관으로 인한 정부조직의 복잡성이다(Fournier, 1991). 국가장관직의 지속, 유지는 상징적인 차원에서 일반적인 장관직보다 우월한 상석권을 의미하므로 중량감 있는 거물급 인사에게 수상에 버금가는 정치적 지위를 부여하기도 하지만 종종 수상과의 불필요한 대립을 야기하여 내각의 불협화음의 원인이 되기도 한다. 수상이나 국가장관을 제외한 여타의 장관 부처도 구조적인 측면(위임장관 또는 청장의 부속 여부)이나 수적인 측면(전체 부처의 수)에서 내각에 따라 변동의 폭이 크기 때문에 정부조직의 연속성과 지속성을 저해하고 정부 내각과 행정의 기능을 교란시킨다. 특히, 내무, 국방, 법무, 농림부를 제외하고는 다른 부처는 위임장관이나 청장의 변동에 많은 영향을 받는다.

게다가 위임장관의 종류도 가지가지다. 위임장관은 수상에게 직접 부속되는 경우가 있는가 하면 특정 장관에게 부속되는 위임장관도 있다. 경우에 따라서는 특정 장관에게 속하지 않는 무임소 위임장관도 있다. 여기에 청장의 존재까지 프랑스 정부조직을 더욱 복잡하게 한다. 청장 역시 특정 장관으로부터, 독립적인 청장, 수상에 부속된 청장, 특정 장관에 속한 청장 등 여러 종류로 세분된다. 요약하면 프랑스의 정부조직은 위로부터 수상, 국가장관, 장관, 수상에 속한 위임장관, 특정 부처에 속한 위임장관, 독립적인 위임장관, 독립적인 청장, 수상에 속한 청장, 특정 부처에 속한 청장 등 너무 많은 종류의 각료가 존재한다. 이외에도 다음과 같은 문제점이 언급되고 있다.

첫째, 정치적 요인으로 인해 부처의 수장인 장관과 그들에 종속된 위임장관이나 청장 간의 형성된 위계적인 서열 관계가 지켜지지 않는다는 점이다.

둘째, 국가장관, 장관, 위임장관, 청장 등 부처 구조의 다중성으로 특정 사안의 결정에 이르기까지 기간이 길어진다. 따라서 긴급한 현안으로 신속한 결정을 요할 때는 그 적실성을 놓치기 쉽다. 장관 부처의 난립은 필연적으로 조정(coodonner)의 필요성을 제기한다.

셋째, 피라미드 모양 같은 공룡 부처의 탄생과 막강한 권한을 지닌 장관의 존재는 부득불 수상과 경쟁 구도를 초래하기 쉽다. 실제로 프랑스 정부조직 개편의 중요한 변수의 하나는 수상의 거대 부처에 대한 '분열과 지배(divide and rule)' 전략이다.

이론적으로 프랑스 내각의 장관의 직위 중에서 부수상(vice premier ministre)은 존재하지 않는다. 그러나 정치적 비중이나 내각 구성 당시 정부 현안에 따라 여타의 다른 장관보다 중요성을 인정받는 '슈퍼 장관(super-ministre)'이 암묵적으로 존재하는 경우가 있다. 내각에 따라 다르기는 하지만 수상과 대립할 정도로 막강한 권한을 행사하는 부처의 수장은 경제 관련 부처 장관이다. 실제적으로 제5공화국 사상 상당수의 내각은 수상 이외에 이른바 '조정자 장관(ministre coordinateur)' 역할을 한 슈퍼 장관을 포함하기도 한다. 슈퍼 장관의 존재는 상대적으로 수상의 권력을 약화시키는 효과를 동반하여, 수상과 대립 구도를 형성하게 된다. 가령 모든 거대

부처에 대한 혐오를 숨기지 않았던 퐁피두(Georges J. R. Pompidou) 수상은 1958년 공공사업(New Deal), 도시계획, 주택, 교통을 망라한 거대한 설비 부처(ministère d'équipement)의 신설에 대한 개인적 반감을 노골적으로 드러내기도 했다(Bondelle, 1999).

이러한 맥락에서 1978년 바르(Raymond Barre) 총리는 경제 부처 장관의 영향력을 줄이기 위해 경제 관련 부처를 경제부와 재정부 둘로 쪼개었고, 이 분열은 1981년까지 지속되다가 1992년 베레고부아(Pierre Bérégovoy) 내각과 1993년 발라뒤르(Edouard Balladur) 내각 때 거대 공룡 부처로 통합되었다. 같은 이유로 발라뒤르 내각 시절 시몬 베유(Simone Weil)라는 거물급 인사 중용으로 단일 거대 부처였던 사회보장 관련 부처가 1995년 쥐페(Alain Juppé) 총리 취임 후 다시 분열된다.

그러나 거대 부처에 대한 조직 개편이 수상의 공룡 부처 장관에 대한 '분열과 지배' 전략으로만 설명되는 것은 아니다. 권력의 분산, 독점문제 이외에도 경제 관련 부처나 사회보장 관련 부처의 조직 개편은 수상의 경제, 사회문제에 대한 인식과도 관련되어 있다(Pouvoirs, 1993). 수상이 경제, 사회문제를 직접 자신이 관여하기보다 한 발 물러서고자 한다면 재경부나 사회보장 부처에 거물급 인사를 임명하고 자신은 다른 현안에 몰두한다. 1986년 시라크(Jacques R. Chirac) 수상이 발라뒤르와 세겡(Philipe Séguin)을 각각 경제 관련 부처나 사회보장 부처 수장으로 임명하고 자신은 차기 대권을 위한 모든 노력을 경주한 사례가 바로 이 경우다. 그러나 수상 자신이 경제, 사회문제를 직접 챙긴다면 강력한 인사를 이 분야에 임명하는 것을 피하고 흔히 부처를 나눈다. 역대 정부에서 경제 부처 장관직을 도맡아 경제통이라는 명망을 가지고 있던 베레고부아, 발라뒤르 수상은 경제 관련 부처를 예산부와 경제부 분열시키고 경제문제에 자신들이 목소리를 정책에 반영시키곤 했다.

두 번째로 꽃송이 유형과 대별되는 형태는 갈퀴(râteau) 유형으로 모든 내각의 장관이 수상을 중심으로 직렬화되고 위임장관, 청장이 상대적으로 적어지는 유형이다. 1993년 29명의 장관만으로 구성된 발라뒤르 내각은 대표적인 이 갈퀴형이다.

정부조직의 합리화라는 관점에서 장관과 청장(junior minister)만으로 내각을 구성하고 국가장관이나 위임장관제도를 폐지를 통해 정부조직의 군더

〈표 7-4〉 1986년 꽃송이 유형 프랑스의 정부조직 구조

장관	위임장관(MD) 또는 청장(SE)
수상	MD, 공공 직능, 계획 MD, 행정개혁 SE, 프랑스어권 SE, 인권 SE, 체육, 청소년
국가장관: 경제, 재정, 사유화	MD, 예산, 국무회의 대변인 MD, 통상 MD, 상업, 수공업
외무	SE, 외무 MD, 유럽연합
국방	SE, 국방
내무	MD, 안전 MD, 지방자치단체
문화, 통신설비, 주택, 국토 정비, 교통	MD, 교통 MD, 환경
해외 영토	SE, 남태평양문제
교육	MD, 연구, 상급교육 SE, 교육 SE, 직업훈련
사회보장, 고용	MD, 보건, 가족 SE, 사회복지 SE, 사회보장, 고용
산업, 체신, 관광	MD, 체신 SE, 관광
농업	
	SE, 원호
	SE, 귀환
	SE, 해양

* 원호, 귀환, 해양청은 특정 부처에 부속되지 않은 독립 청임.

더기를 제거하고 가급적이면 슬림(slim)하게 내각을 운영하는 것이다. 왜냐하면 방만한 정부조직의 유지는 정부조직을 필요 이상으로 복잡하게 만들 뿐 만아니라 장관 부처의 과잉으로 인해 이익집단 간의 갈등이 더욱 심화될 수 있다. 실제로 각기 다른 정부 부처와 그 각료들은 그들이 담당하고

〈표 7-5〉 1993년 갈퀴형 프랑스 정부조직 구조

장관	위임장관(MD) 또는 청장(SE)
수상	MD, 상원과의 관계, 재입국 MD, 하원과의 관계
국가장관, 사회보장, 보건, 도시	MD, 사회보장, 보건, 도시
국가장관, 내무, 국토 조정	MD, 내무, 국토조정, 지방자치단체
국가장관, 법무	없음
외무	MD, 외무, 자원봉사외교, 인권 MD, 유럽연합
교육	없음
경제	없음
산업,체신, 정보통신, 통상	없음
설비, 교통, 관광	없음
기업, 경제 발전, 중소기업, 수공업	없음
노동, 고용, 직업훈련	없음
문화, 프랑스어권	없음
예산, 정부대변인	없음
농업, 어업	없음
대학, 연구	없음
환경	없음
공공 직능	없음
주택	없음
협력	없음
해외영토부	없음
체육, 청소년	없음
통신	없음
원호	없음

있는 특정 집단의 대변인 역할을 하기 때문이다. 장애인, 여성, 상이용사들은 그들만의 정부 부처와 장관을 가지지만 실업자, 노인을 위한 정부조직과 각료는 없다. 관점에 따라 어느 정도 동업조합화(이익집단화)한 프랑스 정부 부처는 사회집단 간의 갈등과 대립을 야기하고 장관과 청장들은 그들의 많은 시간과 에너지를 이 '신들의 싸움'에 할애해야 한다. 따라서 엄밀한 의미의 내각은 12명 정도로 제한하고 다만 여러 청장을 부속시키자는 제안이 설득력 있게 제기된다. 그러나 선거 후 논공행상의 성격이 짙은 프랑스식 정부조직 개편은 아직도 꽃송이 유형과 갈퀴 유형 사이를 반복하고 있다. 갈퀴형의 단점으로는 전체 각료 숫자를 줄임으로써 상대적으로 소수의 장관끼리 재량권의 범위를 둘러싸고 부처 간 다툼이 불가피하여 수상의 적극적인 중재가 필요불가결한다는 점이다.

제 5 절 정부조직 개편의 주요 행위자: 대통령과 수상

위에서 정부조직 개편이 단행되는 시기와 내각의 구조를 살펴보았다면 다음으로는 '누구에 의해 또 어떻게 조직 개편이 이루어지는가'라는 질문에 대한 대답으로 조직 개편의 주요 행위자와 그 과정을 살펴볼 차례다. 프랑스 정부조직 개편의 핵심 행위자(major actor)는 대통령과 수상이다.

1 대통령

정치학자 이스말(C. Ysmal)이 지적한 바와 같이 집권 후 제5공화국 대통령의 가장 큰 정치적 결단은 누구를 수상으로 임명하느냐는 것이다(Ysmal, *Le figaro,* 2006년 7월 24일자 기사). 제5공화국 헌법 제8조(공화국 대통령은 수상을 임명한다)에 의해 수상의 임명은 대통령의 고유 권한으로서 제4공화국과는 다르게 수상이 반드시 의회에 소속된 상원 의원이나 하원 의원일 필요는 없고 수상의 임명은 국회의 비준을 받아야 할 필요도 없다. 대통령은 혼자만의 서명으로 가능한 정부령(décret)으로 수상을 임명하는 것이다.

수상의 사퇴 역시 국가수반의 동의 없이는 있을 수 없다. 수상의 자진 사퇴는 특정한 정치적 이슈와 결부되었을 때만이 가능하다. 헌법 조항상 대통령은 수상의 사임을 강제할 수 없으나 실제적으로 대통령의 의사에 따라 선거 외적 상황에서도 수상의 해임과 새로운 조각이 가능하다. 1976년 시라크 수상의 자의에 의한 사퇴 이외는 모두 대통령에 의한 경질이다. 이것은 새로운 수상 지명과 함께 단행되는 프랑스 정부조직 개편이 대통령의 결단으로부터 시작됨을 보여 주는 것이며, 수상의 대통령 대한 종속을 의미하기도 한다. 구체적으로 수상의 사임은 두 가지 형태와 결부되는데 선

〈표 7-6〉 역대 수상의 교체 사유

시기	수상	수상 교체 사유				
		선거	총선	불신임	대통령의 의지	수상의 의지
1959.01.08	Debré	X				
1962.04.14	Pompidou				X	
1968.07.10	Couve de Murville				X	
1969.06.20	Chaban-Delmas	X				
1972.07.05	Messmer				X	
1974.05.27	Chirac	X				
1976.08.25	Barre					X
1981.05.21	Mauroy	X				
1984.07.17	Fabius				X	
1986.03.20	Chirac		X			
1988.05.10	Rocard	X				
1991.05.15	Cresson				X	
1992.04.02	Bérégovoy				X	
1993.03.29	Balladur		X			
계	14	5	2	0	6	1

출처: La vie politique en France(1991).

거 결과와 연동되어 새로운 내각 구성과 함께 수상직을 물러나거나 아니면 재임 중 대통령에 의한 축출이 바로 그것이다. 이처럼 수상의 존재는 대통령에 달려 있으나 그 반대의 경우는 상정할 수 없는 것으로 수상의 대통령에 대한 종속은 불가피하나 문제는 그 종속의 정도다.

수상을 선택하는 일은 차후의 정국의 향방을 가늠짓는 잣대이자 대통령 자신에게도 민감한 문제이나 현실적으로 7년 임기의 첫 번째 수상 지명은 '가능한 인사(possible)'의 수가 극단적으로 제한된 것으로 대통령에게 부과되는 경우가 많다 (Dammane, 1992). 대통령은 경우에 따라서는 자신의 강력한 경쟁자나 반대로 가령 1976년 정치적 경험 없는 경제학 교수인 바르 총리의 수상 임명처럼 대중에게는 무명 인사이며 정치적 경험이 전혀 없는 인사를 수상으로 임명해야 하는 경우도 있다. <표 7-6>과 같이 14명의 수상 중 6명만이 대통령의 자의에 의해 선출되고 3명은 선거 패배로 인해 강제됐고, 나머지는 선거의 추이에 따라 다수당의 정황에 따라 선출되었다.

일반적으로 7년 임기의 첫 번째 수상과 두 번째 수상의 선택은 매우 다른 논리에 기초한다. 7년 임기의 첫 번째 수상은 제약이 많은 가운데 선택해야 하고 두 번째 수상부터 진정으로 자유로운 선택이 가능하다. 7년 임기 중간에 선출된 수상은 모두 대통령의 사람은 아닐지라도 적어도 신뢰받는 인사(hommme de confiance)다. 대선에서 선출된 후(또는 재선된 후) 대통령이 임명하는 첫 번째 수상은 선거 기간 동안 지지에 대한 보답이나 의회 다수파를 통제하기 위한 방편으로 매우 정치적으로 중량감 있는 거물급 인사를 선택하는 경우가 많다. 첫 번째 선택은 직업정치가 중에서 정치적 자원(capital politique)이 풍부하고 오랜 정치적 이력을 가졌으며 당 내외에 폭넓은 신뢰를 쌓은 인사 가운데 수상으로 지명되는 경향이 있다. 그러나 중요한 것은 수상이 대통령에게 반드시 복종적이어야 하고 절대로 수상에게 내각 운영의 실권을 주어서는 안 된다는 점이다. 대통령은 개인적으로 의회 다수파의 실제적인 지지를 받는 실세 총리를 첫 7년 임기의 첫 번째 수상으로 선택하지는 않는다. 1959년의 드브레(Michel Debré), 1969년의 샤방 델마스(Jacques Chaban-Dalmas), 1974년의 시라크, 1981년 모로아(Pierre Mauroy), 1988년 로카르(Michel Rocard) 수상이 바로 이 경우다.

이들 수상은 당시 의회 다수파의 전폭적인 지지를 받기보다는 소폭의 응원을 받은 인사들이다. 그러나 7년 임기의 두 번째 혹은 세 번째 총리의 지명은 매우 다른 논리에 기초한다. 첫 번째 총리가 다음 대선에서 경쟁자가 되는 경향 때문에 대통령은 적절한 시기에 첫 수상를 물러나게 하고 '기술자(technicien)' 내지는 그의 측근(proche)을 다음 총리로 지명한다. 1962년 퐁피두(George Pompidou), 1968년 뮈빌(Maurice Couve de Murville), 1976년 바르(Raymond Barre) 수상이 바로 이들이다. 그러나 대통령에 대한 충성도가 남다른 경우 전격적으로 발탁되는 경우도 있다. 1972년 메스메(Pierre Messmer), 1984년 파비우스(Laurent Fobius), 1991년 크레송(Édith Cresson), 1992년 베레고부아 수상이 바로 이들이다.

대통령 7년 임기의 첫 번째 수상과 두 번째 수상은 <표 7-7>과 같이 일반 대중과의 관계에서도 차이를 보인다. 첫 번째 수상은 대선 기간에 대통령의 당선을 돕고 이로 인해 자연스럽게 언론에 자주 노출되며 따라서 정치적 인지도가 매우 높고 일반 대중도 잘 알려진 인사이나 두 번째 수상은

〈표 7-7〉 역대 수상의 결정 유형

	첫 번째 수상	두 번째 수상	동거정부의 수상
선거에 의한 간접적인 방법	Michel Debré Maurice Couve de Murville Jacques Chaban-Delmas Jacques Chirac Pierre Mauroy Michel Rocard Alain Juppé		Jacques Chirac Édouard Balladur Lionel Jospin
대통령에 의한 낙하산식 임명	François Fillon	Georges Pompidou Pierre Messmer Raymond Barre Laurent Fabius Édith Cresson Pierre Bérégovoy Jean-Pierre Raffarin Dominique de Villepin	

출처: Pouvoirs. N.83(1997)에서 수정.

대중에게 잘 알려지지 않고 대통령에 의해 수뇌부에서 낙하산 격으로 임명된 경우다.

장관의 임명은 더욱 직접적으로 내각 개편에 대한 대통령의 독점적 지배를 입증한다. 수상에 의해 주도되는 조직 개편 역시 대통령의 동의 하에 이루어지는데, 대통령이 직접 조각에 관여하여 자신의 측근들을 입각시키기도 하고 특정 인사들의 장관직 임명에 거부권을 행사하기도 한다. 동거정부 기간이 아닌 정상적인 시기에서는 수상에게 적대적인 인사조차도 대통령이 직접 천거하여 발탁하기도 한다. 대통령은 측근들에게 장관직을 부여함으로써 충성에 따른 답례를 표하는데, 이는 미테랑(François Mitterand) 대통령의 두 차례에 걸친 7년 임기 동안에 많이 행해졌다. 실제로 미테랑 대통령은 자신의 충복들을 국방부나 외무부, 내무부, 재경부 등과 같은 몇몇 주요 부처에 배치함으로써 내각에 대한 통제력을 강화했다. 미테랑 대통령 시절 정부조직 개편은 몇 가지 경우에는 수상의 조언을 따르기도 했지만 대부분의 조각에 자신이 직접 관여하곤 했다. 1986년 우파가 의회 다수당을 차지한 동거정부 기간에도 미테랑 대통령은 몇몇 인사의 장관직 임명에 거부권을 행사하기도 했다. 이렇듯 제5공화국 대통령은 뒤베르제(Maurice Duverger)가 명명한 것처럼(공화주의적 군주(monarque republicain)로서 정부조직 개편의 제일의 행위자다(Duverger, 1981).

덧붙여서 대통령중심제를 채택한 제5공화국은 의회내각제 하의 제4공화국과는 다른 내각 개편의 양상을 보여 주었는데, 그것은 '대통령의 장관'과 '수상의 장관' 사이의 균열이다(Bondelle, 1992). 미테랑 대통령 하에서 역대 최연소 수상을 역임한 파비우스는 『회고록(*Lettre a l'auteur*)』(1990)에서 "나와 친밀하고 정기적인 회합을 갖는 장관과 그렇지 못한 (대통령의) 장관을 반드시 구분해야 했다"고 말하고 있다.

실제로 예외 없이 언제나 몇몇 장관의 임명은 대통령의 뜻에 따라 대통령 측근들에게 할당된다. 따라서 몇몇 부처는 대통령 외 다른 인사의 수렵이 제한된 사냥터(Chasse-gardée)로 불린다. 일반적으로 외무, 국방, 경제 관련 부처가 바로 이 경우다. 반면에 수상 또한 몇몇 장관 자리를 자신의

[그림 7-2] 이원적 선거와 프랑스 정부 구성

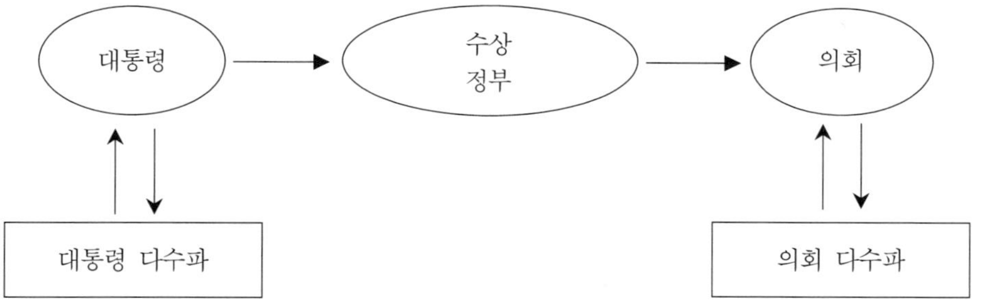

임의대로 선택할 수 있다. 예외적으로 동거정부 기간에만 한시적으로 '대통령의 장관'과 '수상의 장관' 간의 균열은 존재하지 않는다. 이 기간에는 대통령은 부정적인 거부권(Veto)만 행사할 수 있을 뿐이다.

그러나 프랑스 정치제도의 특성상 대통령의 정치적 위상은 의회 내에서 다수파의 조합에 따라 크게 달라진다. 이것은 대선과 총선으로 각각 분리되어 치러지는 선거의 이원성에 기인한다. 즉 대통령 선거와 총선이라는 두 가지 차원의 선거가 존재한다. 이 이중 선거 회로에서 다수파가 일치할 경우는 대통령이 헤게모니를 장악하고 일치하지 않을 경우는 대통령은 헤게모니를 상실한다.

이원적 선거를 통해 구성되는 대통령 집권당과 의회의 다수석을 점유한 정당이 일치할 때 대통령은 공화주의적 군주로서 수상의 지명과 정부조직 개편 과정에서 최대한 자신의 의지를 관철시킬 수 있지만 두 개의 다수파가 일치하지 않을 때는 대통령의 권한이 축소, 제한된다. 경쟁 정당이 의회에서 상대적 다수를 차지할 경우는 대통령의 권한은 부분적으로 제한을 받지만 절대적 다수를 점할 경우에는 전면적으로 제한을 받는다. 따라서 수상 지명이나 정부조직 개편에서 이원집정부제 또는 반(半)대통령으로 집약되는 제5공화국 대통령중심제는 대선과 총선의 이원성으로부터 여러 가지 형태의 대통령중심제가 가능하다. 프랑스 정치 체제 안에서 수상의 정치적 위상도 대통령과 마찬가지로 의회 내에서 다수파의 조합에 따라 변동된다.

〈표 7-8〉 프랑스 제5공화국의 정치 권력

	대통령	수상	의회 정당별 분포
1958~1962 드골주의 정당의 불안정한 다수	Ch. de Gaulle	M. Debré (1962년 4월부터)	206 UNR 117 IND. 64 RPCD
1962~1967 드골주의 정당의 절대적 다수	id. 재선 (1962년 11월)	G. Pompidou	233 UNR-UDT 35 RI
1967~1968	id.	id.	200 UD-Vc 42 RI
1968~1969	id.	M. Couve de Murville	293 UDR 61 RI
1969~1972 1972~1973	G. Pompidou id.	J. Chaban-Delmas P. Messmer	id.+33 PDM id.
1973~1974	id.	id.	183 UDR 55 RI 30 UC
1974~1976 1976~1978	V. Giscard d'Estaing id.	J. Chirac R. Barre	id.+34 Reformateurs id.
1978~1981	id.	154 RPR 123 UDF	
1981~1984 사회당 절대적 다수 1984~1986	François Mitterrand id.	P. Mauroy L. Fabius	285 PS 44 PC id.-PC
1986~1988 우파연합의 절대적 다수 RPR-UDF	id.	J. Chirac	155 PRP 131 UDF
1988~1991 사회당의 상대적 다수 1991~1992 1992~1993	id. reelu id. id.	M. Rocard E. Cresson P. Bérégovoy	275 PS id. id.
1993~1995 우파연합의 절대적 다수 RPR-UDF	id.	E. Balladur	488 UPF (258 RPR. 215 UDF, 15 Div. D)
1995~1997	J. Chirac	A. Juppé	id.

UNR UNR-UDT,UD-Ve, UDR,RPR: 연속적인 제5공화국 드골주의 우파정당
RI: Republicains independants(giscardiens) 지스카르 전 대통령 계파 정당
Ind.,Ri,UDF: 각각 제5공화국 비드골주의 우파정당
RPCD, RDM,UC reformateurs: 각각 중도주의를 표방한 정당

출처: Le pouvoir politique en France(1993).

[그림 7-3] 절대화된 대통령중심제

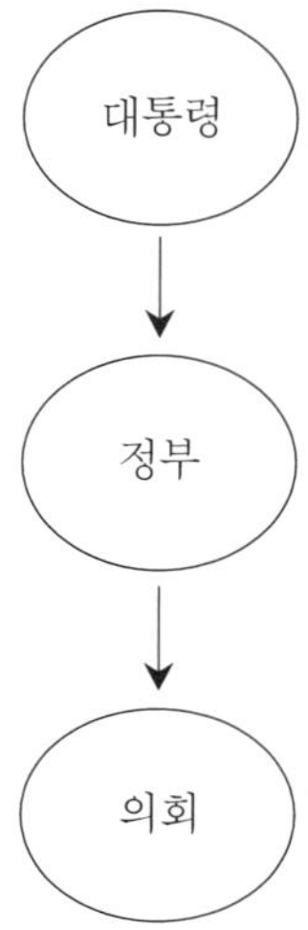

1) 절대화된 대통령중심제(1981~1986; 2002~2007; 2007~2009)

집권 정당이 대통령 선거와 총선을 모두 승리하여 의회 다수파가 대통령 집권 정당에 의해 지배되는 경우다. 주재(présider)하고, 지배(règner)하며, 통치(governer)까지 하는 대통령은 정부조직 개편에서도 지배적인 영향력을 행사할 수 있다. 즉 국민에 의해 선출된 대통령에, 대통령에 의해 지명된 수상은 복종하고 정부 내각은 대통령의 의사에 따라 구성되며 의회 다수파는 대통령으로 말미암아 유래한다. 절대적 대통령은 [그림 7-3]과 같이 수직적인 모양으로, 정부 내각과 의회 위에 군림한다. 대통령을 당선시킨 대통령 다수파와 의회 다수파가 내각 역시 재생산한다면 국가수반이 조각에서 주도권을 행사하고 수상의 역할은 상대적으로 부수적일 수밖에 없다.

2) 중립화된 대통령중심제(1986~1988; 1993~1995; 1997~2002)

두 번째 경우는 대통령 다수파와 의회 다수파가 불일치하는 경우다. 즉 의회 다수파가 야당에 의해 지배되는 경우로 이른바 동거정부가 탄생한다.

[그림 7-4] 중립화된 대통령중심제

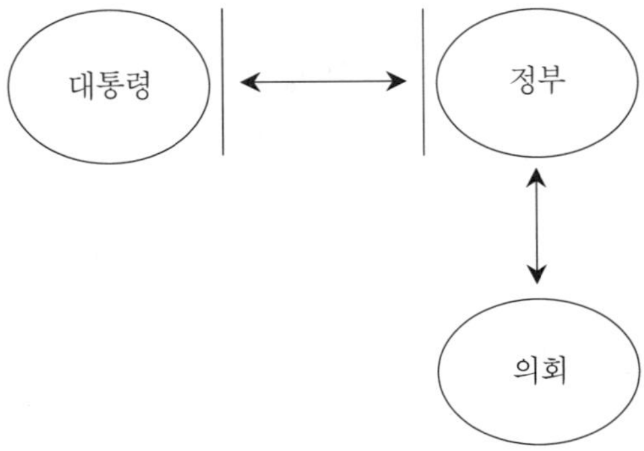

이 모형에서는 그림과 같이 대통령과 수상은 서로 대립한다. 그러나 실제적으로 정부 내각이 명령권을 행사한다. 정부는 의회 다수파와 동거를 불가피하게 형성해야만 한다.

따라서 동거정부 기간에는 정부조직 개편은 대통령보다는 수상의 의사에 따라 진행된다. 그럼에도 불구하고 수상은 몇몇 제약 속에서 그 작업을 수행할 수밖에 없는데 대통령의 고유 영역인 외무부나 국방부의 경우 대통령이 적대적인 인사를 장관직에 임명할 수는 없다.

3) 합리화된 대통령중심제: 상대적 다수파의 대통령(1988~1993)

대통령 선거와 총선을 집권 정당이 모두 승리했으나 대통령 다수파가 의회 절대 다수를 장악하지 못하고 상대적 우위만 점한 경우다. 클로드 에므리(Claude Emeri)에 의해 합리화된 대통령중심주의라고 명명된 이 모형에서 지배하기(régner)는 하나 통치하지(governer)는 못하는 대통령은 상대적으로 제한된 조건에서 수상을 선택해야 하고 국정 운영에서도 의회와의 타협이 절대적으로 요구된다.

1988년 재선에 성공한 미테랑 대통령과 사회당이 더 이상 의회에서 절대 다수를 차지하지 못한 상황에서 오랜 정적인 로카르(Michel Rocard) 수상의 지명을 통해 중도 우파와 좌파 공산당의 지지를 이끌어낸 것이 합리화

[그림 7-5] 합리화된 대통령중심제

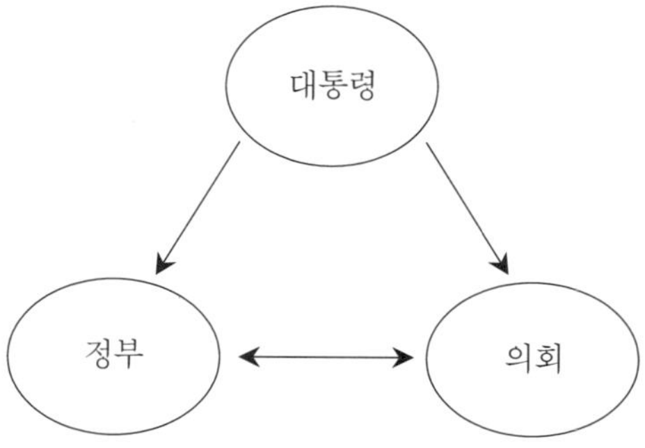

〈표 7-9〉 시기별로 본 대통령의 역할과 결정 요인

	제4공화국	1958년	1962년 이후	동거정부
지배의 정당성	의회 다수당	국민투표	직접 선거	법률적 계약
발단, 시초	집단지도 체제	영도자	다수파 수장	중재
정치문화	공화주의	보나파르트적 공화주의	대통령 중심	법률적 관계
정당 역학	3당 구도	다당제	지배 정당+연정	양극화
대통령의 권력	Conseil의 장	대통령 독점 그리고 공유	고유 권력의 점유	고유 권력의 후퇴

출처: Le pouvoir politique en France(1993).

된 대통령중심제에 해당한다.

2 수 상

프랑스의 경우 정부조직 개편은 대통령과 수상의 협의 하에 이루어진다고 볼 수 있다. 프랑스 수상 역시 대통령과 더불어 정부조직 개편에 핵심 행위자(major actor)다. 이론적으로 대통령에 의해 새로 임명된 수상은 정부조직을 몇 부 몇 청으로 할 것인가를 결정하고, 정부 부처의 형태를 어떻게 할 것인가를 고려하면서 동시에 장관을 인선하여 대통령에게 제청한다. 그러나 5공화국 사상 수상에게 자유롭게 정부 각료를 자유롭게 인선하도록 일임한 것은 드골 대통령이 유일하며 그러한 드골 대통령조차도 대통령의 고유 영역인 국방과 외무는 예외적으로 자신이 직접 관여했다(Chantebout, 1993). 수상의 제청을 받은 대통령은 역시 자신의 서명만으로 가능한 정부령(décret)으로 장관과 청장을 임명한다. 현실적으로 프랑스 정부조직 개편은 대통령과 수상의 역학 관계를 반영한다. 전직 수상이나 장관이었던 관찰자는 대부분의 프랑스의 조각에서 대통령의 선택 쪽에 무게를 둔다(M. Debré, 1988; M. Jobert, 1974). 메스메(Pierre Messmer) 전 수상은 회고록에서 이렇게 밝히고 있다. "수상관저에서 대부분 내가 선택하지 않은 장관들로 구성된 내각을 지휘하는 셈이었다"(Bondelle, 1999). 그러나 바르 수상이 말하듯 "공화국 대통령은 마티뇽(수상관저) 없이 아무것도 알 수 없다. 엘리제(대통령궁)에서 작곡한 악보를 연주하는 것은 바로 수상이다"(*Le monde*, 1987년 2월 17일자 기사). 따라서 대통령과 수상, 이 두 사람 간의 상호작용이 프랑스식 조각을 결정짓는 가장 중요한 변수라고 할 수 있다.

대통령과 수상, 두 사람 간 관계의 본질은 다양한 요인에 의해 좌우된다. 실제로 개인적으로 형성된 공감대, 두 사람의 정치적 이력이나 배경 등 같은 사적 요소로부터 집권당 내 존재하는 계파 간 알력, 의회 다수당의 향배, 다음 대선에 대한 전망 같은 구조적 요소 등 여러 가지 변수가 존재한다. 일반적으로 대통령에 의해 지명된 수상이 취할 수 있는 행동 반경은 대통령의 메시지를 내각에 전달하거나 정부의 현안에 대한 일반적인 정책 방향을 제시하는 수준에서 대통령에게 순종하거나 아니면 자신의 내각을 소신대로 주도해 나가는 것 사이에 위치한다.

영국 수상보다는 자유가 없고 무력하기까지 하나 벨기에나 네덜란드의 수상 또는 이탈리아의 대통령보다는 확실히 더 많은 재량권을 가진 것으로 평가되는, 제5공화국의 공화주의적 군주(monarque republicain) 통치 하에 수상의 정확한 지위는 무엇인가? 제2의 주장인가? 참모본부의 수뇌인가?

왕의 심부름꾼인가?(Mény, 2006). 실제로 몇몇 수상은 수상 취임과 동시에 자신들의 임무에 걸맞은 비전이나 계획을 부여하며 적극적으로 자신의 내각을 주도해 나아가기도 한다. 예를 들어 바르 총리는 1970년 중반부터 불어닥친 유가 파동으로 인한 경제난을 수습하는 것, 쥐페 총리는 적자 경영에 허덕이는 사회보장제도를 구하는 것, 빌팽 총리는 청년 실업의 대안으로 고용을 창출하는 것에 자신의 독자적인 행보를 보여 주었다. 그러나 동거정부 하의 모든 수상, 즉 1986년 시라크 수상, 1993년 발라뒤르 수상, 1997년 조스팽 수상을 제외하고, 역대 모든 수상이 공통적으로 강조하듯 수상은 대통령에 의해 제시된 정책을 집행할 뿐이다. 이렇듯 대통령과 수상, 양자 간 형성된 위계 질서와 종속 관계는 "수상이 이끄는 내각이 국가의 정책을 결정하고 집행한다"는 헌법 제20조와는 위배되는 것으로, 실제로 이것이 준수된 것은 1986년 3월 제5공화국 사상 가장 막강한 수상이라고 평가받는 시라크 수상의 집권부터다. 확실히 수상은 대통령에 종속적인 지위에 있다. 그러나 일방적으로 엘리제궁의 명령을 그저 수동적으로 이행하는 축소된 수상의 위상은 재고의 여지가 있다. 엘지(Elgie, 2003)는 수상과 대통령의 종속 관계 이외에 다음과 같이 대통령과 수상의 관계를 유형화한다.

첫 번째 유형은 라이벌 관계다. 이 경우는 1974년 지스카르 대통령과 시라크 수상, 1988년 미테랑 대통령과 로카르 수상의 경우다. 이 유형의 수상은 정치적 자산을 가진 인사로 반드시 대통령의 당파나 이너서클 소속이 아니어도 좋다. 발리(Frederick Bailey)의 표현을 빌리자면 대통령은 수상을 자신의 측근보다는 적대 관계에 있는 연합자(associé) 가운데서 선택한다. 이러한 선택은 대통령의 정치적 자산의 결핍 및 부족을 의미한다. 따라서 두 사람 간의 직접적인 충돌은 불가피하다(Dammane, 1992).

1974년 대통령 선거, 2차 결선투표에서의 지지에 대한 보답으로 지스카르 대통령은 의회 다수파의 실제적인 지지와는 거리가 먼 시라크 후보를 수상직에 임명한다. 내각과 조직 개편의 주도권은 모두 대통령이 행사했으며, 나아가 대통령이 수상을 고립시키기 위해 수상을 거치지 않고 직접 장관들과 소통함으로써 이미 대선에서 같은 우파 후보로서 경합했던 두 사람의 관계는 오래 지속되지 못했고 불과 1년 만에 시라크 수상이 사임을 한다.

1988년 미테랑 대통령과 로카르 총리의 경우도 마찬가지다. 1988년 재선 성공 후 미테랑 대통령은 오랜 사회당 내 경쟁자인 로카르 장관을 수상으로 임명한다. 첫 번째 이유는 대선 기간 동안의 적극적 지지에 대한 답례이나 실제 복안은 라이벌로 하여금 미테랑 가신인 장관들로 포진된 내각에서 수상을 고립시킨다는 것이다. 이 같은 유형의 경우 내각과 조직 개편의 주도권은 대통령과 수상의 협의에 의해 이루어지기보다는 정적에 대한 우위를 확보하기 위해 대통령이 자신의 의사대로 조각을 하는 경우다. 그뿐만 아니라 의도적으로 수상보다는 대통령 자신이 내각 운영을 역시 주도한다.

두 번째 유형은 대통령과 수상이 차기 대선에서 상대 후보로 경합하는 경우다. 1986년 시라크 총리와 미테랑 대통령, 2002년 조스팽 총리와 시라크 대통령의 경우다. 실제로 제5공화국 사상, 재임 중에 대통령 선거에 출마한 어느 수상도 대통령직을 곧바로 승계하지는 못했다. 따라서 수상직의 수행이 대통령으로 가는 디딤돌이 되기는커녕 반대로 장애물로 작용한 것이다. 이 경우는 소위 동거정부 기간으로서 내각과 조직 개편의 주도권은 의회 다수당 소속인 수상이 행사한다.

첫 번째 동거정부의 발단은 1986년 집권당인 사회당의 총선 패배에 기인한다. 승리한 우파 정당은 총선 패배를 대통령 불승인으로 간주하여 대통령의 사임을 촉구했지만 아직 2년의 임기가 남은 미테랑 대통령은 사임을 거부했다. 그러나 그는 자신의 소속 정당인 사회당이 아닌 국회 다수당 소속의 신임 수상을 임명해야만 했다. 새로운 수상이 다수파를 치지한 의회의 지지를 받는 인사임은 확실했지만 그것이 시라크 전 수상인지는 불분명했으나 아마도 미테랑은 의회가 시라크를 수상으로 강제하는 것을 피하기 위한 방편으로 시라크를 새 수상으로 선택한다. 미테랑은 각료의 임명을 전적으로 시라크 수상에게 일임했다. 시라크 수상은 자신의 의중대로 내각을 구상하고 조직 개편을 단행했다. 그러나 전통적으로 대통령의 관할 영역인 국방과 외무 장관직의 경우, 미테랑 대통령은 명백히 거부권을 행사했다. 또한 자신의 모든 결정 권한을 축소하고 적어도 국내 현안에 관해서는 새로 임명된 반대당 소속 수상에게 모두 위임해야 했다. 당을 달리하는 수상과 동거로 인한 권력 나누기는 지금까지의 제왕적 대통령제를 입헌적

반군주제로 변형시킨다. 미테랑은 자신의 주요 임무를 내각이나 국회 다수당이 결정 사항을 감시하는 일로 한정했다.

1997년 시라크 대통령의 의회 해산 후 치러진 총선에서 여당의 패배로 개막된 조스팽 총리와 시라크 대통령의 두 번째 동거정부는 1986년의 동거정부와는 그 양상이 판이하게 달랐다. 두 번의 등거정부 동안 미테랑 대통령은 국가의 수반이자 야당인 사회당의 수장이었지만 세겡이 우파 정당인 RPR(공화국 연합)의 공식적인 총재로 임명된 후 시라크 대통령은 여당 지도자로서 역할을 상실했다. 시라크 대통령은 이중으로 동거정부의 반쪽짜리 대통령으로 전락했다. 한편에는 사회당 소속 조스팽 수상이, 다른 한편에는 자신이 신임하던 전임 총리 쥐페의 라이벌인 세겡 총재가 버티고 있었다. 따라서 새로운 좌파 연합정부를 이끄는 사회당 소속 수상에게 모든 조각권이 이양되었다. 따라서 새로운 내각과 조직 개편 작업이 모두 조스팽 수상에게 전적으로 일임된 것이다. 이러한 전면적인 권력 이양은 제5공화국 사상 시라크 대통령에 의한 최초인데 어떤 의미로는 수상이 대통령에 의해 선출된 것이 아니라 국민에 의해 선출되었다는 것을 인정하는 것이다 (Sadoun, 1997). 따라서 세 번째 동거정부는 조스팽 수상이 대통령에 대한 수상의 우월한 위치를 각인시키려 계속 노력했다. 수상 재임 기간 내내 다음 대통령 선거를 의식해서 대통령의 자질을 그가 보유함을 시사하는 자기 선전의 기회로서 수상직을 이용하며 시라크 대통령과 대립해 나갔다. 따라서 점차적으로 대통령과 수상의 관계는 악화 일로였고 서로에 대한 적대감을 숨기지 않게 되었다.

제5공화국 수상들 대부분은 고위 공직이나 선출직 공무원을 시작으로 마침내 프랑스 정계에서 종횡무진하며 정치적 경력이나 자질면에서 동료 정치인들에까지 폭넓은 인정을 받는 이들이다(Gaxie, 1993; Safran, 2009). 역대 제5공화국 수상들의 이력을 살펴보면 관계(官界, fonction publique) 출신이 13명으로 대부분을 차지하고 이 중 8명은 프랑스 관계의 왕도(la voie royale)라 부르는 재정감사원(inspecteur des finances: 뮈빌, 샤방 델마스, 로카르, 쥐페), 국가참사회(Conseil d'Etat: 드브레, 파비우스, 발라뒤르), 회계감사원(Cour des comtes: 시라크)을 거친 초엘리트들이다. 이례적으로 사회당 출신 모로아 수상과 베레고부아 수상을 제외하면 역대 수상 대부분은 프랑스 최고 교육기관인 그랑제콜(Grands Écoles)이나 교육 민주화 이전 소수에게만 문호가 개방되던 시절의 대학교(Université) 교육을 받은 이들이다. 특히 6명이 국립행정학교(ENA) 출신으로 ENA가 대통령뿐만 아니라 많은 수상까지 배출했음을 알 수 있다.

역대 제5공화국 수상은 고위 공직을 발판으로 삼아 많은 경우 특정 정당의 간부나 국회의원으로 프랑스 정계에 입문한다. 실제로 1976년 바르 수상 외에 당외 인사로서 수상직에 오른 인사는 존재하지 않는다. 발라뒤르 수상은 시라크 공화국 연합(RPR)의 총재 보좌관으로, 쥐페 수상은 공화국 연합의 사무총장과 당수로, 모로아 수상은 사회당 평당원으로 시작하여 사회당 총서기인 미테랑의 뒤를 이어 2인자 자리에 올랐고, 조스팽 수상은 사회당 제1서기를 각각 역임했다. 크레송 수상과 베레고부아 수상도 역시 사회당 간부 출신이다. 역대 수상들의 또 다른 특징은 퐁피두, 바르, 크레송, 빌팽 수상만 제외하면 예외 없이 하원의 의회 의원 출신이며 15명 중 절반에 가까운 수상은 역대 정부에서 장관직을 역임한 경험이 있다. 한마

〈표 7-10〉 역대 수상의 자본 형태

	문화적 자본	사회적 자본	정치적 자본
모로아	−	+	+−
파비우스	+	+	+
시라크	+	+	+
로카르	+	+	+
크레송	+	+	+
베레고부아	−	−	+−
발라뒤르	+	+	+
쥐페	+	+	+
조스팽	+	+	+
라파랭	+−	+−	+−
빌팽	+	−	+−
피용	+−	+	+

디로 사회당 정부 시절 우크라이나 이민자 출신인 베레고부아 수상과 평당원으로 출발한 모로아 수상을 제외하고 좌우를 막론하고 5공화국 역대 수상들의 사회적 배경은 거의 흡사하다.

사회학자 부르디외는 개인적 차원의 아비투스(habitus)와 사회적 차원의 장(champ)이라는 개념을 가지고 사회공간을 분석한다(Bourdieu, 1981). 아비투스란 행위자(social actor)의 내부에 내면화된 사회 질서와 지배 관계의 메커니즘을 일컫는 것이다. 정치적 자본(capital politique)은 정치적 자원(ressource politique)을 뜻하는 것으로 학자에 따라 정치적 자본이란 개념이 모호하다고 보기도 한다(Braud, 1992).

역대 수상의 지극히 개인적이고 주관적인 이력, 성향, 취향이 어떻게 조각에 반영되는가도 흥미로운 질문이다. 부르디외가 이론화한 것처럼, 즉 아비투스가 어떻게 위계화된 정치공간에 작동하느냐 하는 것이다. 다음과 같이 수상의 이력과 내각 구성의 상관 관계를 유형화(typoloization)해 볼 수 있다.

첫 번째 유형은 선 구성형으로 시라크, 파비우스, 베레고부아, 발라뒤르, 쥐페, 피용 수상의 예다. 총리직 임명 이전까지의 정계나 관계에서 구축한 네트워크 인맥을 최대한 활용하여 내각에 반영시키는 유형이다.

시라크는 수많은 중요한 관공부서를 거쳐 1968년 이후에는 다양한 내각 경험을 가지고 있다. 37세의 나이로 총리직에 오른 파비우스는 사회당에 입당하던 때인 1974년 이후 고위공무원에서 미테랑의 경제 비서로, 선거운동 본부장으로 성공적인 대선운동의 지휘자로 활동했다. 연달아서 예산 위임장관으로 봉직하면서 정부의 긴축재정을 이끌어 내어 명성을 얻었다. 후에 산업부 장관으로 발탁되어 1986년 마침내 역대 최연소 수상이 된다. 베레고부아 총리는 미테랑이 대통령직을 수행할 때 사회당 사무총장을 역임했고 잇달아 사회보장 관련 부처, 거대 공룡 경제 부처의 수장을 지냈다. 발라뒤르 총리는 프랑스 최고의 엘리트가 등용되는 국가참사회(Conseil d'Etat)의 일원으로 관계에 발을 들여놓은 이후 수많은 고위 공직을 거쳐, 퐁피두 대통령 하에서 대통령 비서실장을 역임한 이후 경제통으로 명성을 쌓는다. 쥐페 총리는 재정감사원(inspecteur de finance)의 일원으로 관계에 입문한 이후 1986년 첫 번째 동거정부 시절에는 파리 부시장을 이어서 예산 위임장관, 외무 위임장관, 정부 대변인, 1993년 발라뒤르 정부의 외무 장관을 역임했다.

두 번째 유형은 즉석처리형이다. 이는 일반적으로 수상직에 임명될 만큼 전국적 지명도나 개인적 경력이 화려하지 않은 인사가 주위의 예상을 뒤엎고 수상직에 오른 후 내각 개편을 자신의 인맥과는 무관하게 내각을 구성하는 유형이다. 역대 바르 수상, 모로아 수상, 크레송 수상, 라파랭 수상이 이 유형으로 분류된다.

1976년 수상으로 기용된 바르 총리는 이전까지 정계나 관계에는 무관한 경제학자 출신이다. 그러나 파리정치대학교(I. E. P de Paris)의 경제학 교수로서 프랑스 최고의 경제학자라는 명성 탓에 오일 쇼크로 경제 위기에 처한 1970년대 중반, 전격적으로 수상에 발탁된 경우다. 1981년 수상으로 발탁된 모로아 수상 역시 사회당 당원(militant)과 릴(Lille)의 시장이었던 것을 제외하면 수상직에 오르기까지 어떠한 프랑스 정계나 관계에 공식적인 활동 경력이 없었던 인물이다. 그러나 1981년 미테랑 대통령 집권 후 사회당 내 계파 간의 암투를 가장 잘 봉합할 수 있는 인물로 판단되어 수상직에 기용되었다.

잇달아 농업부 장관으로 해외교역부 장관, 유럽연합부 장관직을 역임했던 크레송 수상은 최초의 여성 수상으로 언론에 화려한 주목을 받았으나 그녀의 내각은 정치적으로 동질성이 결여됐다는 평가를 받으며 1년도 안 되어서 좌초한다.

라파랭 수상의 경우도 많은 면에서 예외적인 인물이다. 전임자들과는 다르게 그는 파리 출신도 아니고 지방 출신이며 국립행정학교 출신도 아닌 비즈니스 스쿨(École de commerce) 출신이다. 수상직 이전까지 주로 정치 변방에서 활동한 그는 1995년 쥐페 내각 때 중소기업부 위임장관을 역임하며 2002년 대선 후 예상 밖으로 수상에 임명되었다.

세 번째는 위 두 유형의 중간 유형으로, 조스팽 수상과 빌팽 수상이 이 유형으로 분류된다.

조스팽 수상의 경우, 1997년 시라크 대통령의 예기치 않은 의회 해산과 더불어 치러진 총선에서 사회당이 승리한 후 갑작스럽게 수상이 되었으나 국립행정학교 졸업 후 외교관을 시작으로 차례로 경제학 교수, 사회당 제1서기, 교육부 장관 등을 역임한 경력을 바탕으로 자신의 내각을 구성한다. 빌팽 수상 역시 줄곧 시라크 대통령의 은밀한 조력자였다. 비서실장을 역임하면서 1997년 의회 해산을 권고한 인물로 주로 음지에서 활동했으나 사르코지 국가장관의 대항마로 급작스럽게 부상하여 수상으로 발탁되었다. 그러나 외무 장관과 내무 장관을 역임한 경험을 살려 자신의 진용을 정비한다.

〈표 7-11〉 수상의 개인적 이력과 정부조직 개편 유형

조각 유형	선 구성형	즉석처리형	중간형
역대 수상	시라크, 발라뒤르, 베레고부아, 파비우스, 피용	크레송, 라파랭, 모로아	조스팽, 빌팽

3 정당의 계파 또는 파벌의 수장

대통령과 수상의 협력이라는 변수 이외에 프랑스 조각을 특징짓는 또 하나는, 내각을 구성하는 각료의 많은 수가 집권 정당 또는 집권 연립정당의 계파(chef de file) 또는 파벌의 수장(chef de groupe)이라는 것이다. 의원내각제를 유지했던 제4공화국 내내 지속되었던 계파 또는 파벌의 수장 같은 개념이 1958년, 제5공화국 출범 이후로 줄어들긴 했지만 완전히 사라지진 않았다. 오히려 제5공화국 후반으로 갈수록 특정 정당의 주요 인사가 입각하는 경우가 더욱 증가했다. 예를 들어 1983년 모로아 3기 내각 때 입각한 22명의 장관과 위임장관 중 18명이 사회당 당내 인사로 그 중 14명은 사회당에서 전국 책임자(responsable national)를 역임한 인사다. 즉 사회당, 당내 간부들이 대거 정부 부처의 수장으로 임명된 셈이다. 이처럼 대부분의 사회당 간부들이 정부나 의회의 정상을 차지함으로써 사회당은 가사상태에 빠지기까지 했다. 이 같은 경우는 우파 정권에서도 반복된다. 1986년 시라크 정부의 장관들은 공화국 연합(RPR)과 프랑스 민주연합(UDF)의

〈표 7-12〉 역대 각료의 입각 당시 정치적 이력

(단위: %)

입각 당시의 정치적 위상	드골	드골	드골	퐁피두	퐁피두	지스카르		미테랑	
	드브레	퐁피두	뮈빌	샤방델마스	메스메	시라크	바르	모로아	파비우스
의회 의원	20	27.4	25.8	28.9	26.5	31.5	33.3	13.1	15.6
지방의회 선출직 의원	42.5	48.4	51.6	62.2	67.3	50.0	63.9	67.2	57.8
정당의 전국적 간부	25	35.5	38.7	55.6	38.8	38.9	47.2	77.0	64.4

출처: Pouvoirs, N.36(1986).

거물들이 차례로 입각했다. 국가장관으로 임명된 발라뒤르(경제 부처, 재정, 사유화) 장관, RPR의 당간부인 파스쿠아(Charles Pascua) 내무 장관, 세겡(Philipe Séguin) 사회보장부 장관, 마들렌(Alain Madelin) 산업장관, 두피아그(Jacques Douffiagues) 교통 장관이 이들이다.

<표 7-12>에서도 알 수 있듯이 선거를 통한 선출직 의원으로서의 경험보다는 주요 정당에서의 활동이 입각을 위한 지름길로 자리매김하고 있다. 그렇다면 왜 프랑스에서는 핵심 정당의 수뇌부에서 잔뼈가 굵은 인사들이 대거 정부 부처의 수장으로 입각하는가? 그것은 소수 엘리트가 정치의 장(champ)을 배타적으로 독점하는 프랑스 특유의 정치문화에서 비롯된다. 프랑스에서 각료의 등용 여부는 전적으로 후보의 정치적 자원(resource politique)에 달려 있기 때문이다. 즉 대통령이나 수상과의 개인적 친밀도, 집권 정당 내에서의 정치적 입지, 미디어를 통한 여론 동원 능력 등 이 세 가지가 당 외부에서 낙하산 식으로 장관직에 기용되는 예를 제외하고, 일반적으로 장관급 인사(ministrable)와 그렇지 못한 인사를 변별하는 요소다(Duhamel, 1993). 대통령 가신, 당내 지도부, 계파 수장 출신 모든 장관은 그들의 출신 성분에 관계없이 토론과 어떤 주제에 대한 발언에도 능숙한 인물이나 가장 결정적인 요인은 국가수반이나 정부수반과의 정치적 후원 관계다. 다시 말해 정치적 후견인(parrain)은 누구인가? 이에 덧붙여 봉토(fief)는 무엇인가가 입각을 위한 결정적 지표다. <표 7-13>은 1995년 쥐페

〈표 7-13〉 1995년 쥐페 정부 각료의 정치적 후원자와 봉토(선거구)

정부 각료	후견인	봉토
1. Alain Juppé(수상)	Chirac	Paris-Bordeaux
2. Jacques Toubon(법무)	Chirac	Paris
3. Alain Madelin(재경)	Giscard-Chirac	Ile-et-Vilane
4. François Bayrou(교육)	Giscard-CDS	Pyrénées-Atlantiques
5. Bernard Pons(국토)	Chirac	Lot-Paris
6. Hervé de Charette(외무)	Giscard-Chirac	Nièvre
7. Charles Millon(국방)	Barre-Chirac	Ain
8. Jean Louis Debré(내무)	Chirac	Eure
9. Roger Romani(의회)	Chirac	Paris
10. J. Barrot(노동)	CDS-Bayrou	Haute-Loire
11. P. Douste-Blazy(문화)	Bayrou	Lourdes
12. J. Arthuis(경제개발)	Monory	Mayenne
13. C. Goasguen(국가혁신)	Monory-Chirac	Paris
14. J. Puech(공공 부문)	Balladur	Aveyron
15. E. Hubert(보건)	Séguin and Chirac	Loire-Atlantique
16. E. Rault(사회통합)	Labbé-Toubon-Pandraud	Seine-Saint-Denis
17. C. Codaccioni(연대)	Juppé-Chirac	Nord
18. P. Vasseur(농업)	Hersant Chirac	Pas-de-Calais
19. Y. Galland(산업)	Chirac	Paris
20. P. A. Périssol(주택)	Chirac	Allier
21. J. P Raffarin(중소기업)	Giscard-Chirac	Poitou-Charente
22. F. Fillon(정보통신)	Séguin	Sarthe
23. J. J. de Peretti(해양)	Messmer Juppé	Dordogne
24. C. Lepage(환경)	Madelin	Cabourg
25. G. Drut(청소년,체육)	Chirac	Seine-et-Marne
26. F. de Panafieu(관광)	Missofle Chirac	Paris
27. P. Pasquini(원호)	De Gaulle Chirac	Haute-Corse
28. J. Godfrain	Chirac	Averyon
29. M. Banier	Chirac	Savoie
30. X. Emmanuelli	Dijoud Barre	Samu social
31. A. M. Couderc	Barnier	Paris
32. F. Baroin	Séguin	Aube
33. F. d'Aubert	Juppé	Mayenne
34. H. Gaymard	Juppé	Savoie
35. J. de Boishue	Chirac	Essonne
36. E. Dufourcq	André Colin	SNIRS
37. F. Hostalier	André Colin	Nord
38. R. M. Aubert	Dominique Baudis	Corrèze
39. A. M. Idrac	Gidcard	Pontoise
40. M. Sudre	Chirac	La réunion
41. F. de Veyrins	Madelin	Calvados
42. N. Ameline	Chirac	Essone
43. C. Chauvet	Chirac	Femme chef d'entreprise

출처: Le pouvoir politique en France(1993).

정부에서 입각한 각료들과 그들의 정치적 후견인, 정치적 봉토를 보여 준다. 이 표에서도 알 수 있듯 대부분의 정부 각료들이 현직 대통령이나 수상과 정치적 후원 관계를 맺고 있음을 알 수 있다. 이런 맥락에서 프랑스식 조각뿐만 아니라 프랑스에서는 정치 자체가 족벌의 일(la politique est affaire de clan)이라고 할 수 있다.

제5공화국 후반 들어 늘어난 여성 장관의 중용도 조각의 중요한 변수로 대두하기 시작했다. 최초의 여성 장관은 1974년 지스카르 데스탱 대통령 시절 여성부 장관을 역임했던 시몬 베유까지 거슬러 올라가고 1991년에는 최초의 여성 수상까지 탄생했으나 여전히 여성들의 입각은 극히 제한적이었다. 1995년 시라크 후보는 대선 기간 동안 기여에 대한 보답으로 몇몇 여성을 장관으로 임명했으나 6개월 후 단행된 정부조직 개편에서 여성 장관직의 대부분은 사라져 버렸다. 본격적으로 여성 장관이 정부 내각을 수놓은 것은 14명의 전권장관 중 5명이 여성에게 할당된 조스팽 정부(1997년)에 이르러서다. 라파랭 내각(2002년)에서 대거 10명의 여성 장관이 탄생하게 되면서 양성 평등(parité)은 하원뿐만 아니라 정부조직 개편 과정에서도 중요한 화두가 되었다. 특히 알리오마리(Michel Alliot-Marie) 전 공화국연합(RPR) 총재가 사상 처음으로 여성으로서 국방 장관직에 오르면서 장관직에서도 전통적인 남녀의 벽을 허물기 시작했다.

여성의 중용과 함께 라파랭 내각이 단행한 흥미있는 개혁은 북아프리카 출신이자 이민 2세대 출신 각료가 2명 탄생했다는 점이다. 자주 이민자 세대의 통합을 강조하곤 했지만 정부 구성에는 그런 환경적 배경을 가진 인사를 한 번도 발탁해 본 적이 없기 때문이다. 이것은 물론 좌파를 회유하기 위한 상징적인 움직임이었다. 이러한 적대적인 진영의 인사에게 손을 내미는 이른바 '개방(ouverture)'도 프랑스식 조각의 특성이다. 2007년 대선 승리 후 출범한 피용 내각은 대거 사회당 인사를 우파 정부에 발탁했다. 대표적인 사례로는 신정부의 외무 장관으로 사회당 중진인 베르나르 쿠쉬너(Bernard Kouchner) 전 보사부 장관을 전격 기용한 것이다. 1981년 사회당 정부 때에도 우파 출신의 미셸 조베르(Michel Jobert)를 중용한 바와 같이 야당 인사의 기용은 오랜 관행이나 중요한 것은 기용의 폭이다.

시민사회(société civile)에의 개방도 1981년 이후 두드러진 조각의 특징이다. 이른바 시민사회 출신 각료들은 주로 과거 탁월한 직업적 이력 때문에 중용되거나 아니면 대통령이나 수상과의 개인적 친분 관계로 인해 직업 정치인이 아님에도 불구하고 입각하는 경우가 대부분이다. 가령 명망 있는 직업 외교관이 외무 장관직에 임명되거나(Louis de Guringaud, Jean Sauvagnargues) 또는 대학교수 출신 인사가 교육부 장관에 임명되는 경우다 (Claude Alégre). 경제학자로 명성을 얻은 이들이 경제 관련 부처의 장관직을 역임한 경우도 많다 (Barre, Lionel Stoléu, Jean Pierre Fourcade). 르누아르(René Lenoir)와 같이 사회문제에 정통한 사회학자 출신 인사가 사회보장 관련 부처의 장관직을 역임하기도 했다.

제 6 절 프랑스 정부조직 개편의 양상

위에서 살펴본 바와 같이 조각이 반드시 선거나 대통령과 수상의 관계, 집권 정당이나 집권 세력 간의 정치, 역학적 관계 등 정치적 요인으로만 파악되는 것은 아니다. 정부조직의 변화는 정치, 경제, 사회 등 그 당시 정부 차원에서 해결해야 할 문제와 사회적 요구 등의 환경적 요인을 반영한다. 프랑스식 조각에서 정작 중요한 것은 정부조직의 변화 자체보다 조직 개편의 심도와 수준이라 할 수 있다. 잦은 조각으로 근본적인 변화보다는 부처 간의 이합집산을 통한 외형적인 재배치가 프랑스 정부조직 개편의 특징 중의 하나이기 때문이다. 또는 선거공약의 이행의 차원에서 상징적인 수준에서 정부조직을 개편하는 경우도 있다.

1 정부조직의 개편의 공통 분모: 이합집산하는 부처

내각에 따라 바뀌지 않는 부처로는 외무부(affaires étrangères), 법무부

(justice) 국방부(défense), 농업부(agriculture)가 대표적인 부처이고 반대로 내각에 따라 잘 바뀌는 대표적인 부처로는 경제 관련 부처, 사회보장 관련 부처, 내무 관련 부처 등이 있다. 그러나 부처의 변동이 없는 부처라 해도 약간의 차이가 있다. 법무부(justice), 국방부(défense)는 조각에 따른 변화가 없는 거의 없는 부처이지만 외무부와 농업부는 근본적인 변화는 아니지만 약간의 변화가 존재한다. 가령 외무부는 유럽연합관계청(affaire européen), 프랑스어권(francophonie) 등이 추가되기도 한다. 농업부 역시 산림부(foret)나 어업 및 식품부(peche et l'alimemtation)가 추가되기도 한다.

프랑스 정부조직 개편의 가장 특징적인 변하는 거대 부처가 여러 부처로 분산되거나 반대로 거대 부처가 여러 부처로 나뉘어 조직되기도 한다. 이러한 대표적인 부처가 경제 관련 부처다. 경제 관련 부처는 통상부(Commerce extérieure), 재정경제부(Economie et des Finances), 산업부(Industrie), 상공수업부(Commerce et de l'Artisanat), 예산청(Budget)으로 각기 나뉘어 존재하다가도 재정경제산업부(Economie et des Finances et Industrie) 또는 재경예산부(Economie et des Finances et Budget)로 단일 통합되어 거대 공룡 부처를 이루는 대표적인 예다. 게다가 경제 관련 부처는 특별한 사안에 따라 부처명과 기능이 추가된다. 예를 들어 1993년 대대적인 사유화를 정부 중요 시책으로 표방한 발라뒤르 정부의 경제 부처는 민영화(privatisaton), 중소기업(PME), 고용(Emploi)부가 부가되기도 한다. 이외에도 예산, 계획(Plan), 체신(PT), 관광(Tourisme)청도 내각에 따라 경제 관련 부처와 통합되거나 분리된다.

사회보장 관련 부처도 많은 이합집산을 보이는 부처 중 대표적인 경우다. 1981년 사회당 정부 출범과 더불어, 국민연대(solidarité nationale)라는 국가장관급 부처가 생긴 이래 후대에 사회보장(Affaires sociales)부로 대체되거나 연계되는 것에 덧붙여 주로 보건(Sante), 노동(Travail), 주택(Logement), 고용(Emploi), 도시(Ville), 직업훈련(formation professionelle)과 같은 군소 영역과 통합되거나 분리되어 항상 정부조직 변화의 대상이 되어왔다. 1995년 조각에는 점증하는 사회 통합의 필요성에 부응하여 다시 세대간 연대(solidarité entre generations), 통합과 소외방지부(intégration et contre l'exclusion sociale)로 그 기능의 외연이 확장되기도 했다. 그러나 내각에 따라서는 위에 열거된 기능을 중심으로 사회보장부와 분리되어 보사부(ministre de la santé publique)나 사회통합부(ministre chargé de l'intégration)로 각각 독립적으로 존재하기도 한다.

내무 관련 부처도 1981년까지는 큰 변화가 없이 유지되다가 사회당 정권 집권 후 지방분권화(decentralisation)정책과 더불어 이합집산하는 대표적인 부처가 되었다. 그 후 국토개발(aménagement du territoire), 행정개혁, 해외영토(outre-mer), 설비(equipement) 등 기능이 확대되는 부처다.

〈표 7-14〉 주요 정부 부처의 조직 개편 양상

내각	내무 관련 부처	경제 관련 부처	사회보장 관련 부처
P. Mauroy(Ⅰ)	Intérieur et de la décentralisation (내무, 지방분권화부-국가장관) Plan et de l'aménagement du territoire (계획, 국토조정부-국가장관)	Commerce Extérieure (대외상업부-국가장관) Economie et des Finances (재정경제부) Industrie(산업부) Commerce et de l'Artisanat (상공수공업부)	Solidarité Nationale (국가연대부-국가장관) Santé(보건부) Temps libre(자유시간부) Logement(주택부)
P. Mauroy(Ⅱ)	Intérieur et de la décentralisation (내무, 지방분권화부-국가장관) Plan et de l'aménagement du territoire (계획, 국토조정부-국가장관)	Commerce Extérieure (대외상업부-국가장관) Economie et des Finances (재정경제부) Industrie(산업부) Commerce et de l'Artisanat (상공수공업부)	Solidarité Nationale (국가연대부-국가장관) Affaires Sociales et de la Solidarité Nationale (국가연대사회보장부) Travail(노동부) Santé(보건부) Temps libre(자유시간부)
P. Mauroy(Ⅲ)	Intérieur et de la décentralisation (내무, 지방분권화부)	Economie et des Finances (재경부) Commerce Extérieure et du Tourisme(대외상업관광부) Commerce et de l'Artisanat (상공수공업부)	Affaires Sociales et de la Solidarité Nationale (국가연대사회보장부) Urbanisme et du Logement (도시주택부)
L. Fabius	Plan et de l'aménagement du territoire (계획, 국토 조정부-국가장관)	Economie et des Finances et du Budget(재경예산부)	Affaires Sociales et de la Solidarité Nationale (국가연대사회보장부)

	Intérieur et de la décentralisation (내무, 지방분권화부)	Redéploiement Industriel et Commerce Extérieure (산업재건대외상업) Commerce et de l'Artisanat et du tourisme (상공수공업교통부)	Urbanisme et du Logement et des transports (도시주택교통부) Travail, de l'Emploi et de la formation professionelle (노동, 고용, 직업훈련부)
J. Chirac	Intérieur(내무부) Equipemet du Logement de l'Aménagement Territoire (설비, 주택, 국토조조정부) Départememt et Terroitre d'Outre-Mer(도, 해외영토부)	Economie et des Finances et de la privatisation (재경사유화부-국가장관) Industrie des P et T et du Tourisme (체신, 산업, 관광부)	Affaires Sociales et l'Emploi(사회보장고용부)
M. Rocard(Ⅰ)	Equipemet et Logement (설비주택부-국가장관) Intérieur(내무부)	Economie et des Finances et du Budget (재경예산부-국가장관)	Affaires Sociales et l'Emploi(사회보장고용부)
M. Rocard(Ⅱ)	Equipemet et Logement des transports et de la mer(설비주택부교통해양부-국가장관) Foction Publique et du Reforme administrative(공공기능행정개혁부-국가장관) Intérieur(내부부) Départememt et Terroitre d'Outre-Meret porte-parole 여 gouvernememt (도, 해외영토부, 정부대변부)	Economie et des Finances et du Budget (재경예산부-국가장관) Industrie et l'Aménagement Territoire (산업, 국토조조정부) Commerce Extérieure et du tourisme(대외상업교통부)	Solidarité de la Santé et de la protection sociale (보사부) Affaires Sociales et de la Solidarité(사회보장부)
E. Cresson	Foction Publique et du M odernisation administrative (공공기능행정개혁부-국가장관) Intérieur (내무부) Départememt et Terroitre d'Outre-Mer(도, 해외영토부) Ville et de l'Amenagememt 여 territoire (도시구토계획부-국가장관) Equipemet du et du Logememt, des Transports et de l'Espace (설비, 주택, 교통, 공간부)	Economie et des Finances et du Budget (재경예산부-국가장관) Industrie(산업부)	Affaires Sociales et de la Integration(사회통합부) Travail, de l'Emploi et de la formation professionelle (노동, 고용, 직업훈련부)

P. Bérégovoy	Foction Publique et du Reforme administrative (공공기능행정개혁부–국가장관) Equipemet et du Logememt, des Transports (설비, 주택, 교통부) Départememt et Terroitre d'Outre-Mer(도, 해외영토부)	Economie et des Finances Budget (재경예산부–국가장관)	Affaires Sociales et de la Integration(사회통합부) Travail, de l'Emploi et de la formation professionelle (노동, 고용, 직업훈련부)
E. Balladur	Foction Publique(공공기능부) Départememt et Terroitre d'Outre-Mer(도, 해외영토부) Equipemet, des Transport du Tourisme(설비, 교통, 관광부)	Economie(경제부) Entreprise et Developpememt economique chargé PME et Commerce et de l'Artisanat (상수공업중소기업부)	Affaires Sociales, de la Santé et de la Ville et Logement(보사, 도시, 주택부–국가장관) Travail, de l'Emploi et de la formation professionelle (노동, 고용, 직업훈련부)
A. Juppé(I)	Aénagement Territoire, Equipement et Transport (설비주택, 국토조조정부) Intérieur(내무부) Reformed'Etat,Decentralisation et Citoyennte (국가개혁, 지방분권, 시민부) Foction Publique(공공기능부) Outre-Mer(해외영토부) Tourisme(관광부)	Economie et des Finances (재경부) Industrie(산업부) PME et Commerce et de l'Artisanat (중소기업 상수공업부)	Travail, Dialogue social et Participation (노동, 참여와 노사협력부) Santé publique et Assurance Maladie (보사 건강보험부) Integration et Lutte contre l'exclusion (통합과 반사회적 배제부) Solidarité entre generations (세대간 연대부)
A. Juppé(II)	Equipement Logement et Transport et Tourisme (설비, 주택, 관광부) Foction Publique et du Reforme de l'Etat et Decentralisation (공공 기능, 국가개혁, 지방분권화부) Ville et Intergration (도시와 통합부)	Economie et des Finances (재경부) Industrie, Posteet Telecommunication (산업, 우편, 통신사업부) PME et Commerce et de l'Artisanat (중소기업, 상수공업부) Finance et Commerce Extérieure (재정, 대외교역부)	Travail et Affaires sociales Emploi(노동, 보사, 고용부)

L. Jospin	Intérieur(내무부) Equipement Transport et Logement(설비, 교통, 주택부) l'Aénagement Territoire et Environnement (국토조정, 환경부) Foction Publique et du Reforme de l'Etat et Decentralisation (공공 기능, 국가개혁, 지방분권부)	Economie et des Finances et Industrie (경제, 재정, 산업부)	Emploi et Solidarité (고용연대부)
J. P. Raffarin	Intérieur,Securite interieure et Libertes locales (내무, 안전, 지방자율부) Equipement Transport et Logement et Mer (설비, 교통, 주택, 해양부) Foction Publique et du Reforme de l'Etat et Aénagement Territoire Outre-Mer(공공 기능, 국가개혁, 국토조정, 해외영토부)	Economie et des Finances et Industrie (경제, 재정, 산업부)	Affaires sociales et Travail et Solidarite (보사, 노동, 연대부) Santé, Famille Personnes handicapees (건강, 가족, 장애인부)
D. Villepin	Intérieur et Aénagement Territoire (내무, 국토조정부-국가장관) Transport,Equipement, Tourisme et Mer (교통, 설비, 교통, 해양부) Foction Publique(공공기능부)	Economie et des Finances et Industrie (경제, 재정, 산업부) PME et Commerce et de l'Artisanat et Professions liberale(중소기업, 상수공업, 자유직업부)	Emploi et Cohesion sociale et Logement(고용, 사회적 응집, 주택부) Santé et Solidarite (보건연대부)
F. Fillon	Intérieur, de l'Outre-Mer et des Collectivites locales (내부, 해외영토, 지방정부부) Immigration, de l'intergration, de l'identite nationale et Codeveloppement (이민, 통합, 국가정체, 동반개발부)	Economie et des Finances et d'Emploi (경제, 재경, 고용부) Budget, des Comptes publics et de la fonction publique (예산, 회계, 공공기능부)	Travail, des relations sociales et Solidarite (노동, 노사, 연대부) Santé de la jeunesse et des sports (보건, 청년, 체육부) Logement et de la Ville (주택, 도시부)

교육부(education) 역시 문화부(culture)와 통합되어 교육문화부로 되거나 고등고육(l'enseignement supérieur), 연구(recherche), 체육(sport)청 등이 산하에 부속되기도 한다. 체육청소년부(la jeunesse et des sports)는 장관, 위임장관, 청장급으로 위상의 변화를 자주 겪는 부처로서 교육부의 하위청으로 존재하거나 독립적으로 별개의 부처를 이루기도 한다. 내각에 따른 잦은 부처의 변화야말로 프랑스 정부조직 개편의 가장 큰 특징이지만 근본적이고 구조적인 변화보다는 그때그때의 상황 논리에 따라 융통성 있게 덧붙이거나 빼는 형식을 반복하는 것을 알 수 있다. 따라서 논자에 따라 프랑스식의 잦은 정부조직 개편은 부처명의 변화 이외에 국민과 공무원에게 혼란을 가져오지 않는다고 하기도 한다(임도빈, 2001). 부처 수준의 변화가 각 부처의 하부조직까지 이르는 총체적인 해체나 분할을 초래하지 않기 때문이다.

2 신설되는 부처와 사라지는 부처

정부조직 개편 과정에서 정치, 사회적 환경 요인을 가장 반영하는 면면은 신생 부처의 창설이다. 제4공화국에서는 알제리 사태와 식민지로 귀속되었던 국가의 독립 등으로 원호, 식민, 알제리부가 존속했고 그 후 자유시간부(temps libre), 여성부, 이민부 등이 시대의 흐름과 함께 생성되었다가 명멸했다.

선거 기간의 정치적 쟁점이나 후보들의 선거공약이 그대로 정부조직 개편 과정에서 새로운 부처의 탄생으로 이어지는 경우도 있다. 이른바 사회적 배제(l'exclusion sociale)가 1995년 대선에서 이슈가 된 후 쥐페 내각에서는 사회 통합과 반(反)사회적 배제부가 창설되었다. 그러나 시라크 후보의 대선 기간 공약과 더불어 창설된 이 부처는 6개월 후 있은 조각에서 다른 부처의 직무에 흡수됨으로써 사라졌다.

제 7 절 소결론

레비스트로스가 인류학 방면에 처음 사용한 이래 프랑스 정치학이나 사회학에도 원용되기 시작한 브리콜라주(bricolage: 프랑스어로 자질구레한 공작, 작업, 응급 조치, 후다닥 해치우기)라는 용어가 임기응변적인 프랑스식 조각을 설명해 주는 하나의 틀이 될 수도 있겠다. 일 주일도 안 되는 짧은 시간 내에 성급히 이루어지는 결정이 정치의 장(champ politique) 안에서 내부 균형이라는 제약 속에 이루어진다. 1981년부터 2009년까지 무려 15번의 잦은 조각으로, 평균적으로 2년도 못 되어서 행해지는 조각에도 불구하고 프랑스식 조직 개편이 상대적으로 안정성을 유지하는 이유는 부처 수준의 조직 개편이 실제적인 효과를 가져오기보다는 상징적 차원의 변화이기 때문이다. 이와 같은 맥락에서 푸르니에 같은 학자는 정부조직이 반드시 개편될 필요성이 없이 내각에 따라 관행처럼 행해지는 양상을 비판하기도 한다. 같은 맥락에서 제5공화국 하에서 잦은 조각이 각료의 불안정으로 연결되지 않았으며 오히려 대부분의 각료는 새 정부에서 그대로 남아 있을 뿐만 아니라 다른 부처의 장으로 소속 이동만 하는 경우가 대부분이어서 '정부는 바뀌어도 각료는 바뀌지 않는다'라는 말이 탄생하기까지 했다(성낙인, 1994).

부처 수준의 변화도 정부조직의 연성적 성격으로 인한 변천에도 불구하고 전통적인 국가 기능과 직접적 연관성이 있는 내무, 외무, 국방, 교육, 경제 재무, 농업 등의 부처는 대체로 안정성을 유지한다. 그러나 자주 정치적 이슈로 전환되는 사회, 노동문제, 민생과 관련된 문제, 경제활동과 관련된 문제, 커뮤니케이션 관련 문제 등은 잦은 조직 변경을 야기하고 있다. 또 정부조직 개편 과정에서도 좌파 정권과와 우파 정권의 차이도 존재한다. 예외가 있긴 하지만 좌파 정권 집권 시 정부조직은 더 많은 부처가 난립하는 반면에 우파 정권은 대체적으로 거대 부처를 선호하고 부처의 수도 가

급적 줄이는 경향이 있다.

총체적인 관점에서 살펴보면 정치 체제의 안정을 위해 필요한 정부조직의 안정성 확보가 프랑스 정부조직에서는 어려운 현실이다. 정부조직에 관한 법률의 부재로 인해 정부 구성, 권한, 위임에 관한 정부령(décret)이 사실상 정부의 기본 조직과 권한 설정에 관한 모법의 성격을 갖기 때문에 각 정부 구성 시마다 정부령 발동은 항시 관심의 초점일 뿐만 아니라 동시에 정치 엘리트 간 갈등을 동반한다. 이러한 프랑스 정부조직의 연성적 성격은 선거 기간 동안 국민 앞에 제시한 정책 사항을 새로운 정부령과 더불어 정부조직에 반영함으로써 시대적 상황에 좀 더 쉽게 대처해 나갈 수 있는 장점이 있다(성낙인, 1994). 이러한 장점에도 불구하고 근본적으로 프랑스식 정부 구성과 부처의 개편은 정치적 게임의 룰(règle du jeu politique) 안에서 국가원수를 정점으로 하는 집권 세력의 정치적 의도를 관철시키는 일종의 수단으로 기능하고 있다.

Chapter

08 결 론

이 책에서는 영국과 프랑스의 정부조직 개편을 정치 과정의 차원에서 접근했다. 구체적으로 각국의 정치 체제와 정책 과정을 검토한 다음 이들이 정부조직 개편에 주는 영향에 관해 고찰했다. 연구 결과 다음과 같은 사실들을 발견하게 되었다.

영국의 경우 수상이 정부조직 개편의 주도권을 행사한다. 수상은 측근 고위인사들과 협의하여 정부조직 개편에 관한 결정을 내리기 때문이다. 따라서 수상이 속한 집권 정당의 이념과 수상의 성격이 정부조직 개편의 유형에 영향을 준다. 집권 정당의 이념이 보수적이면 통합 개편을, 반면 진보적이면 분할 개편을 야기한다. 그리고 수상의 특성이 개혁가이면 통합 개편을, 반면 자기중심주의자이거나 균형자이면 분할 개편을 야기한다.

수상은 독자적으로 권한을 행사하기 때문에 행동이 비교적 자유롭다. 하지만 선거는 정부조직 개편에 소폭적으로만 영향을 주게 된다. 양당제가 안정적으로 정착되어 있기 때문에 선거 후 집권 정당의 고위직에게 공직을 안배하고 이로 인해 조직 개편이 영향을 받는 폭은 크지 않기 때문이다. 따라서 분할 개편과 통합 개편은 반복되지만 변화의 폭은 크지 않다.

이러한 사실은 1957년부터 2009년까지 존재해 오는 영국의 여덟 개 정권을 분석한 결과 얻게 되었다. 환경의 변화는 수상에게 정부조직 개편의 필요성을 제기하여 수상의 행동을 야기하는 촉발 요인으로서 작용하고 있어 조직 개편에 대한 직접적인 영향 요인으로 나타나지는 않는다.

프랑스의 경우 대통령과 수상이 정부조직 개편을 주도한다. 구체적으로 대통령이 수상의 제청에 의해 정부조직 개편 결정에 관한 권한을 행사한다. 그런데 선거는 정부조직 개편에 큰 영향을 미친다. 다당제 하에서 선거를 치르기 때문에 선거 후 집권 정당의 계파 간 공직을 안배하는 과정에서 정부조직 개편이 크게 영향을 받게 된다. 따라서 정부조직 개편 변동 폭이 무척 크다. 즉 정당 체계가 정부조직 개편의 영향 요인이 된다.

게다가 대통령과 수상 간의 관계가 정부조직 개편 변동 폭에 영향을 준다. 대통령과 수상의 지지 정당이 상이한 동거정부의 경우에 두 사람 간의 관계에 따라 정당의 계파 간 공직 안배의 범위가 달라지며 이로 인해 정부조직 개편이 영향을 받을 수 있기 때문이다.

따라서 정부조직 개편은 꽃송이 유형과 갈퀴 유형으로 구분되는 다양한 유형의 조직 개편이 나타나게 된다. 그리고 외무, 법무, 국방, 농업 관계 부처는 변동은 소폭적이지만, 반면 경제, 사회보장, 내무 관련 부처의 변동은 대폭적이다.

결론적으로 영국과 프랑스의 정부조직 개편은 대통령 또는 수상과 같은 소수에게 권한이 주어져 있고, 이에 대한 견제 세력이 없어 조직 개편이 자의적이고 불안정하게 이루어질 수 있다는 점에서 양국은 유사성을 지닌다. 한국과 미국의 경우 대통령의 권한은 의회에 의해 견제되어 변동의 폭이 제약을 받고 결과적으로 정부조직 개편이 안정적인 모습을 보임으로써 영국 및 프랑스와 대조를 이룬다.

반면 영국은 수상 한 사람이 주도하는 가운데에 양당제 하에서 정당의 계파 간 공직 안배의 필요성이 적어 정부조직 개편 변동의 폭이 좁은 데에 반해, 프랑스는 대통령과 수상 두 사람이 협의하고 주도하면서 다당제 하에서 정당의 계파 간 공직 안배의 필요성이 커서 정부조직 개편 변동의 폭이 넓다는 점에서 양국은 상이성을 보인다.

부 록

1. 영국 정부조직 개편표

2. 프랑스 정부조직 개편표

부록 1 영국 정부조직 개편표*

〈표 1-1〉 정부조직 개편표(1957년 1월~1964년 10월)

연도	1957년	1964년
총부처 수	21개	20개
행정부처	Cabinet Office(내각사무처) Privy Council Office(법무부)	Cabinet Office(내각사무처) Privy Council Office(법무부)
대외관계부처	Defence(국방부) Admiralty(해군부) Air(공군부) Foreign Office(외무부) Colonial Office(식민부) Commonwealth Relations Office(연방관계부)	Defence(국방부) Foreign Office(외무부) Colonial Office(식민부) Commonwealth Relations Office(연방관계부)
내무지역부처	Home Office(내무부) Housing, Local Government, and Welsh Affairs (주택·지방정부·웨일스부) Scotland(스코틀랜드부)	Home Office(내무부) Housing, Local Government, and Welsh Affairs (주택·지방정부·웨일스부) Scotland(스코틀랜드부)
경제산업부처	Treasury(재무부) Agriculture, Fishery, and Food(농업·어업·식품부) Board of Trade(통상위원회) Transport and Civil Aviation(교통·항공부) Power(전력부) Works(공공사업부)	Treasury(재무부) Agriculture, Fishery, and Food(농업·어업·식품부) Board of Trade(통상위원회) Transport(교통부) Aviation(항공부) Power(전력부) Public Building and Works(공공건축·사업부)
사회문화부처	Education(교육부) Health(보건부) Labour and National Service(노동·국가서비스부) Pensions and National Insurance(연금·국가보험부)	Education and Science(교육과학부) Health(보건부) Labour(노동부) Pensions and National Insurance(연금·국가보험부)
기타		

참고: 1. Science(과학부)는 1959년에 신설되었다가 1964년에 교육과학부에 흡수통합되었다.
2. Industry, Trade and Regional Development(산업·통상·지역개발부)는 1963년 신설되었다가 1964년에 폐지되었다.

* 이 부록에 속한 내용은 다음 책자의 해당 부분을 발췌하여 정리한 것이다. David Butler and Gareth Butler. (2000). *Twentieth-Century British Political Facts, 1900-2000*. Houndmills, England: Palgrave Macmillan.

〈표 1-2〉 정부조직 개편표(1964년 10월~1970년 6월)

연도	1964년	1970년
총부처 수	20개	21개
행정부처	Cabinet Office(내각사무처) Privy Council Office(법무부)	Cabinet Office(내각사무처) Civil Service Department(공직부) Privy Council Office(법무부)
대외관계 부처	Defence(국방부) Foreign Office(외무부) Colonial Office(식민부) Commonwealth Relations Office(연방관계부)	Defence(국방부) Foreign and Commonwealth Office(외무연방부) Overseas Development(해외개발부)
내무지역 부처	Home Office(내무부) Housing and Local Government (주택·지방정부부) Scotland(스코틀랜드부)	Home Office(내무부) Housing and Local Government (주택·지방정부부) Local Gov't and Regional Planning (지방정부·지역기획부) Scotland(스코틀랜드부) Wales(웨일스부)
경제산업 부처	Treasury(재무부) Agriculture, Fishery, and Food (농업·어업·식품부) Board of Trade(통상위원회) Transport(교통부) Aviation(항공부) Power(전력부) Public Building and Works(공공건축·사업부)	Treasury(재무부) Agriculture, Fishery, and Food (농업·어업·식품부) Technology(기술부) Board of Trade(통상위원회) Transport(교통부) Public Building and Works(공공건축·사업부) Posts and Telecommunications(우편통신부)
사회문화 부처	Education and Science(교육과학부) Health(보건부) Labour(노동부) Pensions and National Insurance (연금·국가보험부)	Education and Science(교육과학부) Health and Social Security(보건·사회보장부) Employment and Productivity(고용·생산부)
기타		

참고: 1. Land and Natural Resources(토지·천연자원부)는 1964년 신설되었다가 1967년 폐지되었다.
2. Posts and Telecommunications(우편통신부)는 1969년 10월 우편청이 공사화되면서 잔여 업무를 담당하는 기구로서 신설되었다.

〈표 1-3〉 정부조직 개편표(1970년 6월~1974년 3월)

연도	1970년	1974년
총부처 수	21개	18개
행정부처	Cabinet Office(내각사무처) Civil Service Department(공직부) Privy Council Office(법무부)	Cabinet Office(내각사무처) Civil Service Department(공직부) Privy Council Office(법무부)
대외관계 부처	Defence(국방부) Foreign and Commonwealth Office (외무연방부) Overseas Development(해외개발부)	Defence(국방부) Foreign and Commonwealth Office (외무연방부)
내무지역 부처	Home Office(내무부) Housing and Local Government(주택・지방정부부) Local Gov't and Regional Planning (지방정부・지역기획부) Scotland(스코틀랜드부) Wales(웨일스부)	Home Office(내무부) Scotland(스코틀랜드부) Wales(웨일스부) Nothern Island(북아일랜드부)
경제산업 부처	Treasury(재무부) Agriculture, Fishery, and Food (농업・어업・식품부) Technology(기술부) Board of Trade(통상위원회) Transport(교통부) Public Building and Works(공공건축・사업부) Posts and Telecommunications(우편통신부)	Treasury(재무부) Agriculture, Fishery, and Food (농업・어업・식품부) Environment(환경부) Trade and Consumer Affairs (통상・소비자업무부) Energy(에너지부) Posts and Telecommunications(우편통신부)
사회문화 부처	Education and Science(교육과학부) Health and Social Security(보건・사회보장부) Employment and Productivity(고용・생산부)	Education and Science(교육과학부) Health and Social Security(보건・사회보장부) Employment and Productivity(고용・생산부)
기타		

참고: Nothern Island(북아일랜드부), Trade and Consumer Affairs(통상・소비자업무부)와 Energy(에너지부)는 보수당 정부 후반기에 뒤늦게 신설되어 조직의 팽창을 야기했다.

〈표 1-4〉 정부조직 개편표(1974년 3월~1979년 5월)

연도	1974년	1979년
총부처 수	18개	21개
행정부처	Cabinet Office(내각사무처) Civil Service Department(공직부) Privy Council Office(법무부)	Cabinet Office(내각사무처) Civil Service Department(공직부) Privy Council Office(법무부)
대외관계 부처	Defence(국방부) Foreign and Commonwealth Office (외무연방부)	Defence(국방부) Foreign and Commonwealth Office (외무연방부) Overseas Development(해외개발부)
내무지역 부처	Home Office(내무부) Scotland(스코틀랜드부) Wales(웨일스부) Nothern Island(북아일랜드부)	Home Office(내무부) Scotland(스코틀랜드부) Wales(웨일스부) Nothern Island(북아일랜드부)
경제산업 부처	Treasury(재무부) Agriculture, Fishery, and Food (농업・어업・식품부) Environment(환경부) Trade and Consumer Affairs (통상・소비자업무부) Energy(에너지부) Posts and Telecommunications(우편통신부)	Treasury(재무부) Agriculture, Fishery, and Food (농업・어업・식품부) Environment(환경부) Transportation(교통부) Trade(통상부) Industry(산업부) Prices and Consumer Protection (물가・소비자보호부) Energy(에너지부)
사회문화 부처	Education and Science(교육과학부) Health and Social Security(보건・사회보장부) Employment and Productivity(고용・생산부)	Education and Science(교육과학부) Health and Social Security(보건・사회보장부) Employment and Productivity(고용・생산부)
기타		

〈표 1-5〉 정부조직 개편표(1979년 5월~1990년 11월)

연도	1979년	1990년
총부처 수	21개	18개
행정부처	Cabinet Office(내각사무처) Civil Service Department(공직부) Privy Council Office(법무부)	Cabinet Office(내각사무처) Privy Council Office(법무부)
대외관계 부처	Defence(국방부) Foreign and Commonwealth Office (외무연방부) Overseas Development(해외개발부)	Defence(국방부) Foreign and Commonwealth Office (외무연방부)
내무지역 부처	Home Office(내무부) Scotland(스코틀랜드부) Wales(웨일스부) Nothern Island(북아일랜드부)	Home Office(내무부) Scotland(스코틀랜드부) Wales(웨일스부) Nothern Island(북아일랜드부)
경제산업 부처	Treasury(재무부) Agriculture, Fishery, and Food (농업・어업・식품부) Environment(환경부) Transportation(교통부) Trade(통상부) Industry(산업부) Prices and Consumer Protection (물가・소비자보호부) Energy(에너지부)	Treasury(재무부) Agriculture, Fishery, and Food (농업・어업・식품부) Environment(환경부) Transportation(교통부) Trade and Industry(통상・산업부) Energy(에너지부)
사회문화 부처	Education and Science(교육과학부) Health and Social Security(보건・사회보장부) Employment and Productivity(고용・생산부)	Education and Science(교육과학부) Health(보건부) Social Security(사회보장부) Employment and Productivity(고용・생산부)
기타		

〈표 1-6〉 정부조직 개편표(1990년 11월~1997년 5월)

연도	1990년	1997년
총부처 수	18개	17개
행정부처	Cabinet Office(내각사무처) Privy Council Office(법무부)	Cabinet Office(내각사무처) Privy Council Office(법무부)
대외관계 부처	Defence(국방부) Foreign and Commonwealth Office (외무연방부)	Defence(국방부) Foreign and Commonwealth Office (외무연방부)
내무지역 부처	Home Office(내무부) Scotland(스코틀랜드부) Wales(웨일스부) Nothern Island(북아일랜드부)	Home Office(내무부) Scotland(스코틀랜드부) Wales(웨일스부) Nothern Island(북아일랜드부)
경제산업 부처	Treasury(재무부) Agriculture, Fishery, and Food (농업·어업·식품부) Environment(환경부) Transportation(교통부) Trade(통상부) Energy(에너지부)	Treasury(재무부) Agriculture, Fishery, and Food (농업·어업·식품부) Environment(환경부) Transportation(교통부) Trade(통상부)
사회문화 부처	Education and Science(교육과학부) Health(보건부) Social Security(사회보장부) Employmen(고용부)	Education and Employment(교육·고용부) Health(보건부) Social Security(사회보장부) National Heritage(국가문화유산부)
기타		

참고: 1. Trade(통상부)는 지난 정부의 Trade and Industry(통상·산업부)가 개칭된 것이다.
2. Employment(고용부)는 지난 정부의 Employment and Productivity(고용·생산부)가 개칭된 것이다.

〈표 1-7〉 정부조직 개편표(1997년 5월~2007년 6월)

연도	1997년	2007년
총부처 수	17개	19개
행정부처	Cabinet Office(내각사무처) Privy Council Office(법무부)	Cabinet Office(내각사무처) Office of the Deputy Prime Minister(부수상실) Privy Council Office(법무부)
대외관계 부처	Defence(국방부) Foreign and Commonwealth Office (외무연방부)	Defence(국방부) Foreign and Commonwealth Office (외무연방부) International Development(국제개발부)
내무지역 부처	Home Office(내무부) Scotland(스코틀랜드부) Wales(웨일스부) Nothern Island(북아일랜드부)	Home Office(내무부) Communities and Local Government (지역공동체 · 지방정부부) Scotland(스코틀랜드부) Wales(웨일스부) Nothern Island(북아일랜드부)
경제산업 부처	Treasury(재무부) Agriculture, Fishery, and Food (농업 · 어업 · 식품부) Environment(환경부) Transportation(교통부) Trade(통상부)	Treasury(재무부) Environment, Food and Rural Affairs (환경 · 식품 · 농촌부) Transportation(교통부) Trade(통상부)
사회문화 부처	Education and Employment(교육 · 고용부) Health(보건부) Social Security(사회보장부) National Heritage(국가문화유산부)	Education and Skills(교육 · 기술부) Health(보건부) Work and Pensions(노동 · 연금부) Culture, Media and Sports (문화 · 미디어 · 체육부)
기타		

〈표 1-8〉 정부조직 개편표(2007년 6월~2009년 6월)

연도	2007년	2009년
총부처 수	19개	19개
행정부처	Cabinet Office(내각사무처) Office of the Deputy Prime Minister(부수상실) Privy Council Office(법무부)	Cabinet Office(내각사무처) Privy Council Office(법무부)
대외관계 부처	Defence(국방부) Foreign and Commonwealth Office (외무연방부) International Development(국제개발부)	Defence(국방부) Foreign and Commonwealth Office (외무연방부) International Development(국제개발부)
내무지역 부처	Home Office(내무부) Communities and Local Government (지역공동체・지방정부부) Scotland(스코틀랜드부) Wales(웨일스부) Nothern Island(북아일랜드부)	Home Office(내무부) Communities and Local Government (지역공동체・지방정부부) Scotland(스코틀랜드부) Wales(웨일스부) Nothern Island(북아일랜드부)
경제산업 부처	Treasury(재무부) Environment, Food and Rural Affairs (환경・식품・농촌부) Transportation(교통부) Trade(통상부)	Treasury(재무부) Environment, Food and Rural Affairs (환경・식품・농촌부) Transportation(교통부) Business, Enterprise and Regulatory (경영・기업・규제개혁부)
사회문화 부처	Education and Skills(교육・기술부) Health(보건부) Work and Pensions(노동・연금부) Culture, Media and Sports (문화・미디어・체육부)	Innovation, Universities and Skills (혁신・대학・기술부) Children, Schools and Families (아동・학교・가족부) Health(보건부) Work and Pensions(노동・연금부) Culture, Media and Sports (문화・미디어・체육부)
기타		

부록 2 프랑스 정부조직 개편표

〈표 2-1〉 정부조직 개편표(1981: Pierre Mauroy)

수상실	MD 여성 인권
	MD 의회와의 관계
	SE 공공 부문, 행정개혁
	SE 귀환부
	ME 내무, 지방분권
	SE 해외영토부
	ME 국민연대
	SE 사회보장
	SE 노인
	SE 가족
	ME 대외통상
	ME 계획, 국토 조정
	ME 연구, 기술
	MI 법무
	MI 외무
	MD 유럽연합
	MD 협력
	MI 국방
	MI 경제, 재정
	MD 예산
	MI 교육
	SE 직업훈련
	MI 농업
	MI 산업
	SE 에너지
	MI 교역, 수공업
	MI 노동
	MI 설비, 교통
	MI 보건
	MI 자유시간부
	MD 자유시간
	SE 관광
	MI 청소년 체육
	MI 문화
	MI 커뮤니케이션
	MI 환경
	MI 해양
	MI 체신
	MI 원호

* 참고: ME: 국가장관, MI: 장관, MD: 위임장관, SE: 청장

〈표 2-2〉 정부조직 개편표(1981: Pierre Mauroy II)

수상실	MD 여성 인권
	MD 의회와의 관계
	MD 공공 부문, 행정개혁
	SE 공공부문의 확대
	SE 귀환
	ME 내무, 지방분권
	SE 도, 해외영토부
	ME 해외통상
	ME 교통
	ME 계획, 국토 조정
	ME 연구, 기술
	MI 법무
	MI 외무
	MD 외교, 유럽연합
	MD 협력, 개발
	MI 연대
	SE 노인
	SE 이민자
	MI 국방
	SE 국방
	MI 경제, 재정
	MD 예산
	MI 교육
	MI 농업
	SE 농업
	MI 산업
	MI 문화
	MI 노동
	MI 보건
	MI 자유시간
	MD 자유시간
	SE 관광
	MI 청소년, 체육
	MI 도시, 주택
	MI 환경
	MI 해양
	MI 커뮤니케이션
	MI 체신
	MI 원호
	MI 소비
	MI 직업훈련

〈표 2-3〉 정부조직 개편표(1984: L. Fabius)

수상실	MD 여성 인권
	MD 의회와의 관계
	SE 공공 부문, 행정단순화
	SE 기술, 커뮤니케이션
	ME 계획, 국토 조정
	MI 경제, 재정, 예산
	SE 예산
	SE 소비
	MI 외무
	MD 외교
	SE 외교
	MI 법무
	MI 국방
	SE 국방
	SE 원호
	MI 내무, 지방분권
	SE 구 식민지부
	MI 농업
	SE 산림
	MI 대외통상
	MD 체신
	SE 에너지
	MI 사회보장, 연대
	SE 노인, 은퇴자
	SE 보건
	SE 귀환
	MI 교육
	SE 대학
	SE 첨단기술
	MI 도시, 주택, 교통
	SE 교통
	SE 해양
	MI 통상, 수공업, 관광
	SE 관광
	MI 유럽연합, 정부 대변
	MI 노동, 고용, 직업훈련
	MI 환경
	MI 연구, 기술
	MD 문화
	MD 청소년, 체육

〈표 2-4〉 정부조직 개편표(1986: J. Chirac)

수상실	MD 공무원·계획 담당	
		SE 불어권 담당
		SE 인권 담당
		SE 청소년·체육 담당
	ME 갱제·재무 사유화부	
		MD 예산 당당
		MD 대외무역 담당
		MD 사유화 담당
		MD 상업, 수공업, 서비스 담당
	MI 법무	
	MI 국방	
	MI 문화, 커뮤니케이션	
		SE 문화
	MI 외무	
		SE 유럽연합
	MI 내무	
		MD 공안 담당
		SE 지역자치단체 담당
	MI 설비, 주택, 지역개발, 운수	
		MD 운수 담당
		MD 환경 담당
	MI 해외 영토 담당	
		SE 남태평양 담당
	MI 교육	
		MD 연구, 고등교육 담당
		SE 교육 담당
		SE 직업훈련 담당
	MI 사회문제, 고용	
		MD 보건, 가족 담당
		SE 사회보장 담당
		SE 노인
	MI 산업, 전신전화, 관광	
	MI 농업	
	MI 협력	
	MI 의회 관계	
		SE 재향군인 담당
		SE 귀환자 담당
		SE 해양 담당

〈표 2-5〉 정부조직 개편표(1988: M. Rocard)

수상실	SE 계획 담당
	SE 환경, 기술적 재해, 자연재해 예방
	SE 무임소
	SE 자원봉사
	ME 교육, 청소년, 체육
	SE 청소년, 체육
	ME 경제·재정, 예산
	MD 예산 담당
	SE 소비
	ME 총무, 행정개혁
	ME 외무
	MD 프랑스어권
	MD 외무
	MI 법무
	MI 국방
	SE 국방
	MI 내무
	MD 내무
	MD 국토 조정
	MI 산업, 국토 조정
	MD 상업, 수공업
	MD 관광
	MI 외무
	SE 국제문화 교류
	MI 설비, 주택, 교통, 해양
	MI 노동, 고용, 직업훈련
	SE 직업훈련
	MI 협력, 개발
	SE 남태평양 담당
	MI 문화, 커뮤니케이션, 대역사
	MD 커뮤니케이션
	SE 대역사
	SE 도로, 항만
	MI 도, 해외 영토, 정부 대변
	MI 농업, 산림
	MI 우편, 통신, 공간
	MI 연대, 보건, 사회복지
	MD 노인
	SE 가족
	SE 장애인, 사고
	SE 여성 인권
	SE 원호, 전쟁 희생자

〈표 2-6〉 정부조직 개편표(1991: E. Cresson)

수상실	SE 계획 담당
	SE 환경, 기술적 재해, 자연재해 예방
	SE 무임소
	SE 자원봉사
	ME 교육
	SE 기술
	ME 경제, 재정, 예산
	MD 예산
	MD 산업, 해외통상
	SE 해외통상
	MD 수공업, 통상, 소비
	MD 우편, 통신
	ME 외무
	MD 유럽연합
	MD 프랑스어권
	SE 자원봉사
	SE 해외부
	ME 총무, 근대화, 행정
	ME 도시, 국토 조정
	SE 도시, 국토 조정
	MI 법무
	MD 법무
	MI 국방
	SE 국방
	MI 내무
	SE 지방자치단체
	MI 문화, 커뮤니케이션, 정부 대변
	MD 커뮤니케이션
	SE 대역사
	MI 농림
	MI 사회복지, 통합
	MD 보건
	SE 통합
	SE 가족, 노인
	SE 장애인, 사고
	MI 노동, 고용, 직업훈련
	SE 여성 인권, 일상생활
	MI 설비, 주택, 교통, 공간
	MD 관광
	SE 주택
	SE 교통, 도로, 항만
	SE 해양
	MI 협력, 개발
	MI 도, 해외영토부
	MI 연구, 기술
	MI 의회와의 관계
	MI 청소년, 체육
	MI 환경
	SE 원호, 전쟁 희생자

〈표 2-7〉 정부조직 개편표(1993: P.Bérégovoy)

수상실	SE 국토 조정
	SE 도시
	SE 의회와의 관계, 정부 대변
	SE 대역사
	ME 교육, 문화
	SE 기술교육
	SE 커뮤니케이션
	ME 외무
	MD 유럽연합
	MD 외무
	MD 협력과 개발
	SE 프랑스어권
	ME 총무, 행정개혁
	MI 법무
	MI 내무
	SE 지방자치단체
	MI 국방
	MI 경제, 재정
	MD 통상, 수공업
	SE 여성 인권, 소비
	MI 예산
	MI 환경
	MI 설비, 주택, 교통
	MD 주택, 생활 여건
	SE 도로, 항만
	SE 해양
	MI 산업, 대외통상
	MD 교통
	MD 대외통상
	MI 농림
	MI 노동, 고용, 직업훈련
	MI 사회복지, 통합
	SE 가족, 노인, 귀환자
	SE 통합
	SE 장애인
	MI 보건, 자원봉사
	MI 도, 해외영토부
	MI 연구, 공간
	MI 우편, 통신
	MI 청소년, 체육
	SE 원호, 전쟁 희생자

〈표 2-8〉 정부조직 개편표(1994: E. Balladur)

수상실	MD 상원과의 관계
	MD 하원과의 관계
	ME 보건, 복지, 도시
	MD 보건
	ME 내무, 국토 조정
	MD 국토 조정, 지방자치단체
	MI 법무
	MI 국방
	MI 외무
	MD 자원봉사, 인권
	MD 유럽연합
	MI 교육
	MI 경제
	MI 산업, 통신, 해외통상
	MI 설비, 교통, 관광
	MI 중소기업, 통상, 수공업
	MI 노동, 고용, 직업훈련
	MI 문화, 프랑스어권
	MI 예산, 정부 대변, 커뮤니케이션
	MI 농업, 어업
	MI 고등교육, 연구
	MI 환경
	MI 총무
	MI 주택
	MI 협력
	MI 도, 해외영토부
	MI 청소년, 체육
	MI 원호

〈표 2-9〉 정부조직 개편표(1995: A. Juppé)

수상실	MD 상원과의 관계
	MD 하원과의 관계
	MI 법무
	MI 경제, 재정
	MD 예산
	MD 재정
	MI 교육, 고등교육, 취업
	MD 고등교육
	MD 연구
	MD 학교교육
	MI 국토 조정, 설비, 교통
	MD 교통
	MD 농촌 개발
	MI 외무
	MD 협력
	MD 유럽연합
	SE 프랑스어권
	MI 국방
	MI 내무
	SE 지방분권화
	MI 의회와의 관계
	MI 노동, 대화, 참여
	MI 문화
	MI 경제개발과 계획
	MI 국가개혁, 지방분권, 시민권
	MI 공공 기능
	MI 보건, 건강보험
	MI 통합, 반사회적 배제
	SE 빈민지역
	MI 세대간 연대
	MI 농업, 식량
	MI 산업
	SE 해외통상
	MI 주택
	MI 중소기업, 상공업, 수공업
	MI 기술, 정보, 우편
	MI 해양 영토
	MI 환경
	MI 청소년, 체육
	MI 교통
	MI 원호, 전쟁 희생자

〈표 2-10〉 정부조직 개편표(1995: A. Juppé II)

수상실	SE 자원봉사
	MI 법무
	MI 교육, 고등교육, 연구
	SE 연구
	MI 국방
	MI 설비, 주택, 교통, 관광
	MD 주택
	SE 교통
	MI 외무
	MD 협력
	SE 프랑스어권
	MI 노동, 사회보장
	MD 고용
	SE 보건, 사회보장
	MI 내무
	MI 경제, 재정
	MD 예산, 정부 대변인
	MD 재정, 해외통상
	MI 의회와의 관계
	MI 환경
	MI 문화
	MI 산업, 우편, 통신
	MD 우편, 통신, 공간
	MI 농업, 어업, 식량
	MI 국토 조정, 도시, 통합
	MI 중소기업, 상업, 수공업
	MD 도시, 통합
	MI 총무, 국가개혁, 지방분권화
	MI 원호
	MI 해외 영토
	MI 청소년, 체육

〈표 2-11〉 정부조직 개편표(1997년: L. Jospin I)

수상실	MI 고용, 연대
	SE 보건
	MI 법무
	MI 교육, 연구, 기술
	MD 학교교육
	MI 내무
	SE 해외영토부
	MI 외무
	MD 유럽연합
	SE 협력과 프랑스어권
	MI 경제, 재정, 산업
	SE 해외통상
	SE 예산
	SE 중소기업, 수공업
	SE 산업
	MI 국방
	SE 원호
	MI 설비, 교통, 주택
	SE 관광
	MI 문화, 커뮤니케이션, 정부 대변
	MI 농업, 어업
	MI 국토 조정, 환경
	MI 의회와의 관계
	MI 공공 기능, 국가개혁, 지방분권
	MI 청소년, 체육

〈표 2-12〉 정부조직 개편표(1997년: L. Jospin II)

수상실	MI 경제, 재정, 산업
	MD 산업
	SE 해외통상
	SE 예산
	SE 중소기업, 교역, 수공업, 소비
	MI 고용, 연대
	MD 가족, 아동, 장애인
	MD 보건
	MD 도시
	SE 노인
	SE 여성 인권, 직업훈련
	SE 연대의 경제
	MI 법무
	MI 내무
	SE 해외 영토
	MI 교육
	MD 직업교육
	MI 외무
	MD 유럽연합
	MD 협력, 프랑스어권
	MI 국방
	SE 원호
	MI 설비, 교통, 주택
	SE 주택
	SE 관광
	MI 문화, 커뮤니케이션
	SE 문화유산, 문화지방분권화
	MI 농업, 어업
	MI 국토 조정, 환경
	MI 의회와의 관계
	MI 공공 기능, 국가개혁

〈표 2-13〉 정부조직 개편표(2002: J. P. Raffarin)

수상실	SE 의회와의 관계, 정부 대변
	MI 내무, 치안, 자치
	MD 자치
	MI 사회보장, 노동, 연대
	MI 법무
	SE 부동산법무
	MI 외무
	MD 유럽연합
	MD 협력, 프랑스어권
	SE 외무
	MI 국방
	SE 원호
	MI 청소년, 교육, 연구
	MD 학교교육
	MD 연구, 신기술
	MI 경제, 재정, 산업
	MD 예산, 재정개혁
	MD 산업
	MD 해외통상
	MI 설비, 교통, 주택, 관광, 해양
	SE 중소기업, 교역, 수공업, 소비
	SE 교통, 해양
	SE 관광
	MI 생태, 지속적 발전
	SE 지속적 발전
	MI 보건, 가족, 장애인
	MD 가족
	MD 양성평등, 직업평등
	SE 반사회 배제
	SE 장애인
	MI 농업, 식량, 어업, 농촌
	MI 문화, MI 공공 기능, 국가개혁, 국토 조정, 커뮤니케이션
	SE 국가개혁
	MI 해외 영토
	MI 스포츠

〈표 2-14〉 정부조직 개편표(2006: D. de Villepin)

수상실	MD 정부 대변
	MD 의회와의 관계
	MD 기회균등 촉진
	ME 내무, 국토 조정
	MD 지방자치단체
	MD 국토 조정
	MI 국방
	MD 원호
	MI 외무
	MD 유럽연합
	MD 협력, 개발, 프랑스어권
	MI 고용, 사회적 응집, 주택
	MD 고용, 노동, 청년 취업
	MD 사회적 응집, 양성평등
	MI 경제, 재정, 산업
	MD 예산, 국가개혁
	MD 산업
	MD 해외교역
	MI 교육, 고등교육, 연구
	MD 고등교육, 연구
	MI 법무
	MI 교통, 설비, 관광, 해양
	MD 관광
	MI 보건, 연대
	MD 사회보장, 노인, 장애인, 가족
	MI 농업, 어업
	MI 공공 부문
	MI 문화, 커뮤니케이션
	MI 생태, 지속적 발전
	MI 해외 영토
	MI 중소기업, 교역, 수공업, 자유직업
	MI 청소년, 스포츠, 협회

〈표 2-15〉 정부조직 개편표(2007: F. Fillon I)

수상실	SE 의회와의 관계
	SE 전망, 공공정책평가
	ME 생태, 지속적 개발과 조정
	SE 지속적 발전과 조정
	MI 경제, 재정, 고용
	MI 내무, 해외 영토, 지방자치
	MI 외무, 유럽연합
	SE 유럽연합
	MI 이민, 통합, 국가정체성, 공동 개발
	MI 법무
	MI 노동, 사회 관계, 연대
	SE 빈곤 배제 연대
	MI 교육
	MI 고등교육, 연구
	MI 국방
	MI 보건, 청소년, 스포츠
	MI 주택, 도시
	MI 농업, 어업
	MI 문화, 커뮤니케이션, 정부 대변
	MI 예산, 공공회계, 공공 부문

〈표 2-16〉 정부조직 개편표(2007: F. Fillon II)

수상실	SE 의회와의 관계
	SE 정부 대변
	SE 전망, 공공정책평가
	SE 반빈곤연대
	ME 생태, 지속적 발전과 조정
	SE 교통
	SE 생태
	MI 내무, 해외 영토, 지방자치단체
	SE 해외 영토
	MI 외무, 유럽연합
	SE 유럽연합
	SE 협력, 프랑스어권
	SE 인권
	MI 경제, 재정, 고용
	SE 기업, 대외교역
	MI 이민, 통합, 국가정체성
	MI 법무
	MI 노동, 사회 관계, 연대
	SE 연대
	SE 소비, 관광
	MI 교육
	MI 고등교육, 연구
	MI 국방
	SE 원호
	MI 보건, 청소년, 스포츠
	SE 청소년, 체육
	MI 주택, 도시
	SE 도시정책
	MI 문화, 커뮤니케이션, 정부 대변
	MI 예산, 공공회계, 공공 부문
	SE 공공 부문

참고 문헌

국내 문헌

강원택. (2006). 「대통령제, 내각제와 이원정부제: 통치 형태의 특성과 운영의 원리」. 서울: 인간사랑.

강홍진. (2008). 프랑스 제5공화국 24차 헌법 개정안. 「최신외국법제정보 2008-07」. 서울: 한국법제연구원.

경향신문. 2008년 7월 22일 기사.

과학기술부. (2007). 「지방 R&D사업의 효율적 추진을 위한 개선 방안 연구」.

국제연대위원회. (2007). 「나눔을 국경너머로: 주요 원조공여국 연재, 영국」. 참여연대.

김성림. (2001). 「영국 노동당과 노동조합의 관계 연구, 1945-1979」. 이화여자대학교 대학원 석사학위 논문.

김승렬 외. (2008). 「유럽의 영토분쟁과 역사분쟁」. 동북아역사재단.

김영세. (2007). 영국 대처 정부의 경제정책과 함의. 「유럽연구」. 한국유럽학회.

김영일. (1995). 프랑스 동거정부의 성격 연구. 「서유럽연구」, 통권 1호.

김영준. (1998). 영국의 외교정책, 1979-1997: 집권보수당 정부의 대 미국·영연방·유럽과의 외교 관계를 중심으로. 「국제정치논총」, 제38집 제2호.

김응운. (2001). 프랑스 대통령의 대정당 태도. 「프랑스학연구」, 제21권.

김정기. (1999). 프랑스정당 체제에 관한 연구. 「동북아논총」, 제12집.

김정민. (1992). 「환경 변화와 영국의 우편산업(상)」. 체성회 체신.

김정섭. (2002). 「영국, 지속 가능한 개발을 위한 실험: 정책목표와 전략」. 한국농촌경제연구원.

김태수. (2007). 프랑스 대통령제의 특징, 변천 그리고 운영의 메커니즘. 「유럽연구」, 제25권 제3호.

김현수. (1999). 「수상으로 읽는 영국 이야기」. 청아.

———. (2000). 영국 경제정책의 거시적 평가, 1945-1975. 「사학지」, 제33권. 단국

대학교.
김 훈. (1996). 프랑스에서 정부 형태의 변천에 관한 연구. 경희대학교 대학원. 「고황논집」, 19.
나종일 · 송규범. (2003). 「영국의 역사(하)」. 한울아카데미.
대외경제정책연구원. (2004). 「영국 경제의 이해와 한 · 영 경제 협력의 과제」.
박재정. (2007). 프랑스 극우정당에 관한 연구: 국민전선(Front National)을 중심으로. 「유럽연구」, 제25권 제2호.
박재희. (1997). 「영국의 중앙정부조직」. 한국행정연구원 보고서.
서필언. (2005). 「영국 행정개혁론」. 대영문화사.
성낙인. (1994). 「프랑스의 정부조직 특성에 관한 연구: 각료제도 및 막료제도를 중심으로」. 한국법학원.
———. (1995). 「프랑스헌법학」. 서울: 법문사.
손영우. (2004). 프랑스의 중앙집권적 국가와 시민사회의 상관성에 관한 연구. 「시민사회와 NGO」, 제2권 제2호.
———. (2005). 이익집단의 정치제도화에 대한 연구: 프랑스의 경제사회위원회를 중심으로. 「시민사회와 NGO」, 제3권 제2호.
안순권. (2006). 「성장과 복지의 조화가능성에 대한 유럽 복지모델의 경험과 시사점」. 한국경제연구원.
안영훈. (1998). 「프랑스의 정부조직」. 한국행정연구원.
윤광석. (2000). 「과학기술 정책결정 체제의 제도론적 연구」. 중앙대학교 대학원 석사학위 논문.
이송호. (2001). 미국과 프랑스의 정책조정 시스템 비교. 「행정논총」, 제39권 제2호.
이연택. (1997). 「한국의 행정개혁에 관한 연구: 미 · 영 · 일과의 비교분석을 중심으로」. 단국대학교 행정학과 박사학위 논문.
이연호. (1999). 「영국에서 신자유주의 개혁과 국가 성격의 변화, 1979-1997(보수당정부의 경험)」. 연세대 동서문제연구원.
이영찬. (2000). 「영국의 복지정책」. 나남.
이종훈. (1993). 영국의 민족문제. 「웨일스, 스코틀랜드, 북아일랜드」. 국회도서관 입법자료분석.
이희수. (2006). 「국가경쟁력 확보 및 사회통합을 위한 평생 · 직업교육 중장기 발전 방안 수립 연구」. 교육인적자원부.
임도빈. (2000). 프랑스에서의 의회와 행정부 관계. 「정부학연구」, 제6권 제2호.
———. (2001). 「프랑스의 정치행정 체제」. 법문사.
전주혜. (1997). 「영국의 신보수주의로의 전환」. 이화여자대학교 대학원 석사학위 논문.

정고운. (2008). 진화하는 영국의 소비자정책. 「소비자시대」. 해외 리포트.
정재황. (1998). 프랑스에서의 동거정부에 대한 헌법적 일고찰. 「공법연구」, 제27집 제1호.
정재황・한동훈. (2008). 「2008년 프랑스 헌법 개정에 관한 연구」. 한국법제연구원.
정정숙 외. (2006). 「OECD 주요 국가의 문화경쟁력 분석」. 한국문화관광정책연구원.
정회성. (1994). 「지방자치시대의 환경정책」. 한국환경정책평가연구원.
차하순. (1986). 「서양사총론」. 탐구당.
최윤기. (2007). 「한국경제의 발전 경로와 지역정책」. 산업연구원.
최재승. (2006). 「문화를 읽는다 미래를 본다」. 나무와 숲.
최종만. (2007). 「영국의 정부시스템 개혁」. 나남.
프랑스 경제사회위원회 홈페이지
프랑스 의회 홈페이지
프랑스 헌법(2008년 개정)
프랑스 헌법위원회 홈페이지
한국국제협력단. (2007). 「국제개발협력 논문 공모 수상 논문집, 제3회」. 한국국제협력단.
한국산업은행. (1972). 영국의 대외경제협력제도 및 실적. 「경제브리프스」, 제3호.
한국인권재단 ODA연구팀. (2007). 「ODA정책이 수원국의 인권에 미치는 영향」.
한동만. (1996). 「영국 그 나라를 알고 싶다」. 서문당.
홍기용. (1985). 영국의 지역정책 전개. 「지역사회 개발연구」. 한국지역사회개발학회.
홍태영. (2003). 일반의지의 실현으로서 국가 그리고 그 거울로서 정당: 프랑스 정당정치와 정당 민주주의. 「사회과학연구」, 11집.
황윤원 외. (2003). 「정부개혁론」. 박영사.

국외 문헌

Barrillon, R., J.-M. Bérard, M.-H. Bérard, G. Dupuis, A. Grangé, A.-M. Le Bos Le Pourhiet et Y. Mény. (1986). *Dictionnaire de la Constitution*, 4e éd. Editions Cujas, Paris.
Becker, Jean-Jacques. (1998). *Crises et alternances 1974-1995*. Paris: Seuil.

Bell, David S. (2001). *Parties and Democracy in France-Parties under Presidentialism.* Dartmath Pub Co.

Bigaut, Christian. (1995). Les cohabitations institutionnelles de 1986-1988 et 1993-1995. *Regards sur l'actualite*, No. 211.

Birnbaum, P. (1977). *Les Sommets de l'Etat. Essai sur l'élite du pouvoir en France*. Le Seuil.

Bonduelle, Alexandre. (1992). *Le pouvoir d'arbitrage du premier ministre sous la V république*. L.G.D.J.

Bourdieu, Pierre. (1981). *Sens pratique*. Minuit.

———. (1983). La rerésentation politique eléments pour une théorie du champ politique. *Actes de la recherche en sciences sociale.*

———. (1986). *La nobleless d'Etat*. Minuit.

Braud, P. (1992). *Sociologie politique*. L.G.D.J.

Budge, I., D. McKay, J. Bartle, and K. Newton. (2007). *The New British Politics*. Harlow, England: Pearson Longman.

Chanollaud, D. (1991). *La vie politique en France*. Paris: Seuil.

Chantebout, B. (1997). *Droit constitutionnel et Science politique*, 14e éd. Paris: Armand Colin.

———. (1999). *Droit constitutionel et science politique*. Armand Colin.

Cohendet, Marie-Anne · 이창훈 편. (2004). 프랑스 제5공화국 헌법과 동거정부. 「한국과 프랑스의 권력구조」. 서울: (사)아셈연구원 · 한국프랑스정치학회.

Cole, A. (2005). Old right or New Right? The ideological positioning of Parties of the far right. *European Journal of Political Research*, No.44.

Conac, G. (1989). in Le Droit constitutionnel de la Cohabitation, F. Luchaire and G. Conac. *Bilan juridique d'une expérience politique 23 mars 1986-8 mai 1988*. Paris: Economica.

Craig, P. (1994). *Administrative Law*. London: Sweet and Maxwell.

Dammane, Dominique (1992). *L'avenement de la venc republique*. Paris: Armand Colin.

de Smith, S. and R. Brazier. (1998). *Constitutional and Administrative Law.* London: Penguin Books.

Dicey, A. V. (1959). *Introduction to the Study of the Law of the Constitution.* Basingstoke: Macmillan Education.

DiMaggio, Paul J. and Walter W. Powell. (1983). *The Iron Cage Revisited: Institutional Isomorphism and Collective Rationality*, in Organizational

Fields. *American Sociological Review*, 48(April): 147-160.

Dorey, P. (2005). *Policy Making in Britain*. London: Sage.

Duhamel, O. (1993). *Le pouvoir politique en France*. Le Seuil.

Dunleavy, Patrick. (1991). *Democracy, Bureaucracy and Public Choice*. New York: Prentice-Hall.

Duverger, Maurice. (1973). *Droit constitutionel et institution politique,* Paris: PUF.

———. (1981). *Constitution et Docments politique*, Paris: PUF.

———. (1990). *Institutions Politiques et droit Constitutionnel*. Paris: Presses Universitaires de France.

———. (1996). Le Système politique français, *Thémis Science politique*, 21e éd., édition entièrement refondue, Paris: PUF.

———. 문광삼 · 김수현 역. (2003). 「프랑스 헌법과 정치사상」. 부산: 해성.

E. N. A. Seminaire. (1993). *Le travail gouvernemental: la structure gouvernementale et l'organisation des administrations centrale.*

Elgie, Robert. (1999). *Semi-Presidentialism in Europe*. Oxford University Press.

———. (2003). *Political Institutions in Contemporary France*. Oxford University Press.

Favier, Pierre and Michel. Martin-Roland (1991). *La Décennie Mitterrand, ii: Les Épreuves(1984~1988)*. Paris: Seuil

François, B. (2004). *Le régime politique de la Ve République*. La découverte (coll.repères).

Garraud, P. (2000). *Le chomâge et l'action publique: le bricolage institutionalisé*, L'Harmattan.

Gaxie, D. (1978). *Le cens caché*. Paris: Seuil.

———. (1986). *Immubales et changeants: les ministres de la V république. Pouvoirs*. N.36.

———. (1993). *La démocratie représentative*. Montchrestien.

Gicquel, J. (1997). *Droit constitutionnel et Institutions politiques*, 15e éd. Paris: Montchrestien.

Gournay, Bernard, 홍순호 역. (1985). 「프랑스의 행정」. 서울: 탐구당.

Greenleaf, William Howard. (1983). *The British Political Tradition: Volume 1, The Rise of Collectivism*. London: Methuen.

Hall, Stuart and Bill Schwarz. (1985). *State and Society, 1880-1930,* in

Langan, Mary and Bill Schwarz, eds. *Crises in the British State*. London: Hutchinson.

Hannan, Machael T. and John Freeman. (1977). The Population Ecology of Organization, *American Journal of Sociology*, 85: 929-964.

Hanson, A. H. and M. Walles. (1990). *Governing Britain: A Guidebook to Political Institutions*. (5th ed.). London: Fontana Press.

Harris, P. (1997). *An Introduction to Law*. London: Butterworths.

Hazareesingh, Sudhir. (1994). *Political Traditions in Modern France*. Oxford University Press.

———. (1999). *Political traditions in Modern France*. Oxford University Press.

Huber, John D. (1992). Restrictive Legislative Procedures in France and the United States. *American Political Science Review*. Vol.86, No.3.

Huber, John D. and Cecilia Martinez-Gallardo. (2004). Cabinet Instability and Accumulation of Experience: The French Fourth and Fifth Republics in Comparative Perspective. *British Journal of Political Science*. Cambridge University Press. Vol.34, No.1.

Jones, G. (1985). The prime minister's power in A. King (ed.). *The British Prime Minister*, London: Macmillan.

Kitschelt, H. (1998). *The Radical Right in Western Europe*. Univ. of Michigan Press.

Knapp, Andrew. (2004). *Parties and the Party System in France*. Palgrave.

Knott, Jack H. and Gary J. Miller. (1987). *Reforming Bureaucracy*. Englewood Cliffs, New Jersey, Prentice-Hall, Inc.

L'EXPRESS du 22~28 mars 1985.

Lacroix, B. et J. Lagroye. (1992). *Le président de la République*. Presses de Sciences po.

Leyland, P. and T. Woods. (1999). *Textbook on Administrative Law*. London: Blackstone.

Marsh, David, David Richards, and Martin J. Smith. (2001). *Changing Patterns of Governance in the United Kingdom*. Basingstoke, Great Britain: Palgrave.

Massot, Jean. (2001). La cohabitation, quelles consequences pour les institutions. *Cahies français*, No.300.

Mény, Yves. (1989). The National and International Context of French Policy

Communities. *Political Studies*, Vol.37, No.3.

———. (2006). *Le system politique français*. Montchrestien.

Meyer, John W. and Brian Rowan. (1977). Institutionalized Organizations: Formal Structure as Myth and Ceremony, *American Journal of Sociology*, 83(2): 340-363.

Middlemas, Keith. (1979). *Politics in Industral Society*. London: Andre Deutsch.

Moe, Terry. (1989). The Politics of Bureaucratic Structure, in John E. Chubb and Paul E. Peterson. (eds.). *The New Direction in American Politics*. Washington, D.C.: The Brookings Institution.

Moe, Terry and Machael Caldwell. (1994). The Institutional Foundation of Democratic Government, *Journal of Institutional and Theoretical Economics(JITE)*, 150(1): 171-195.

Morabito, M. (1996). *Le chef de l'Etat en France*. Montchrestien.

Norton, Bruce F. (2007). *Politics in Britain*. Washington, D.C.: C.Q. Press.

OECD Indicator(http://www.oecd.org/dataoecd/5/47/2483871.xls)

Official Site of the Prime Minister's Office(http://www.number10.gov.uk)

Official Site of UK Parliament(http://www.parliament.uk)

Pactet, P. (1996). *Institution politiques Droit constitutionnel*, 15e éd., Paris: Armand Colin.

Parodi, Jean-Luc. (1968). Imprévisible ou inéluctable, l'évolution de la V république? in Duhamel et Parodi.

———. (Sous la direction de). (2003). *Institutions et la vie politique*, La documentation française.

Parsons, Talcott. (1960). *Structure and Process in Modern Societies*. Glencoe, Ill.: Free Press.

Pfeffer, Jeffrey and Gerald R. Salancik. (1978). *The External Control of Organizations: A Resource Dependence Perspective*. New York: Harper & Row, Publishers.

Pollitt, Christopher. (1984). *Manipulating the Machine: Changing the Pattern of Ministerial Department, 1960-1983*. London: George Allen and Unwin.

Portelli, H. (1992). *Le parti socialiste*. Montchrestien.

———. (1994). *La Ve République*. Grasset.

Pouvoirs N.83. (1993). *Le premier ministre*.

Pouvoirs N.91. (1999). *La cohabitation.*

Premat, Christophe. (2009). The Implementation of Participatory Democracy in French Communes. *French Politics*, Vol.7, No.1.

Quermonne, Jean-Louis. (1987). La legitimite respective du president et du gouvernement en periode de cohabitation. *Regards sur l'actualite*, No.132.

——. (2006). Le President de la Republique: quelle place et quel role dans l'organisation des pouvoirs publics?. *Cahiers français*, No.332.

Raffarin, J. P. (2002). *Pour une nouvelle gouvernance.* Paris: L'Archipel.

Sadoun, Marc.(1997). Sociologie des militants et Sociologie du parti, *Revue françaie de science politique*, 38(3).

Safran, William. (1998). *The French Polity*. Longmam.

——. (2009). *The French Polity*(6th). Longman.

Schonfeld, W. S. (1985). Ethnographie du PS et du RPR. *Economica.*

Schrameck, Olivier. (2001). *Matignon, Rive Gauche*, Paris: Seuil.

Schwarz, Bill. (1985). Conservatism and 'Caesarium', 1903-1922, in Langan, Mary and Bill Schwarz(eds). *Crises in the British State*. London: Hutchinson.

Seidman, Harold and Robert Gilmour. (1986). *Politics, Position, and Power.* New York: Oxford University Press.

Seiler, D-L. (1980). *Partis et familles politiques.* Paris: PUF.

——. (1993). *Les partis politiques.* Armand Colin.

Stevens, Anne. (2003). *The Government and Politics of France*(3rd ed.). Palgrave.

Warwick, Donald P. (1975). *A Theory of Public Bureaucracy*. Cambridge: Harvard University Press.

Williams, A. (1998). *UK Government and Politics*(2nd ed.). Heinemann.

Wilson, Frank L. (1987). *Interrest-Group Politics in France*. Cambridge University Press.

——. (2008). *Interest-Group Politics in France*. Cambridge University Press.

World Values Survey(http://www.wvsevsdb.com/wvs/WVSAnalizeStudy.jsp)

Wright, A., T. Wright, and R. Clements. (2000). *The British Political Process: An Introduction*, London: Routledge.

Ysmal, C. (1989). *Les partis politiques sous la Ve République*. Montchrestien.

〈판례〉

Chandler v DPP (1964) AC 763.

Council of Civil Service Unions v Minister for the Civil Service (1985) AC 374.

Entick v Carrington (1765) 19 St Tr 1030.

R v Secretary of State for Transport, ex parte Factortame Ltd (No. 2) (1991) AC 603.

Ridge v Baldwin (1964) AC 40.

찾아보기

ㄱ

각료 41, 109, 170
갈퀴(râteau) 유형 100, 173, 205
강한 국가 103, 106
개방(ouverture) 194
개혁가 44, 70, 81, 86, 90, 94, 204
거대 공룡 부처 171
거부권 111, 179
결선투표제 99, 126, 133, 135
경영·기업·규제개혁부 94, 95
경제부 57, 59
경제사회환경위원회 156
계급 균열 138
고용부 87, 196
공무원부 장관 41
공직부 66, 78, 80, 82
공화정체 105, 114, 119, 157
공화주의적 군주 178, 184
관계장관회의 148
교육과학부 50, 51, 84, 86
교육·기술부 89, 91
교통부 77
구체제 103, 157, 168
국가문화유산부 85, 86
국가장관 166
국가주의운동 64
국가참사회 189
국민투표제도 103, 105, 114, 134
국방부 49, 50, 53, 55, 196
국사원 146, 150
국정총괄처(GSP) 146, 147
국제개발부 89, 92
군대법 27
군사비서실 148
국제통화기금(IMF) 80
군주 특권 40, 42
권리장전 26, 28
귀족원(House of Lords) 29, 30
균형자 44, 48, 51, 76, 97, 204
극우 정당 138
기술부 61
기술적 환경 18
꽃송이 유형 100, 169, 172, 205

ㄴ

남녀동수법 116
내각 독재 39
내각위원회 148
내무부 42
노동부 57, 61
노동·연금부 89, 91
니스 정상회담 124

ㄷ

대정부 질문 45
대통령 108, 174, 181
대통령감 144, 160
대통령과 수상과의 역학 관계 99, 162
대통령 다수파 153, 179, 181
대통령의 장관 179
대통령제 107, 117, 133, 178, 181
대통령 중심 정당 135
대헌장 26
동거정부 99, 101, 102, 109, 112, 116, 120, 124, 135, 178, 186
동형이질(isomorphism) 18

ㄹ

로빈스 보고서 52

ㅁ

문화 · 미디어 · 체육부 91
문화자본 159
물질주의 142
민영화 85, 86, 196
민족주의 23, 103, 106

ㅂ

반대통령제 109, 111, 116, 179
보건부 42
보건 · 사회보장부 58, 64, 81, 82
보통법 26, 37
복지국가 106
부수상실 93, 95
부장관 41
부차적 선거 126
부처 간의 이합집산 195
북아일랜드부 70, 72
분권화 23, 25
분열과 재배 전략 170
분할 개편 48, 49
브리콜라주(bricolage) 100, 202
비례대표제 136

ㅅ

사라지는 부처 201
사회적 배제 201
사회적 자본 159
사회체제모형 17
산업 · 통상 · 지역개발부 49, 50, 55
상원 31, 108
상 · 하원 합동회의 110, 112
선 구성형 189
선거연합 131
선례 구속성의 원리 28
수상 41, 47, 52, 99, 109, 111, 162, 183
수상부 82
수상의 장관 179
슈퍼 장관(super ministre) 170
스코틀랜드부 58, 64
식민부 49, 50, 54
신법 우선의 원칙 37
신사회운동 131, 133
신설되는 부처 201
신우파 142
신좌파 142

신지역정책 88

ㅇ

아동·학교·가족부 94, 95
아비투스(habitus) 189
애국주의 103
양극 다당제 135
양두 체제 117, 120, 124, 158
양원 동수위원회 150
에너지부 70, 72, 85, 86
여성 장관 194
역대 수상의 자본 형태 188
연방관계부 49, 50, 54
연합법 26
영웅주의 106, 107
오르도낭스(ordonnance) 110, 151
왕위계승법 26
외무연방부 59, 65, 68
외형적인 재배치 195
우파권위주의 142
우편통신부 75, 76
원내총무 41
웨스트민스터 모형 38
웨일스부 32, 58, 64
위임령 168
위임장관 168
의회 주권 26, 37
의회주의 105
이원정부제 101, 103, 108, 111, 117, 179
이원집정제 16, 109
이중적 정당성 부여 117
일괄투표 152
일반비서실 148

ㅈ

자기중심주의자 44, 48, 59, 204
자원의존이론 18
장(champ) 159
장관 32, 41, 45, 167
장관급 인사 192
재무부 42, 60, 78
전국적 중심부 160
절대화된 대통령중심주의 181
정당내각제 121
정당명부비례대표제 126
정당의 계파 191
정당 체계 125
정무차관 41
정부구조의 유동성 163
정부령(décret) 110, 161, 168, 175, 184, 203
정부조직 비법정주의 160
정부조직의 안정성 203
정부조직의 연성적 성격 202
정부조직의 합리화 172
정치 과정적 접근법 18
정치 균열구조 137, 139
정치 엘리트의 상호작용 159
정치·환경적 요인 161
정치의 장 98, 159, 192, 202
정치적 게임의 룰 203
정치적 자본 189
제도모방적 접근법 18
제도적 환경 18
제3공화국 101, 105
제3의 길 25, 89
제4공화국 105

제5공화국 101, 103, 106, 120
제왕적 대통령제 102, 186
조정자 장관 170
조직군생태학이론 17
종신귀족 31
좌파해방주의 142
중간 유형 190
중립화된 대통령중심제 181, 182
중앙-지방 겸직 139
중재자 103
즉석처리형 190
지방정부·지역기획부 58, 63
지속 가능한 발전 88
지역공동체·지방정부부 88, 91

ㅊ

참여민주주의 157
청장 168, 170
추밀원령 42, 47

ㅋ

캐비닛(Cabinet) 147
케인스 경제이론 51

ㅌ

탈물질주의 133, 139
토지·천연자원부 62
통상·산업부 69, 71, 74, 76, 79, 81
통상·소비자업무부 70, 72
통합 개편 47, 48, 49
트렌드 보고서 52

ㅍ

판사 입법 28
평의원(House of Commons) 25, 29, 32
풀턴 보고서 66
프랑스혁명 98, 103, 106, 129
플로든 보고서 55

ㅎ

하극상법 27
하원 32, 33, 108
한사드(Hansard) 33
합동위원회 153
합리화된 내각제 107
합리화된 대통령중심제 182, 183
항공지원부 69, 72
해외개발부 59, 65, 69, 72, 75, 77, 80, 82
헌법개혁법 31
혁신가 45, 48, 49
혁신·대학·기술부 94, 95
화이트홀 모형 39, 42
환경부 69, 71
환경·식품·농촌부 88, 90
환경의존적 접근법 17
환경주의정치운동(MEP) 131
후기산업사회 133, 137, 138, 141

저자 소개

박대식

미국 University of California at Los Angeles(UCLA) 정치학 박사

충남대학교 행정학과 교수

박재정

프랑스 Université de Paris X 정치학 박사

충남대학교 정치외교학과 교수

김용현

프랑스 Université de Paris I 사회학 박사

국민건강보험공단 건강보험정책연구소 부연구위원

류현숙

영국 University of Manchester 행정학 박사

한국행정연구원 부연구위원

정주신

경희대학교 정치학 박사

충남대학교 강사

민병기

충남대학교 정치외교학과 박사과정 수료

충남대학교 강사

Political Process Approach to Governmental Reorganization
– With Special Reference to United Kingdom and France –

Written by Park, Dae Shik and Others
Published by Daeyoung Moonhwa-sa, Seoul, 2011

Chapter 1 Introduction ············ Park, Dae Shik

Chapter 2 Approaches to Governmental Reorganization of UK
············ Park, Dae Shik

Chapter 3 State, Governmental Structure and Policy Process of UK
············ Lyu, Hyeon Suk

Chapter 4 Political Process Analysis on Governmental Reorganization of UK
············ Park, Dae Shik and Chung, Joo Shin

Chapter 5 Approaches to Governmental Reorganization of France
············ Park, Jae Jeong

Chapter 6 Political System and Policy Process of the Fifth Republic of France
············ Park, Jae Jeong and Min, Byoung Ki

Chapter 7 Political Process Analysis on Governmental Reorganization of UK
············ Kim, Yong Hyun

Chapter 8 Conclusion ············ Park, Dae Shik

정부조직 개편에 대한 정치 과정적 접근

영국과 프랑스를 중심으로

펴낸날 / 제1판 제1쇄 2011년 6월 30일
지은이 / 박대식 편
펴낸이 / 임춘환
펴낸곳 / 도서출판 대영문화사
주소 / 서울 용산구 청파동 1가 178-2 ㊤ 140-869
등록 / 1975년 12월 26일 제3-16호
전화 / (02)716-3883, (02)714-3062
팩시밀리 / (02)703-3839
우체국 온라인 / 011353-02-009106

ISBN 978-89-7644-367-0

〔값 13,000원〕